弘扬教育家精神

争做新时代『大先生』

『生活·实践』教育实验文库

周洪宇 总主编

『生活·实践』教育实验学校名校长侧影（一）

周洪宇 主编

鄢志勇 副主编

南京出版传媒集团

南京出版社

图书在版编目（CIP）数据

"生活·实践"教育实验学校名校长侧影. 一／周
洪宇主编；鄢志勇副主编. -- 南京：南京出版社，
2025. 6. --（"生活·实践"教育实验文库）. -- ISBN
978-7-5533-5433-0

Ⅰ. G637.1

中国国家版本馆 CIP 数据核字第 2025GV0053 号

丛 书 名	"生活·实践"教育实验文库
总 主 编	周洪宇
书 名	"生活·实践"教育实验学校名校长侧影（一）
主 编	周洪宇
副 主 编	鄢志勇
出版发行	南京出版传媒集团
	南 京 出 版 社
社 址	南京市玄武区太平门街 53 号
邮 编	210016
联系电话	025-83283873、83283864（营销） 025-83112257（编务）
策划统筹	朱天乐 王 雪
责任编辑	王晨冰
执行编辑	王佳佳
装帧设计	赵海玥
责任印制	杨福彬
排 版	南京新洲印刷有限公司
印 刷	江苏凤凰通达印刷有限公司
开 本	787 mm×1 092 mm 1/16
印 张	19.75
字 数	300 千
版 次	2025 年 6 月第 1 版
印 次	2025 年 6 月第 1 次印刷
书 号	ISBN 978-7-5533-5433-0
定 价	60.00 元

编 写 说 明

当今世界，全球教育正处于一个快速发展和变革的时期，特别是基础教育的发展正面临着前所未有的挑战和机遇。随着教育普及化目标的逐步实现，教育质量成为关注焦点，如何更新教育理念、提高教师素质、改善教学方法和提升学习效果，成为当前基础教育改革的核心议题。许多国家正在推进课程改革，以适应快速变化的社会和经济需求，这包括加强科学、技术、工程和数学（STEAM）教育，以培养学生的创新能力和批判性思维。教育创新在全球范围内受到鼓励，包括新的教学方法、学习模式和学校管理方式的实验。教育评估更多地采用形成性评价和综合性评价，以全面了解学生的学习进度和能力发展。教育内容开始融入可持续发展的目标，培养学生对环境和社会问题的认知，以及解决这些问题的能力。教育目标越来越重视学生社会情感技能的培养，如团队合作、沟通能力和创新精神等。学校教育理念正逐渐与终身学习理念相融合，鼓励学生培养终身学习的习惯和能力，以适应不断变化的世界。总体而言，全球基础教育改革正朝着更加灵活、包容和创新的方向发展，旨在为学生提供 21 世纪所需的必备素养和关键能力，并为他们成为负责任的全球公民做好准备。

中国基础教育改革亦是方兴未艾。专家学者们勇担使命，躬身入局，参与教育改革实践中，以丰富的理论研究成果为基层学校的探索与实践提供专业指导，给予理论支撑，引领教育实验，搭建交流平台。中国基础教育由此呈现出波澜壮阔、气象万千的改革态势，在全国范围内蔚然生成一批影响卓著的基础教育实验范式。

　　"生活·实践"教育是一种将学生的实际生活经验与教育内容紧密结合的教育模式，它强调通过实践活动，学生在日常生活的真实情景中学习和成长，从而培养他们的综合素质和实践能力，包括"生活力""实践力""学习力""自主力""合作力""创造力"（21世纪六项关键能力）。"生活·实践"教育注重学生的亲身体验和实际操作，使学生能够在"做中学、学中做"，增强了教育的实践性和应用性；强调学校与社会的联系，通过社会实践活动，学生更好地了解社会，增强社会责任感和公民意识；尊重学生的兴趣和特长，鼓励学生根据自己的特点进行个性化学习，有助于培养学生的独立思考和创新能力；鼓励教育内容和方法的创新，提倡根据学生的实际情况和个性化需求，创设新颖的教学活动；注重学生终身学习能力的培养，为学生的持续发展和美好未来奠定基础。

　　从根本上说，"生活·实践"教育实施的是"新素质教育"。这种教育模式在中国教育改革中占有重要地位，体现了对于本土文化的重视，符合中国国情，有助于传承和发展中国教育文化，被视为"教育改革的中国方案"。近年来，"生活·实践"教育受到全国各地广大中小学校的热烈欢迎，得到了积极的推广和实施，取得了丰硕的成果，涌现出一大批新素质学校。编写系列丛书，旨在向基础教育工作者、研究者、管理者以及教育政策制定者展示"生活·实践"教育实验学校的生动实践和典型经验，提供来自基层学校教育改革和发展的鲜活样本，激励教育工作者和政策制定者继续探索适合中国国情的教育模式。

　　本书是《"生活·实践"教育实验学校名校长侧影》系列丛书的第一辑，收录了22位名校长的教育故事，展示他们的办学成果，呈现他们的教育智慧。22位名校长中，有扎根乡村教育的典范、南京市浦口区行知教育集团总校长杨瑞清；有创新人才培养的探索者、湖北省武昌实验中学校长汪拥军；有"生活·实践"教育的践行者、广州华美英语实验学校校长鲍成中；有自主教育的推动者、宜昌市天问教育集团总校长高正华；

有阳光教育的践行者、武汉市第二十五中学校长张振宇；有"帮教育"理念的首创者、武汉市光谷实验中学校长马国新；有美好教育的构建者、深圳市龙岗区外国语学校（集团）总校长唐文红；有未来科学家培养的倡导者、华中科技大学附属小学校长李晓艳；有"适性教育"的实践者、武汉市神龙小学教育集团总校长韩瑾；有新劳动教育的先行者、杭州市富春第七小学校长章振乐；有全人教育的润泽者、泉州市通政中心小学校长曾凤蓉；有"知行合一"理念的践行者、武汉市育才小学校长晏莉；有"有教养的自由"育人理念的提出者、湖北省省直机关第三幼儿园党委书记袁芒；等等。

书稿的编写基于事实和数据，注重客观公正地介绍每位校长的成就和理念，内容涵盖校长们的生平、成就、思想和实践，收录书稿时的排序综合参考了获得国家级基础教育教学成果奖、省（市）级基础教育教学成果奖以及其他获奖情况，体现案例的可学习、可借鉴、可参考的引领价值。

本书的编撰得到了全国"生活·实践"教育共同体各省中心负责人、秘书长的大力帮助，他们积极提供线索、协助联络，尤其是武汉市"生活·实践"教育中心的高莉等同志，在资料收集方面做了大量的工作，还有各位校长和他们的同事为本书的编撰做了许多细致、琐碎的工作，这里一并表示真诚的感谢。

周洪宇

2025 年 3 月

目　录

江苏省南京市浦口区行知教育集团总校长　杨瑞清

扎根乡村 40 余年，"大情怀育人"
树立时代标杆

【人物简介】杨瑞清，江苏省南京市浦口区行知教育集团总校长、中国教育学会副会长，扎根乡村 40 多年，潜心开展行知教育实验，成果享誉海内外，先后荣获"全国十杰中小学中青年教师""全国师德标兵""全国先进教育工作者""中国当代教育名家""全国教书育人楷模"等称号。

2023 年 7 月，教育部公布了 2022 年国家级教学成果奖获奖项目，共计 1998 项。其中，江苏省南京市浦口区行知小学（以下简称"行知学校"）的"大情怀育人：扎根乡村 40 年的行知教育实验"获国家级教学成果奖特等奖，是此次基础教育界仅有的两项特等奖之一。

特等奖的背后，是时任行知教育集团总校长杨瑞清扎根乡村，持续 40 年对"行知教育实验"的坚持与探索，是他及其团队致力于解决中国乡村教育面临的最紧迫、最现实问题，是持续提升整体育人品质，形成锐意改革精神的生动写照。

从 1981 年毕业于伟大的人民教育家陶行知创办的南京晓庄师范学校算起，杨瑞清已在这所学校扎根 40 余年。当年的毛头小伙子，现已步入花甲之年。

在他的手里，这所学校从当初仅有百余名学生的偏僻落后乡村小学，发展壮大为占地 300 亩，拥有幼儿园、小学和初中，以及国家级研学营地的集团化学校。40 多年来，他持续开展了 22 项"行知教育实验"，成果累累，影响深远，超过 5000 名农家子弟在此接受了注重生活体验的教育，学校累计接待了近 60 万名中小学生开展社会实践，100 多个国家和地区的 1.2 万多名师生开展交流活动……

40 多年来，杨瑞清及其团队用生命和赤诚，在大国之梦的乡村教育破题、大爱之心的教师实践、大智之力的课程实验、大材之用的联合办学、大旗之行的品牌辐射五个方面，树起了中国基础教育的标杆。

大国之梦——乡村振兴，从教育破题

中国的发展与未来，离不开农业、农村和农民三大问题的破解。在这"三农"之中，首要的是农民。农民素质的提升、乡村的现代化，离不开教育，离不开文化。20 世纪上半叶，陶行知先生便怀揣着这样的梦想，脱下西装，换上布衣草鞋，深入农村办教育。

将近半个世纪后，在陶行知先生创办的南京晓庄师范学校，两名满腔热血的学生——杨瑞清和李亮，再次踏上"行知路"。与当年陶行知先生不同的是，他们赶上了一个好时代。

1978 年 10 月，来自南京市江浦偏远乡村的农家子弟杨瑞清，强忍刚刚丧父的悲痛，踏入了仰慕已久的南京晓庄师范学校。从此，杨瑞清的命运就和母校创办人陶行知先生紧密相连，再也不能分开。

在南京晓庄师范学校的三年，是杨瑞清勤奋刻苦、系统学习的三年，也是杨瑞清逐渐消除自卑、建立自信的三年，更是杨瑞清树立教育理想、确定学陶志向的三年。临近毕业时，他和同为优秀生的李亮一起，主动请缨到农村学校任教，立志办一所践行陶行知教育思想、为中国乡村培养未来人才的行知实验小学。"我们决心到农村去试办'行知实验小学'，到农村这个广阔天地里造就人才。我们将密切联系群众，从实际出发搞实践，努力探索出一条适合农村特点的迅速培养人才的路子来。"

20 世纪 80 年代，是充满理想和激情的年代，改革开放带来了勃勃生机，人们奋发向上。但杨瑞清深切地感受到乡村和城市的巨大差距，更深切地体会到陶行知先生办乡村教育、振兴乡村，从而振兴国家与民族的远见卓识。

1981 年 9 月，青春昂扬的杨瑞清和李亮，被分配到南京市江浦县（现浦口区）建设乡五里小学。虽然这里没有宿舍，没有食堂，买菜都要步行至 10 里外的小镇。但这里是希望的田野，有泥土的芬芳，有淳朴的乡民，更有一群亟待科学知识和人文情怀滋养的乡村儿童……

当时，五里小学的校舍破旧、师资匮乏、办学低迷，家长不满意，社会口碑差，深陷全乡末位的困境。全校每年级一个班，总共 8 名教师，100 多名学生。其中，一年级学生 38 名，但留级生有 20 名……

作为科班出身、组织器重的青年教师，杨瑞清和李亮刚一上阵就挑起重担。杨瑞清从一年级开始，做班主任，包班教语文、数学、体育及音乐；李亮担任五年级（毕业班）的班主任，教语文兼美术。

1981 年 11 月 14 日，是一个里程碑式的日子。第一个"行知班"被正式批准命名，杨瑞清兴致勃勃地开始了实验计划。他要像陶行知那样，培养学生"康健的体魄、农人的身手、科学的头脑、艺术的兴味、改造社会的精神"。

1983 年，杨瑞清调任共青团江浦县委副书记。然而，他只在县团委忙了几个月，又辞职回到五里小学。这一生，杨瑞清选择了教育，选择了扎根乡村，选择了行知学校，选择了果断坚守。他的学生刘明祥、张娟娟等，从这里启蒙入学，展翅高飞，最终又都回到这里，成为和杨瑞清一样的行知人。

杨瑞清说，走在行知路上，紧要的是修炼好"知行合一"这门大课，特别是要合于一个"爱"字，从爱出发，精心培育每朵小花，让每个学生成为爱的源泉，启发自爱，人人都是爱的堡垒。

杨瑞清印象最深的，仍是第一届行知班的学生。那时候，有几个学生总被留级，家里就不让读书了，他们也自我放任。杨瑞清三番五次踏破门槛，除了动之以情、晓之以理进行劝说，还调动了学生"艺术团"的力量，一起唱歌跳舞、调节气氛，硬是将几名家里放弃、自动辍学的学生感召回校。

有个调皮的学生，动辄就"玩失踪"，杨瑞清就请他来自己的宿舍，一起生活、一道作息，直至他顺利上了中学。后来，这个学生成了企业家，多年后来看望恩师，将杨瑞清奉为"再生父母"……

刘明祥是行知学校前副校长，现在的行知基地负责人，也是该校 1983 届毕业生。那一年的春夏之交，禾苗青青，蛙鸣阵阵，杨瑞清骑着自行车，前面横杠载着刘明祥，后座则载着另一个同学，将他们作为优秀生"隆重"地送往中心校参加集训。

"那一天，杨老师特意把车骑得飞快。他告诉我们，你俩今后就要像我骑车一样，奋勇向前。"刘明祥回忆道。

2017 年，葛德霞接手第 87 个"行知班"，她将班上发生的故事和自己的感受，用真实细腻的文字记录下来，并称之为"爱的唤醒"。葛德霞说："我坚信每个孩子身上都有他的闪光点，如果我们暂时没有发现，那是我们观察得不够仔细。教育很重要的一个任务就是唤醒学生心中善良的种子，让这些向善的种子向阳生长。"

葛德霞的话，是行知学校新一代教师的心声。正是这样一代代、一批批的行知教师，唤醒了学生对学习和生活的热爱，唤醒了他们内心深处绵绵不绝的生命活力。

陶行知先生有言，"捧着一颗心来，不带半根草去"，行知教育的精髓即"爱满天下"，以"大情怀"育人。正是在这样的精神感召下，行知学校在 40 多年的教育实践中，矢志培养立志做新时代"大先生"的真心良师，也正是在这些真心良师的呵护下，一批批"精彩陶子"茁壮成长起来。

"傻瓜种瓜，种出傻瓜。惟有傻瓜，救得中华。"陶行知先生的《傻瓜》诗，杨瑞清最为喜爱。这既是陶行知先生的自况，也是他的超级粉丝、"行知路上后来人"杨瑞清的自画像。

大爱之心——情怀抱负，从教师践行

1982 年，在大队支部书记陈则林和附近村民的支持倡导下，村里决定易地在附近新建五里小学，并发动工厂捐赠砖瓦、水泥、木料等建校所需物资。令人意想不到的是，原本贫穷的村子此时迸发出惊天的能量——村民们个个倾尽所有、慷慨解囊，集体捐赠 7 万元巨资用于建校。这种朴素而深厚的乡邻情感让老师们真切感受到陶行知教育思想能够扎根乡村的真谛。

经过全村人的努力，一座崭新的、充满大爱的学校拔地而起。很快，失学的学生返校，外出的学生回流，年轻教师不断加入，"行知教育实验"渐入佳境。学校后来将这一段历史形象地概括为"村校一体，生活育人"，反映的正是学校与五里村命运与共、形同鱼水的关系。如今，这里修旧如旧，成为行知教育集团的"纪念版"和对外交流中心。

1985 年，五里小学更名为"行知小学"，一系列的行知教育实验陆续展开，再也没有停歇。

1986 年 6 月，第一个"行知班"的学生以良好成绩毕业，向社会交出了第一份满意的答卷。"虽然没有培养出学业特别拔尖的学生，但与往届毕业生相比整体水平提升了不少，总算初见成效。"那些见证了当年开班历史的老师感慨地回忆。在这 5 年的实践中，老师们发现，在留级的学生中，有的是因为成绩不好，有的是为了考高分，这就导致留级生的比例一直居高不下，甚至很多后进生提前半年就被"内定"留级。事实表明，留级并不是提升学生学业成绩的有效路径，甚至会形成负反馈，成为制造越来越多后进生的一个制度性障碍。

学校痛定思痛，于 1986 年秋季开学之际决定开展"不留级实验"，着力解决大量学生留级及其带来的学习基础差、学习信心不足等问题，借此促进教师、家长观念转变，推动学校教育教学整体变革。"不留级实验"本质上是一种制度改革，其认为学生学不好、反复留级的根本原因在教育，而不在学生。学校应给予留级生更多的关爱和支持，让他们有机会过上幸福、完整的童年生活。基于这样的理念，学校确定了"弘扬主体、扬长补短、耐心等待、促进迁移"的 16 字实验思路。为提振学生学习信心，学校以评价改革为突破口，改变过去一张卷子、一次考试定成绩的应试教育做法，采取分阶段、分内容、重复考核的方式，想尽办法"让每一个学生考出自信来"。

"不留级实验"只是学校推行教育改革的一个缩影。在陶行知教育思想的旗帜下，学校在不同时期推进的还有小幼衔接实验、劳动教育实验、家长学习班探索、良师成长实验、村级大教育实验、"三小"课堂实验、小班化实验、"五好陶娃"评价实验、美国孔子课堂实验、教学做合一新探索、以美育人涵养行动等20多个实验项目。这些实验无一不立足于乡村学校办学实际，着力解决学校不同发展阶段遇到的真问题，让乡村教育融入生活，让儿童成长在实践中发生，处处体现大胆探索、锐意改革的精神。

"这所学校，将是一个完全打破旧的框框，勇于实践，大胆创新的学校。"1981年，两位青年写在志愿书上的激情之语，如今在行知学校这个大课堂里已然变成鲜活的教育现实。

大智之力——课程实验，从全面入手

今天的行知学校，有着人见人爱的品牌标识和校园吉祥物"陶娃"。其设计者朱仁洲是南京工业大学艺术设计学院副教授，行知学校1990届毕业生。朱仁洲回忆道，当自己留学德国时，看到那里的中小学生学业轻松、全面发展、身心健康，突然感到一股熟悉而又温润的清风扑面而来，这不正是我小学时的体验吗？……

朱仁洲自小喜爱美术，绘画特长在行知学校获得发展。在杨瑞清等教师的鼓励和引导下，他走上了艺术道路。他还设计了南京工业大学校徽，是当今设计界的新锐力量代表。

南京师范大学的专家团队对行知学校的毕业生开展了一系列调查研究，得出的结论是：他们阳光积极，普遍潜力大、后劲足、成长良好。

"千教万教，教人求真；千学万学，学做真人。"这是陶行知先生的名言，也是行知教育的精髓。今天中国基础教育界盛行的诸多育人理念、课改模式，其实都能在行知学校40多年的教育实践中找到源头和蓝本。大智若愚，大巧若拙，一如行知学校的实验与课程，就是最好的例证。

杨瑞清记得，当他们在 20 世纪 80 年代开展不留级实验时，一石激起千层浪，各种说法和质疑铺天盖地而来。顶着巨大的压力，他们义无反顾地朝前走。几乎每一次实验，都是浴火重生。

杨瑞清说，"知行合一"这门大课，既要合于"我"，从我做起，挖掘自身无限潜能，因为人人都是学习者，人人都是教育者，人人都是创造者；又要合于"此"，在此立足，整合身边丰富资源；更要合于"大"，从大处着眼，坚信可以创造奇迹，培育能够担当民族复兴大任、构建人类命运共同体的时代新人。小学校大教育，小学校大文化，小学校大事业。

杨瑞清说："一言以蔽之，就是真、善、美，就是用、恒、乐。"

坚持采用走进现场、亲自动手、亲身体验的行知教育方式，以"知行合一"思想来引领学校课程的建构，是行知学校的优良传统。近年来，该校更是充分发挥集团化办学优势，进一步整合各类特色优质资源，以"求真知、育真人"为指导思想，以"国家课程生活化、生活资源课程化、学校课程系统化"为基本思路，以"村校一体、城乡联合、国际交流、品牌共享"为路径，让课程生长在乡村的土地上，生长在联合的生活中，系统建构了"基于生长、滋养生长、促进生长、指向生长"的生长课程体系。

生长课程体系包括生命涵育课程和社会实践课程两大集群。其中，生命涵育课程以国家课程为基础，充分整合乡村生活资源，持续开发特色校本课程，具体涉及体育与健康、品行与修养、语言与文化、艺术与审美、科学与探究、实践与创新六大学习领域。

社会实践课程主要依托行知基地开发，包括"三农"体验课程、研学实践课程、中华文化开放课程、身心实训课程、革命传统教育课程等，重在传承陶行知先生的儿童观、实践观，培养学生的生活力、实践力和创新力。

40 多年来，行知学校累计开办了 113 个"行知班"，进行了 22 项实验探索，涵盖幼小衔接、劳动教育、家长学习班、不留级、良师成长、村级大教育、五好陶娃评价等，实验与课程相互融合，社会与学校彼此支撑，深刻地改造了校园生活，优化了育人机制，有力地转变了师生价值观念和行动方式。

大材之用——资源拓展，从联合启幕

20世纪90年代以后，在改革之帆的牵引下，行知学校平稳地行进在行知教育的广阔海洋里。此时，舵手并不需要怎么发力，就能确保正确的航向和相对较高水平的航行质量。但这并不是行知人的初心。

同时，在一派向好的景象中，越来越多的人心头却滋生了另一种困惑：与最初起跑时相比，乡村的条件虽然好了，乡村教育却越来越难，整个社会仿佛笼罩着一股无形的力量，让乡村和乡村教育生态悄然发生着改变。渐渐地，这样的困惑开始凝聚成几种较为清晰的感受：一是学校常常为乡村学校留不住好教师而苦恼，即使优秀教师也生怕自己在乡村教育岗位上变得麻木、封闭、落伍。二是大家普遍认为乡村学校条件艰苦、资源贫乏，国家不重视不支持乡村及乡村教育发展，很难办出高质量教育，点滴成就无法从根本上改变乡村教育的落后面貌。三是长期以来乡村教育中的师生关系、亲子关系不和谐现象难以消除，学生的童年不够舒展，理想的教育生态迟迟不见到来。

问题到底出在哪里？

这些困惑产生的根源，可能正是后来许多研究者的共识：在市场经济快速发展、城市化进程加速的时代背景下，乡村变得越来越边缘化，人口外流情况加剧，优质教育资源汇入城市，优秀教师持续流失、理想信念受到侵蚀，学校与家庭、教师与学生、学生与父母的关系面临新的考验，原有朴素的乡村教育生态正在被解构和重塑。

对准实践去敲击，行知人总能从困惑中剥离出答案。在不断反思、追问与探索中，学校逐渐提炼、形成了"学会成长、学会赏识、学会联合"的"三会"教育理念和实践策略，逐一破解了三个困惑。

"学会成长"，解决的是教师队伍建设问题。即关注教师成长而不是纠结于如何留住教师，想办法让教师成长的速度远远大于流动的速度，从而为乡村小学建设一支好的队伍。留下来的加快成长，调出去的回来帮忙，乡村学校的发展就有希望。为将这一理念落实在行动上，学校提出了 16 字教师成长准则：躬于实践、勤于读书、善于交友、乐于动笔。这 16 字"成长诀"在实践中产生，又在实践中深化和被验证，至今仍是行知人践行教育理想、开启自我成长之路的一把金钥匙。

"学会赏识"，解决的是教育关系与学生成长问题。学会赏识的本质是学会爱，这也是陶行知儿童观的核心内涵。为此，教师要在日常教育生活中落实"三爱"：达成被爱，让每个生命成为爱的聚焦；引导施爱，让每个生命成为爱的源泉；启发自爱，让每个生命成为爱的堡垒。它所体现的是一种整体的教育观，可用"走近生命、发现潜能、唤起自信、善待差异、引导自选"20 个字予以概括，强调的是尊重、信任、理解、激励、包容、提醒。

关于"学会赏识"教育理念的另一种形象化表达是全校师生所熟知的"花苞心态"。杨瑞清校长向我们清晰地阐释了什么是"花苞心态"，为何要具备"花苞心态"：花有花期，我们养花、看花不会催促花早点儿开，也不会要求所有的花一起绽放，既然每一种花都有不同的花期，每一个孩子都有他自己的成长节奏，为什么我们不能耐心地等待那些"花期"滞后的孩子慢一点开放呢？用"花苞心态"看学生，只有两种花——"美丽的鲜花、可爱的花苞"，而不再有"好学生、差学生"之分。尊重花期，就是尊重生命成长的规律，这才是真正的教育。"行知苑，百花开，每一朵，都精彩。早也开，晚也开，天天开，更精彩！"行知学校朱德成副校长随口朗诵的这几句小诗，正是学校践行赏识教育、以"花苞心态"育人的生动写照。

"学会联合"，解决的是城市化背景下现代乡村学校生存与发展的新问题。

首先，联合意味着资源的整合，是学校与学校、学校与基地、基地与活动之间的联合。2015 年，行知学校进入集团化办学时期，成立了包括行知小学、高旺小学、石桥小学、行知幼儿园、行知中学、行知基地 6 家单位在内的大集团，实现了教育资源的融通共建、教育生态的一体建构。其实，在此之前各类资源已经在不断集聚：1994 年，行知小学成立劳动实践基地，即后来的"行知基地"；2001 年，行知小学扩建校园至 300 亩，将小学、幼儿园、行知基地纳入一个园区，统称"行知苑"；2011 年，浦口区建设中学迁入行知苑，并更名行知中学；高旺小学、石桥小学则是周边有着多年办学历史和丰富办学经验的乡村学校，两所学校在践行行知教育理念的基础上，探索在集团内差异化、特色化发展，努力寻找自身的生长点，形成了文化和资源上的互补。

其次，联合也代表着走出去，向更广阔的社会要资源、在互通有无中增智慧。多年来，学校不断扩大行知教育影响力，带动内蒙古、新疆、云南等地的 50 多所学校开展"行知教育实验"。学校 2004 年开启对外交流工作，已有 100 多名师生赴国外交流学习，校长和教师多次被邀请到菲律宾、马来西亚等国巡回演讲，有力推动了行知学校与外界的交流。2010 年开始，马来西亚教育部副部长办公室推动的"爱心计划"，将行知学校作为"母亲校"，已吸引 130 余所华文小学参与该项计划。2020 年 8 月 6 日，新建的南京行知苑云播中心正式开播，老师们通过云播中心给美国、欧洲等国家和地区的学生上中文课、书法课等，积极传播中华文化。通过联合，乡村学校成功拓宽了"行知"的半径，站在了乡村教育发展新的制高点上。

世界荷花大王丁跃生，是中国荷花新品种审定委员会的五大专家之一。作为江浦本土成长起来的新时代农民，他不但是行知学校的兼职导师，也是校外 200 亩荷花基地的负责人。而丰富劳动教育，开展荷文化研究，挖掘其中的育人价值，正是行知学校"学会联合"、整合资源的显著成果之一。

陶行知先生有言：生活即教育，社会即学校。在杨瑞清看来，"学会联合"是行知教育理念的精髓之一。超越学校办学，超越局限办学，就是一种积极的实验和革新。

行知学校的"学会联合"，解决的是城市化背景下现代乡村学校生存与发展的新问题。在办学实践中，杨瑞清发现只有学会联合，才能突破乡村学校的时空限制，在条件改善、课程开发上整合足够的资源，在教学方式变革上集聚足够的动力。

搭建"社会即学校"的协同育人平台，是行知学校的重要抓手。20 世纪 80 年代，行知学校倡导学生做"小先生"，带头建设乡村文化与文明风尚。他们开办农民扫盲学校、家长学校，开展村级大教育，成功让 318 名青壮年脱盲，两年间将五里村劳动力的文化指数从 7.78 年提升至 8.03 年。20 世纪 90 年代，他们开办校办工厂，建设劳动基地，与城市学校合作……

实践路上虽有失败，但更多的探索和实验换来了新的突破、新的活力、新的提升。

资源的整合，当然包括人力资源。除了特邀专家学者，行知学校也调用自己的校友资源，即"东家资源"。杨瑞清的老搭档、老同学李亮，后来成长为江苏省小语学会理事长、教育部教学指导委员会委员，还有从行知学校走出去的特级教师、南京宝船小学校长江和平等一批老行知人。他们都是行知学校发展提升、阔步前行的重要资源和有力推手。

近年来，行知学校推进"国际交流、品牌共享"，建设研学实践基地、文化交流中心，与时俱进，步步登高，形成了"人人办教育、人人受教育"的育人新格局。

"三个学会"让行知人步伐从容，主动走在了时代发展、乡村变革的前列。当一些学校无奈地为乡土的消逝而无动于衷、放弃"抵抗"时，他们已经成功突围，开始谱写新的旋律。

大旗之行——品牌辐射，为中国教育现代化探寻新路径

从 1981 年首个"行知班"的创办，到 1985 年行知学校的命名，杨瑞清及其团队不断探索，勇于创新，认真地解决每一个阶段的乡村教育新问题，突破了各种育人困境。

在城市不断向外蔓延的过程中，学校周边早已不再是农田，行知学校其实也不再是传统意义上的乡村学校，但"行知教育实验"依然散发着无穷魅力，其价值意义已经突破了城市和乡村的物理界限，指向教育发展的核心命题。

他们开辟了"生活即教育"的行知教育实验道路。40多年里，学校累计开办104个"行知班"，进行22项实验探索，改造学校生活，优化育人机制，转变师生价值观念和行动方式。

他们构建了"爱满天下"的大情怀育人体系。他们热爱乡村、奉献乡村、振兴乡村，以爱为核心，构建爱生命、有担当、重实践、可共享的育人体系，培养大志、大气、大爱的乡村新人，让学校文化旗帜在绿色乡间高高飘扬。

他们创生了"教学做合一"的课程与教学范式。学校突出实践育人，有效利用乡村社会自然与文化资源，高水平实施国家课程，探索手脑并用、促进生长、充满生机的课程与教学，切实推动育人方式的深层次变革。

他们搭建了"社会即学校"协同育人平台。他们推进"村校一体、城乡联合、国际交流、品牌共享"，实施村级大教育，建设研学实践基地、文化交流中心，形成人人办教育、人人受教育的育人格局。他们推动了一流乡村学校建设，培育了5000多名乡村儿童，接待了50余万城市学生和1.2万境外师生研学，成为全国研学营地、国际文化交流基地，带动国内外一批学校开展行知教育实验。

面对行知学校所取得的累累硕果，参观者总是眼含羡慕，认为这是一条"阳光普照"的大路。然而，对行知学校的老师们而言，内心深处与这条阳光大道互相裹挟、互为表里的，还有一条不折不扣的风雨之路。这里的"风雨"，既是几代行知人办学过程中所遇艰难困苦的真实写照，也是他们情感世界所经历左冲右突的如实投射，更是几十年来中国教育在颠簸向上中艰难前行的贴切比喻。在巨大的荣誉面前，行知人不仅收到了潮水般涌来的点赞，还感受到"行知教育再出发"重大历史使命的推动和呼唤。行知教育究竟是什么？行知教育去哪里？行知教育怎么办？过去的答案并不等于未来的路，聚光灯下，每一个行知人都需要对这些"灵魂之问"重新作出思考。

过去的 40 多年里，虽然几代行知人已经通过行动给出了阶段性答案，但现实不会一成不变，在加快建设教育强国的时代大背景下，还有更多的问题需要后来者在实践中一步步解答。

40 多年来，行知学校逐渐产生了巨大的品牌效应，成为中国乡村教育乃至基础教育的一面旗帜，为中国教育现代化探寻着新的路径、新的方向。

行知学校作为一个中国的本土教育品牌，成功从五里村、从中国的新农村，辐射到更广阔的地球村。

行知学校是一所学校，却又超越了学校；行知学校既扎根乡村，又升华了乡村；行知学校是中国的，又是世界的！

湖北省武昌实验中学校长　汪拥军

为拔尖创新人才培养探索有效路径

【人物简介】汪拥军，现任湖北省武昌实验中学校长，湖北省高中教学指导委员会化学学科副主任委员，湖北省化学化工教育专业委员会副理事长，教育部全国优秀中学校长第 14 期高级研修班学员。曾被评为湖北省优秀教师，黄冈市优秀教师，武汉市享受市政府津贴专家，武昌区第六批拔尖人才。课堂教学曾荣获"全国化学录像课评比一等奖"，30 余篇论文公开发表或获省级以上奖励。主持《促进学校内涵发展的教研文化建设的研究》《全面育人视野下示范高中全课程体系建构的实践研究》《大数据背景下开展精准教学减负增效的实践研究》等省市教育科学规划课题研究。《做学生终身成长引路人——"一核两翼三级四力五环"生涯教育体系的构建与实践》荣获 2022 年湖北省优秀基础教育教学成果特等奖、2022 年基础教育国家级教学成果奖二等奖。

从 1985 年走上讲台起，汪拥军在教育园地辛勤耕耘了近 40 年。40 年从教生涯，尽管岗位不断在变化，始终如一的则是自己的教育追求：志存高远的卓越师生，生机勃发的学校教育，朴实从容的教育人生。

40 年从教生涯精彩纷呈，锻造两所高中名校

1982 年 9 月，和那个时代许多优秀的农家子弟一样，作为同龄人中的佼佼者，汪拥军进入湖北省浠水师范学习，三年后以优异成绩毕业，并留校任教。1985 年 8 月至 2001 年 7 月，16 年时间里，他从一名普通教师逐步升

任学工处副主任、年级主任、校办副主任、教导处主任、副校长。期间，在全国中师化学录像课比赛中，荣获一等奖，破格晋升为高级讲师，并先后被评为"黄冈市优秀教师""湖北省优秀教师"。

2001年8月，他作为湖北省优秀教师，被武昌区人民政府引进到老一辈无产阶级革命家董必武创办的武汉中学，担任化学教师。此后的八年时间里，因工作业绩突出，先后担任武汉中学班主任、年级主任、兼职副书记。2008年10月，他被任命为武汉中学德育副校长。作为分管德育的副校长，他开始试着走出传统的模式，探索适应现代社会发展要求的德育模式。实行"学生成长导师'一联三'"模式，即要求各个科任教师结对帮扶几个学生，从困难帮扶、学业辅导、心理疏导到成长指导，将德育与教学融合在一起。以班主任为主导的育人团队，构建紧密的师生关系，促进学生主动发展。以项目活动为载体，扩大学生活动空间，如参与社会调查、服务社区治理等实践体验活动。武汉中学的"学生成长导师制"德育模式荣获武昌区创新大赛一等奖，随后推广到全区，并成为武昌区绿色教育的一道亮丽风景。

在武昌教育沃土上，汪拥军与武汉中学、省实验中学结下不解之缘。从2001年到2010年，汪拥军在武汉中学这所文化底蕴深厚的学校经历了适应、提升和发展三个阶段，由经验型教师逐步沉淀为理性的卓越教育者和优秀的德育工作者。2010年9月，组织把他调入湖北省武昌实验中学，担任德育副校长，分管教学和德育工作。2014年1月，再次回到武汉中学，正式担任"一把手"校长。2016年8月，出任武昌实验中学校长，迄今已逾八年。

从2001年到2024年，汪拥军在武昌这片土地耕耘了24年，不断从优秀走向卓越。在他身上有三种鲜亮的色彩：他是一名优秀的化学专业名师；他是一名锐意创新的德育工作探索者；他是一名自带光环、成绩显著的卓越办学者。

从校长视角看，多年丰富的教育实践经验，让他形成了完整的办学治校理念体系。在办学理念上，突出学生成长，他总说"让优秀成为一种习惯，从母校带走一生财富""高考就是考人品"等，指向的是学生健全人格的培养和生命品质的提升，培养追求卓越的能力，并形成了"三好两有"（品德好、身心好、学习好，有个性特长、有创新精神）成长模式。在办学方向上，他孜孜以求的是建设一所卓越学校，让每一名学生都有自己的发展空间，于是率先开设普通高中学生生涯规划教育课程，帮助每一名学生明晰自己的成长目标。在育人方法和路径上，他主导构建了"导师、导生、导学"的"三导制"育人模式，"导师"就是老师引导，"导生"就是生生互导，"导学"就是在教学过程中，真正把立德树人落到实处。在课程建设上，他以开放性、适切性、综合性为目标，构建了全面育人视野下示范高中"163卓越发展"全课程体系，将课程、教学、学习三者的关系相互打通，形成学校全课程、立体化、同向协同育人机制的教育体系，近六年着力开展守正德育课程、校本选修课程、生涯教育课程、拔尖创新人才培养课程建设，努力探索导学型课堂。在学校治理上，他坚持以生为本、以师为贵、以德为先、以文化人，以培养拔尖人才为目标，传承"忠毅勤朴"校训精神，构建生态文明校园，实现现代化教育。他主持的《"三全育人"体制机制创新研究——武昌实验中学"三导制"成长共同体的实践》获 2019 年武汉市第一届基础教育教学成果一等奖，《做学生终身成长引路人——"一核两翼三级四力五环"生涯教育体系的构建与实践》获 2022 年湖北省优秀基础教育教学成果特等奖，并获基础教育国家级教学成果奖二等奖。

从 2010 到 2022 年，汪拥军在湖北省武昌实验中学拼搏奋斗了十余年，见证了学校昂首跻身江城优质品牌高中第一方阵"领头雁"的位置。这是他带领省实验中学对江城百姓期盼优质教育的真切回应。

他牢记立德树人使命，全面提升育人质量。他认真践行武昌绿色教育理念，带领全校师生员工，勇于追求卓越，破解发展难题，学校内部管理不断优化，办学质量和社会声誉快速回升。在他的带领下，省实验新高考改革稳步推进，高考成绩屡创佳绩。学校高考本科特殊招生线（原一本线）从 2017

年开始连续六年超过 98%，平均分从 2018 年开始连续五年超过 600 分。2014 年、2016 年、2018 年三年高考中，学生分别夺取湖北省理科第二名，创造了实验中学"五年三榜眼"的传奇。国际教育也成功探索了宝贵经验。国际部出国留学班毕业生 100% 被世界主流英语国家大学录取，其中世界排名前 50 的大学录取率为 50%。

他致力于拔尖创新人才培养，高质量促进教育公平。他积极争取主管部门的支持，按照"立足高考、服务强基、个性培养"的工作目标，2016 年省实验中学成立了"创新人才培养中心"，启动学科竞赛工作。2017 年设置首届竞赛班，并开始面向全国招聘优秀竞赛教练。2020 年对接高校招生改革，将竞赛班调整为竞赛强基班。2021 年探索开办数学竞赛班和竞赛强基班并行模式，全力推进拔尖创新人才培养并取得重大突破。2021 年在全国中学生学科奥林匹克竞赛中，数学斩获湖北省总分第一名，夺得 4 金 2 银，两位同学入选国家集训队；物理夺得 1 银；生物奖牌数全省第一，夺得 1 金 2 银 2 铜；地理斩获湖北省总分第一名，17 名学子入选英才计划，人数全省第一。2022 年在全国中学生学科奥林匹克竞赛中，54 位同学夺得五大学科竞赛省一等奖，特别是数学 13 人入围湖北省代表队，省队人数位列全国第 5 名，斩获湖北省总分第一名，在全国决赛中夺得 4 金 6 银 3 铜，均创历史新高。

在他的带领下，武昌实验中学 2019 年被评为湖北省文明校园，2021 年被评为武汉市普通高中首批领航学校。新起点，新征程。踏上"十四五"实现教育现代化的新征程，他带领实验人锚定"守正创新，多元发展，建设卓越学校"的奋斗目标，建立并完善学校普通高中考、学科竞赛、合作办学三条赛道办学格局，建设一流的育人模式、打造一流的课程体系、争创一流的办学成绩，培养具有国际化视野、家国情怀、创新精神和实践能力的高素质人才，竭力实现实验中学的创新发展和品质发展，以实干实绩为湖北教育再添光彩！

16 字治校理念："以生为本，以师为贵，
以德为先，以文化人"

学校是教书育人的场所，必须贯彻落实党的教育方针，"教育必须为社会主义现代化建设服务、为人民服务，必须与生产劳动和社会实践相结合，培养德智体美劳全面发展的社会主义建设者和接班人"。因此，如何落实好立德树人根本任务，这是每位学校管理者必须面对、必须回答好的时代课题。

2016 年 8 月，汪拥军同志就任湖北省武昌实验中学校长，带领班子成员确立了"以生为本，以师为贵，以德为先，以文化人"办学思想。

（一）以生为本

省实验中学在"十一五"期间，将办学理念提升为"以生为本，奠基人生，张扬个性，创新发展"，进入"十二五"以来，学校历任班子认为这一办学理念很好地契合了新时代国家对人才培养的要求，并在此基础上，不断向干部教师宣传办学理念的内涵与外延，让全校教职工内化于心、外化于行。

以生为本。明确表明学校的一切工作都要从我们的服务对象学生出发，关心学生的身心健康，关注学生的成人成才。悦纳众生，平等相待，关爱呵护；严格训导，因材施教，长善救失，全面提升，面向全体，师生共同成长。

奠基人生。不仅要关注学生在校学习期间的现时性发展，而且更要着眼于学生走出高中校门后的长远发展。从身体、心理、思想品德、学习能力、行为习惯、审美情趣等多方面引导学生打好基础，发现潜能，积极乐观地面对人生，敢于担当和有能力担当家庭责任和社会责任，这就是为学生未来的幸福人生奠基。

张扬个性。学校既培养未来的社会精英，也培养未来普通的劳动者。在关注全体学生全面发展的前提下，注重学生的个性发展，包容、博纳、鼓励、助推，培养学生良好的个性化心理品质、个性化特长等。创造高效活跃的课堂，组建丰富有益的社团，推出多样化的"校园之星"，打破"以学习成绩论英雄"的单一刻板的评价模式，营造生动活泼的校园文化。

创新发展。一方面，学生以全面发展为基础，以鲜明个性为基点，根据自我可能与社会需要，形成创新意识、创新技能，在高中阶段既积极主动参与学习、体育、文学、艺术等各种活动，又在常规性基础性活动或特长性活动中体现一定的创新性，在创新中发展。

以此办学理念，学校将育人目标概括为：立德树人，着力培养"三好两有"（品德好、身心好、学习好，有个性特长、有创新精神）新时代人才。

（二）以师为贵

"善之本在教，教之本在师。""学校无小事，事事关教育；教师无小节，节节系育人。"汪拥军认为，对学生的教育和影响要靠老师们一点一点去落实，把培养人的人尊重好、培养好、关心好是每位校长最重要的职责。

首先是尊重好。尊重体现在日常交流中，尊重教师的人格，跟老师们平易近人地交流，不高高在上，让老师们感受到尊重。尊重就要充分发扬民主，真诚听取老师们的意见和建议。比如，定期召开座谈会听取意见，特别是涉及教师切身利益的事情，要通过完善教代会、学术委员会、膳管会等自治组织，众筹智慧，共建共治共享，让老师们受到尊重。尊重还要做好党务公开、校务公开，优化教师管理服务措施，完善教师评议考核制度。

其次是培养好。坚持把教师队伍建设作为基础工程，通过实施教师队伍建设"培英育苗、精英领航、群英荟萃"工程，大力培养造就师德高尚、业务精湛、结构合理、充满活力的高素质专业化创新型教师队伍，积极引导和支持教师成为大先生，做学生为学、为事、为人的表率，促进学生成长为全面发展的人。着力加强思政课和班主任队伍建设，推动建设政治强、情怀深、思维新、视野广、自律严、人格正的思政课和德育教师队伍。以师德素养提升为魂,以业务提升为纲,以全面提升教师队伍整体素质为核心,认真开展"读一本教育专著,做一项教育专题研究,上一节教学展示课,组织一次班级活动,命制一套高质量试题,发表一篇教学论文或反思"等学习、研究、实践活动。学校实施了青年教师培养工程,组织岗前培训、专项培训,开展师徒结对、五项技能比武、赠书读书等专项活动,打造书香校园。学校坚持"一人一课一备""教师发展论坛""小型专题研讨会""联考或调考质量分析会""名师工作室"等校本教学、研修活动。同时,以科研兴校促发展,在近五年科研课题申报中,学校获批省市级课题五十余项,全部顺利结题,一大批教学骨干参加了课题研究。通过研修,学校教师进一步转变了教育观念,提升了教师的学习力、研究力和教育教学实践能力。

最后还要关心好。 以关心教师为本,平时注意嘘寒问暖,精心组织好教职工的文体活动。关心教职工的切身利益,认真倾听其诉求,想方设法帮他们解决实际问题。学校尽力优化班主任工作环境,鼓励班主任积极主动创造性地开展工作,打造一支品行好、能力强、工作实、乐于奉献的班主任队伍。近六年中,刘芳、李玉白、许红明、吴罕砚、徐雅斯等5位老师获得武汉市"五一劳动奖章"。5位老师获评市区学科带头人,4位老师获得"市百优",6位老师获得"区十佳",11位老师获得"区百优班主任"等称号,90余人次教师获得国家级、省级优质课比赛一、二等奖。

（三） 以德为先

"立德树人,以德为先"是实现教育理想和发展现实的落脚点。

第一,摆正成人与成才的关系。

学校从古今中外优秀教育成果和现实问题出发,引导教职工深刻认识落实立德树人就是要坚持德育为先。从中国古代先人对"'三正'为德"的智慧认知中体悟"以德为先"的含义,用西方现代教育实践成果"良好的教育＝道德＊（知识＋思维＋领导力）"启示教师"以德为先"的"普世价值",

以现当代社会"空心人""瓷瓶人"现象警示教师落实"以德为先"的重要性。纵观人类社会历史，凡是有作为、成大器者，无不具有高度的责任感、进取心、自信心，以及热爱国家、关心他人、勇于奉献等品质。反之，一个道德意志不坚定的人，很容易在社会中随波逐流、腐化堕落。教育的目标在于使每个个体实现"成功的生活"，在于建设一个"健全的社会"，要竭力避免学生有知识无智慧，有欲望无理想，有情绪无理性，有规则无道德。德是人才的灵魂，它决定着一个人成才的方向。校长和教师应该树立有"人"才有"才"的人才观。"成人"重于"成才"，"育人"重于"育才"。

第二，努力找准高中教育"立德树人"的切入点。

坚定"1+2>3"的教育价值观，保证育人取向。学校坚持学生健康成长"1 良好品德+2 身心健康>3 学业优秀"的价值取向，让全体教师坚信培养学生良好品德、让学生身心健康，是让学生学业优秀的基础和保障。相反，不注重良好品德和身心健康，学生的学业优秀是不可持续的，有了前两者，即使学业暂时不优秀，假以时日也会实现学业优秀的目标。

坚信高考就是考人品，指引师生走正确道路。考试、分数、高考是高中绕不过的坎儿，高考考什么？高考分数背后的本质是什么？学校用大量的事实总结出"高考就是考人品"的信念去统一师生和家长的行动。学生高考结果之所以有区别，更多在于知识学习过程中所形成和展示出来的人格品性有区别，包括理想追求（目标动力问题）、责任感和价值观（做人的态度）、恒心毅力和吃苦精神（意志品质问题）、学习习惯和学习方法（做事的品质）、心理素质（自我管理的品质）、眼光和胸怀等。在"高考就是考人品"的信念指引下，让高中、高三、高考成为孕育学生优秀品质的绝佳机会和宝贵时机。

坚守"让优秀成为习惯"学生成长信念，呵护学生健康成长。在办学实践探索中，学校认识到习惯具有神奇的力量。学校借用了亚里士多德的名言，从学生发展视角提出"让优秀成为习惯，从母校带走一生财富"成长信念，促使学生们认识到"人生最神圣的行为，就是我们每天在做的事情"，希望他们做好高中三年成长规划，养成良好的学习与生活习惯，不断提升自身综合素质，为美好人生奠基。

第三，打造守正德育课程，夯实学生成长基础。

近十年来，在汪拥军带领下，实验中学精心设计了守正德育课程。"守正"，即恪守正道，"守正德育"从"德、学、身、趣、行"五个方面阐述了顺应"五育"并举的时代要求，课程内容包括德正、身正、学正、趣正、行正五个维度的系列教育活动，落实"三好两有"的育人目标。学校在守正德育课程中，注重构筑真实德育场域，在实践中生成道德行为。比如通过系列活动，增强使命感，锤炼能力；通过开展社会综合实践活动，感受时代脉动，思考社会问题，培养责任心和公益心；通过走进周边历史文化场所、科研院所和大型企业，开展各领域的体验活动，感受社会巨大变化，厚植爱党爱国爱乡情怀。学校倡导"德育生活化"，构建"人人是德育工作者、处处是德育阵地，事事是德育内容"的德育工作体系；建立并完善"他律"与"自律"相结合的自主教育机制，精心策划、组织丰富多彩的特色活动和专题教育，从雅言、雅行、雅趣等方面培养文明高雅的中学生。

（四）以文化人

汪拥军认为，学校文化是一种巨大的教育力量，可以解决学校管理不能达成的目标。因此，一方面要通过科学和人文管理，让教师不仅工作有序、专业发展、事业进步，更要让老师们得到尊重、感受公平、享受温暖，从而让教师"心平气顺"地工作；另一方面要特别注意通过文化建设，用心营造良好的学风、教风、校风，弥补学校管理的不足和缺陷。

干事文化。学校党委推行"一线工作法"，大力培育干事文化。学校管理说到底是人的管理，在最复杂的人事管理上，学校通过《湖北省武昌实验中学岗位设置方案》《湖北省武昌实验中学"双向选择、分级聘任"实施办法》，对学校人事实行"四定"（定岗、定责、定量、定评价），确保事事有人做、人人有事做、年年有评价，落实干多干少、干好干坏不一样。同时，实行领导干部蹲点蹲班制度、行政干部值班制度、高三备考领导小组制度、教职工述职考评制度和教职工荣誉激励制度，调动各方面的积极性，密切干群关系，让大家愿干事、能干事、干成事、干好事、不出事。

团队文化。教书是同心活，学校确立打团体战和整体战的指导思想，努力实现同频共振。高考成功必须打整体战，六门学科协调发展，不单科独进；高中教育成功必须打团体战，教育与教学、年级组与备课组、班主任与科任老师，必须齐心协力、齐抓共管，不单打独干，否则就会陷入学科题海战术、打疲劳战、无所适从的怪圈。为此，学校注重营造团队合作氛围，建设齐抓共管和共享共赢的运行机制。通过各种途径引导、教育全体教师打团体战和打整体战的意义，强化"一个成功的团队中没有失败者，一个失败的团队中没有成功者"的团队管理理念。同时更加注重团队激励评价，制定了《星级学课组建设评比奖励细则》《年级过程管理质量奖实施指导意见》《高考质量奖奖励方案》，共同构筑了激励教师合作共进、共享智慧、互助共赢的团队合作评价机制，发挥年级组、班主任、备课组三个"同心圆"的核心作用，一切为学生服务，多做有用功，少做无用功。

创新文化。学校设置创新团队奖，引导和鼓励教师探索普通高中育人方式改革。近几年，学校重点做了两个方面的探索创新：一是实行"三导制"（导师制、导生制、导学制），形成成长共同体，搭建了师师、师生、生生互动的立交桥，对学生进行思想引导、学习辅导、行为训导、心理疏导、生涯指导，充分调动和发挥师生的积极性、主动性、创造性，解决了"落实教师的管教管导、发挥优秀学生的引领互助作用、体现学生的主体地位和教师的主导作用"等问题，让老师、导生在"导师"的角色中体验成功，让学生在"导师"的关爱中体验成长，让每一个学生都能得到健康和谐发展。二是着力生涯教育，提升学生生涯发展力，构建"一体两翼三级四力五环"生涯教育体系，把学校教育与社会生活相融通，将高中教育从"升学主义"转向关注学生未来发展的终身教育，在高中生学业发展、生命安全健康、坚定理想信念与服务社会之间搭桥引路。通过精心组织系列体验活动,把教育与社会生活联系起来,学生认识社会生活,了解工作世界,体验社会对人才的素质要求,明确自己努力的方向,聚集形成追求优秀的内动力。

学校是培养人的,社会是选拔人的,省实验中学的愿景是通过构筑三全育人立体场域,通过多元主体协同育人机制,全面实施素质教育,每个学生能全面而有个性地成长,为实现武汉教育高质量发展贡献智慧与力量!

引领新课程改革:全面育人视野下课程体系

面对新时代全面育人视野下的示范高中,办什么样的教育,培养什么样的学生,扭转不科学的教育评价导向,是深化教育体制改革,落实立德树人机制的关键。从 2018 年开始,在汪拥军主持下,武昌实验中学通过课程体系的建设,构建起了学生全面发展、多元发展、个性成长的立交桥,促进了课堂教与学的变革,提高了学生的综合素养,促进了教师专业发展,从而实现师生的共同成长。

所谓"全课程体系",即坚持德育为先、能力为重导向,通过德育课程化、卓越成长课程、生涯教育体系、导学型课堂建设,拓展导师制、导生制、导学制的内涵和外延,众筹资源,建立课程资源共研、共建、共享机制,聚焦学生核心素养、关键能力、必备品格培养。

确立新时代学校发展目标。在学校百余年的办学历史中,历代实验人始终以"忠毅勤朴"为校训,形成了"守正创新,自强不息"的实验精神,积淀了具有实验特色的育人文化。进入新时代,如何传承和创新这种精神,结合学校办学历史和文化传承,确立"守正创新,建设卓越学校"的发展目标,构建了"163 卓越课程"体系,形成了守正德育、卓越课程、导学课堂,培养卓越学生等系列办学思路。同时,学校开展了《全面育人视野下示范高中全课程体系建构的实践研究》,对学校"三好两有"育人目标进一步完善并赋予新的内涵,即品德好——忠诚坚毅、勤勉朴实;身心好——身强体健、乐观包容；学习好——善于规划、学业卓越；有个性特长——特长明显、勇于合作；有创新精神——敢于质疑、善于思辨。围绕"三好两有"培养目标，重构新时代培养和评价内容。

研制了"163卓越课程"全课程体系图谱。围绕立德树人这个核心，按照文化传承、认知思维、体育健康、艺术审美、探究创新、合作参与等六大领域，每个领域又从人生基石课程、个性培育课程、卓越成长课程三个层级，形成了具有实验中学特色的"163卓越课程"体系。

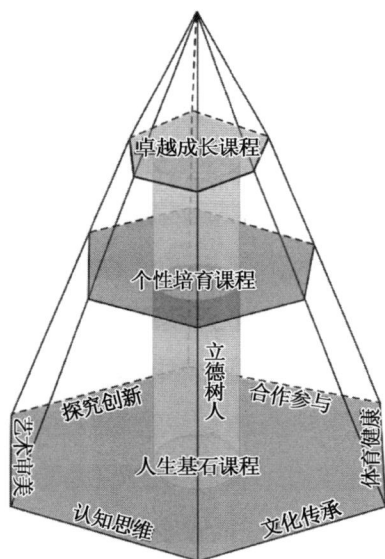

湖北省武昌实验中学"163卓越课程"体系图谱

"163卓越课程"内容主要体现在：一是夯实人生基石课程，重点打造守正德育课程、校本化实施国家课程、探索开设经典通识课程；二是丰富个性培育课程，凸显学科拓展类选修课、综合实践类活动课程、自主研修类活动课程；三是探索卓越成长课程，体现合作精神与领导力课程、艺术创新与实践课程、学科学术性发展课程。

特别是近六年来，学校在校本化实施国家课程和做好传统活动课程的基础上，结合教育改革发展和学校发展要求，在人生基石课程中着力研究探索生涯教育课程群、守正德育课程群，在个性培育课程中着力探索学科选修课程群，在卓越成长课程中着力探索拔尖创新课程群，不断丰富"163卓越课程"全课程体系。

深化"导学"变革，打造卓越成长新课堂。课堂是教育的主战场，课堂一端连接学生，一端连接着民族的未来，教育改革只有进入课堂的层面，才真正进入了深水区，课堂不变，教育就不变，教育不变，学生就不变，课堂是教育发展的核心地带。只有抓住课堂这个核心地带，才能完成全课程体系构建。或者说，全课程体系构建在于推动课堂变革，促进教与学的方式改变。

打造卓越成长新课堂，是构建全课程体系的关键。从2013年开始，学校就建立了具有实验中学特色的"三导制"，即导师制、导生制、导学制大课堂教育模式。所谓"三导制"，即搭建起一座师师、师生、生生互动的立交桥，目的在于优化师师、师生、生生关系，促进教书与育人、管教与管导的融合，进而激发师生互动的积极性、主动性、创造性，提高教育教学效果。学校着力探索"1234导学型"课堂："1"是课堂教学目标指向学生核心素养培养；"2"是坚持以学生为主体，以教师为主导；"3"是知识教学结构化、条件化、情境化；"4"是教学设计遵循问题化驱动、思维化串联、评价化推进、价值化融合的要求。同时，将传统的"教堂"变成"学堂"，各有学科的新授课、习题课、复习课等课型的导学形成"互动式"的高效课堂，从而培养学生独立思索、批判性思维、创造性思维能力。

同时，借助新课改新高考推进的要求，按照学科核心素养培养的需要，组织学科组从以下八个方面深入开展导学型课堂革新行动，即深入学习并明确核心素养和学科核心素养的涵义与意义、深刻把握各学科素养目标体系、开展大单元备课活动、开展重组内容或教学化处理、精心设计深度学习、探索学科典型的学习方式、实施"教—学—评"一致的教学、强化学科德育渗透，同时把上述课堂革新八大行动的成果应用于导学型课堂建设中。

2018年1月，学校课程与教师发展中心发布《"导学型课堂"建设实施方案》，引导教师进行课堂教学方式变革的尝试，鼓励教师在"一人一课"活动中，积极展示"导学型课堂"教学方式。各教研组、备课组围绕"导学型课堂"的基本内容及要求，在实施过程中将实践成果转化为具有相对稳定教学流程的"学科课型"。同时，学校每学年组织一次"导学型课堂"教学集中展示或比赛活动。如刘芳老师荣获教育部班主任案例评选一等奖；语文教师吴罕砚夺得湖北省青教赛第一名；生物教师苏琼参加中南六省高中现场教学竞赛并获一等奖；徐雅斯、张洁、唐苏、李喻寰、柯希湖、余晓莲等老师荣获湖北省优质课一等奖；邓伟、佘功忠、查炜、万齐、李祎等老师荣获武汉市优质课一等奖。同时，教师通过对课堂教学方式的变革进行总结、反思或写作，将优秀课堂教学案例公开发表，促进了教师参与课堂变革研究的积极性。为此，鼓励教师围绕"导学型课堂"相关内容，申请不同级别的个人研究课题，进一步促进教师对课堂变革的探索。

全课程凸显实现立德树人根本任务的力度与效度。其一，全课程体系的建设目标是育全人，即通过全课程夯实学生的文化基础、发展学生的非智力品质、锻炼学生的实践能力、培养学生的创新精神，促进学生的全面发展、品质发展和创新发展。

其二，全课程体系是立体课程，从课程价值来说开发开设的课程覆盖文化传承、认知思维、体育健康、艺术审美、探究创新、合作参与等六大领域，每个领域又从人生基石课程、个性培育课程、卓越成长课程三个层级进行开发与开设；从课程内容来说体现开放性、适切性、综合性，体现全面和综合的特点。

其三，全课程实施是全员（面向全体学生、全体教师参与、涉及全体部门）、全程（学生入校至毕业全过程、教育教学活动全过程、学校管理全过程）、全方位（人人参与、持续改进、多元评价），努力探索国家课程校本化、校本课程多元化、生本课程探究化，实现课程育人、文化育人、活动育人、实践育人、管理育人、协同育人。

构建双"三导制"工作体系实现育人机制创新。课程改革不仅仅是内容的更替，更重要的是学习方式的变革，特别是把核心素养的养成作为课程育人的目标和归宿，教与学方式的变革尤为关键。为此，学校建立了教育"三导制"（导师制、导生制、导学制）和教学"三导制"（导教、导学、导评，即教、学、评一体化），推进育人方式变革。

教育"三导制"（导师制、导生制、导学制）促进了教师、家长、学生职责的重新定位，促进了全员、全程、全方位育人局面的形成。"导师制"要求每一位导师肩负学生思想引导、生涯指导、学业辅导、心理疏导的职责，根据学生的身心发展特点、道德水平和认知基础，循序渐进、因材施教，导学、导心、导育，和谐了师生关系，提升了教师职业成就感和幸福感。"导生制"搭建了"生教生，兵教兵"互助共进的育人平台，使同伴育人伴随学生学习、生活的方方面面，和谐了生生关系。"导学制"借助导学案设计、问题串设计及使用，依托小组合作学习，让合育文化贯穿学生学习全程，渗透在各科学习之中。"三导制"成长共同体的研究与实施，把家长、社会精英纳入学生成长体系，建立与优化了新型师生、生生、师师、家校关系，促进了教育者主体责任意识的觉醒，形成了协同合力育人文化。

教学"三导制"（导教、导学、导评，即教、学、评一体化）促进了学生自主教育、师生互助共进成长机制的建立。在深度教学理论指导下，变革教与学方式。通过优化导学案的设计，建立目标导向、任务导向、问题导向的导学型课堂结构，引领学生课前自主预习、课中自主学习、课后自主复习，改变教师"一讲到底""题海训练"等低效教学行为。依托学习小组活动，引导学生独立分析、合作探究、互助共进，让学生逐渐形成自主学习意识、民主发展意识。在小组学习、选修课程、社团、校园活动中，引入导生角色，提供自主选择、自主管理、自我教育的平台，增强学生的社会责任感，培养学生的自主学习、沟通合作、创新思维能力。

"三导"更多地关注师生的精神生活质量与学生个性化学习、综合素养发展需要，并力求体现如下两大特色。

一是从导"学"走向导"育"，使教师从学生的"学业导师"真正变

```
┌────────┐┌────────┐┌────────┐┌────────┐┌────────┐┌──────────┐
│课程建设││学生管理││社团活动││社会实践││课堂教学││研究性学习│
└────────┘└────────┘└────────┘└────────┘└────────┘└──────────┘
```

```
┌──────────────┐        ┌──────┐        ┌──────────────┐
│以学生为主体   │ ←───── │三导制 │ ─────→ │引导自主管理   │
│以教师为主导   │        └──────┘        │促进合作学习   │
└──────────────┘                        └──────────────┘
```

```
    ┌────────┐       ┌────────┐       ┌────────┐
    │ 导师制 │       │ 导生制 │       │ 导学制 │
    └────────┘       └────────┘       └────────┘

    ┌────────┐       ┌────────┐       ┌────────┐
    │ 全员育人 │      │ 生生互助 │      │ 课程导学 │
    └────────┘       └────────┘       └────────┘
```

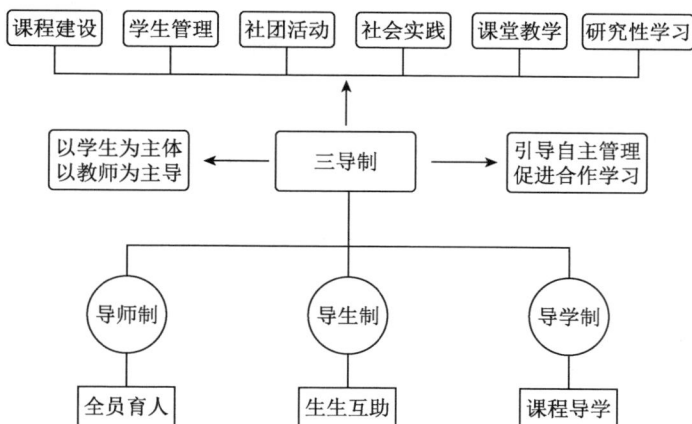

为"人生导师"。引导学校从原有的、单一班主任制模式的教育教学管理向新型全员育人模式的转轨，探索新模式下的学生学业、生活、品行、交往指导方式和策略，解决德育与教学"两张皮"的顽疾，实现师生的共同成长。

二是从"导师制"走向"导生制""导学制"。教师、家长的指导最终是为了激发学生的自主发展需要，转化为学生的人生规划意识、自主教育能力，这有赖于导师与学生间大量的、积极有效的个别互动，以及良好的同伴关系的培植与积极群体氛围的营造。"三导制"成长共同体机制营造了师生、生生、家校之间的近距离接触、深层次切磋、全方位互动的良好校园氛围，对于促进学生的健康成长，丰富导师制、导生制、导学制的理论与实践具有十分积极的意义。2019 年 11 月，《"三全育人"体制机制创新研究——武昌实验中学"三导制"成长共同体的实践》荣获武汉市首届基础教育成果奖一等奖。

全课程研究与实践，让学校教科研的氛围更浓厚，课堂教学研究力度更大，教师成长的效果更显著。在武汉市重点规划课题《全面育人视野下示范高中全课程体系建构的实践研究》的带动下，学校近三年先后有 20 个省市区教育科学规划课题立项，涉及课程建设、教师队伍建设、学科教学、课堂教学研究等不同方面，促进了教师专业化成长。近五年，耿喜玲、李玉白、许红明、王先东等四人被评为正高级教师；杨定成、李玉白、许红明、王先东、郑艳霞、李艳六人被评为省特级教师；武昌区郑艳霞名师工作室、武昌区王先东名师工作室、武昌区政府耿喜玲名师工作室、武昌区教育局李继红名师工作室、湖北省李玉白名师工作室、湖北省许红明工作室、湖北省李艳工作室先后在学校挂牌；一大批中青年教师被评为市区学科带头人、市区"百优十佳"班主任、市区优秀青年教师。

全课程体系建构的探索与实践提升了学校发展的新高度。促进学生终身发展的守正德育、卓越课程、导学课堂、生涯教育、"三导制"等全课程育人体系不断成熟，推动了学校的内涵发展、特色发展、品质发展。学校积极分享全课程体系、生涯教育、"三导制"成长共同体研究成果，先后主持召开全国班主任大会、牵头成立全国名校生涯联盟，在区域内分享"三导制"、生涯教育、心理健康教育、家校合育等实践经验，并以省委"616工程"为平台，开展智慧扶贫工作，履行领航责任，得到各方的肯定和赞誉。2020年，学校被武汉市教育局确定为"武汉市首批普通高中领航学校"。2021年学校被评为湖北省文明校园。在2022年湖北省优秀基础教育教学成果推荐评审中，《做学生终身成长引路人——"一核两翼三级四力五环"生涯教育体系的构建与实践》荣获湖北省优秀基础教育教学成果特等奖，并获得基础教育国家级教学成果奖二等奖。

广州华美英语实验学校校长　鲍成中

践行"生活·实践"教育的行与思

【人物简介】鲍成中，中学高级教师，副教授，研究员。南京师范大学硕士，华中师范大学博士。香港华夏书院特聘教授。武汉大学 EMBA，英国剑桥大学访问学者。联合国教科文组织亚太国际教育与价值教育联合会会员，兼任中国陶行知研究会常务理事、中国陶行知研究会课堂课程研究专委会执行理事长，华中师范大学文化与教育经典研究中心研究员，全国"生活·实践"教育学校联盟副秘书长。先后荣获江阴市新长征突击手、江阴市优秀教育工作者、江阴市优秀教科室主任、无锡市优秀青年教师、江苏省基础教育课程改革先进个人、长三角"卓越校长"、全国教科研先进个人、全国课程改革先进个人、全国创新型校长、全国师陶学陶先进个人、全国优秀陶研工作者等荣誉称号。

教育之道：让教育与时代俱进

鲍成中自 2011 年到华中师范大学跟随周洪宇教授攻读博士学位开始，研究和实践周洪宇教授的"生活·实践"教育理论 14 年了。一路走来，鲍成中校长不断成长、不断收获。

自 20 世纪 80 年代以来，在哲学界掀起了一股"实践哲学"与"生活哲学"的学术运动，这股潮流是马克思主义实践哲学的回归和价值再现，深刻地影响了学校管理和教育教学的实践观，使学校教育从过去注重认知方面转向实践层面。马克思主义实践哲学认为，实践是认识的基础和源泉，是人的发展动力，是检验真理的唯一标准，是主观见之于客观的活动，是人类改造现实世界的对象化活动，是合规律性与合目的性的统一。这是一种对旧唯物主义和唯心主义"二元论"的超越，是一种新的"实践哲学"。人是现实的活动的人，活动是人生存于世界的基本状态。人与世界的关系表现为认识世界与改造世界。马克思主义凸显了"人"在生活和实践中的主体地位，关注人的现实生活，主张实践从精神的范畴回归到现实生活，实践是人的存在方式。

华中师范大学周洪宇教授提出的"生活·实践"教育理论继承了马克思主义的实践观，并在继承和发展杜威的生活教育思想和陶行知的生活教育学说、心理学（特别是具身认知心理学、积极心理学）、脑科学、哲学、教育学的最新成果的基础上，根据时代发展需要以及中国国情实际，特别是为了解决教育的弊病：教育与生活的脱节、学校与社会的脱节、教学与实践的脱节而逐步发展起来的理论成果。这是生活教育思想在当今时代的创造性再生。周洪宇教授认为，生活是教育的缘起，教育是生活的基本方式。

周洪宇教授主张教育通过生活与实践帮助学生创造美好人生。教育源于生活与实践，教育通过生活与实践，教育为了生活与实践。生活是人的生活的基本场域；教育通过实践，实践具有教育意味。习近平总书记指出：所有知识要转化为能力，都必须躬身实践。"生活·实践"教育是周洪宇教授提出的教育新理念、新思想、新的教育主张。

"生活·实践"教育理念的发展自 2003 年起先后经历了 1.0 版的阳光教育、2.0 版的全人教育、3.0 版的新人文教育，再到现在比较成熟的 4.0 版的"生活·实践"教育，前后经历了 20 余年的时间。期间众多有教育理想和教育情怀的教育志士投入"生活·实践"教育实践的队伍中来，一起实验，一起探讨，一起总结，一起分享，在周洪宇教授的引领下，"生活·实践"教育的研究者、实践者们推动着"生活·实践"教育不断向前发展。而"生活·实践"教育与其他教育最为重要的区别在于"生活·实践"教育有比较成熟的教学质量管理体系，而且是与未来智能化社会相适应的教学质量体系，也与党的十九届五中全会上提出的"建设高质量教育体系"的精神相一致。

教育之法：让"生活·实践"教育与时偕行

"生活·实践"教育主张每个人拥有巨大潜能，都有无限发展的可能，这是"生活·实践"教育的基本立场。每个孩子都蕴藏着发展的潜能，但每个孩子天赋不同、生活的环境不同，不能用一把尺子衡量他们，而是要因材施教，面向每一个孩子，不要把学生分成三六九等。给每个孩子提供适合的教育才是最好的教育，也是最公平的教育。"生活·实践"教育质量的取得是建立在坚实的教育理念和操作体系之上的。这也是"生活·实践"教育与其他教育的重要区别。

（一）全面发展的人的培养目标

培养全面发展的人是马克思主义人的发展理论的基本观点。"生活·实践"教育积极吸纳了马克思主义的人的全面发展理论，并把自己的培养目标定位为"培育全面发展且有个性特长的时代领跑者"。当今第四次工业革命扑面而来，在这个智能化、个性化已经成未来社会主要特征的时代，"生活·实践"教育就是要帮助孩子适应不确定的未来，让每个孩子都能实现德智体美劳全面发展，成为具有爱心、好奇心、想象力、创造力的时代新人。除了促进孩子全面发展之外，还要兼顾孩子的天赋秉性，也就是要寻找到孩子的"最近发展区"，让孩子拥有自己的个性特长，成为具有个性的人，让天性得到释放、人性得到解放、个性得到绽放。"生活·实践"教育个性化教育体系，主张让每个孩子拥有终身受益的2~4项体育运动项目、2~3项音乐舞蹈项目（乐器）和绘画书法项目等，人人有特长、人人能展示、人人能出彩，让每一个孩子都了不起，让孩子成为"三个领袖"，即成为自己的领袖（管理好自己）、成为团体中的领袖（为他人服务）、成为行业的领袖(成为行业佼佼者)。

(二)"绿色高分数"的素质目标

"生活·实践"教育主张教育不仅给学生看得见的分数,更要给孩子带得走的能力。也就是被"生活·实践"教育称之为的"绿色高分数"。那么,什么是"绿色高分数"?"绿色高分数"具体内涵为"三高三保障",即高分数、高能力、高情商;睡眠保障、运动保障、阅读保障。也就是说在"生活·实践"教育体系中,"生活·实践"教育让孩子获得高分数是基础,这是孩子获得更好发展平台的基础,也是孩子发展的重要素质之一,但是,"生活·实践"教育认为,孩子仅仅有高分数是不够的。"生活·实践"教育还要让孩子拥有高能力,这些高能力具体表现为"六力":自主力、生活力、学习力、合作力、实践力、创新力,让孩子们不仅拥有丰富的心灵,而且拥有扎实的学识和终身学习的能力。更重要的是,孩子们在高分数和高能力的基础上,通过生活和实践拥有高情商,这是"生活·实践"教育追求的目标。因为一个人走上社会,要想取得成功,大约80%是靠良好的人际关系和人际交往能力,而良好的人际关系则依靠高情商。

近年来脑科学研究发现,睡眠、运动对学习有重要影响。对于学习,人们首先关注的是学校的硬件设施、教师的教学水平、学生的学习动机等相关因素。除此之外,越来越多的研究者们发现一些生理因素如营养、体育活动、睡眠等对学生学习有重要的影响。基于此,"生活·实践"教育的"绿色高分数"还设计了"三个保障":第一,睡眠保障。"生活·实践"教育主张每一个孩子每天睡眠不低于8小时,高中生也不例外。让孩子拥有充足的睡眠不仅能促进孩子的智力发育,更重要的是让孩子有充足的精力投入学习中来。第二,运动保障。"生活·实践"教育要求每一个孩子每天运动不少于1小时,每一个孩子拥有终身受益的个体运动项目和集体运动项目,并且男生学武术、女生练形体,让每一个孩子都拥有健康的身体。第三,阅读保障。一个人的成长史就是精神发育史,也就是人的阅读史。在"生活·

实践"教育的"绿色高分数"中,"生活·实践"教育设计了"海量阅读路线图",从小学一年级到高中三年级,"生活·实践"教育要求孩子读完500本书,分为24个等级,每一个学期结束都要举行学生阅读等级考核,考核过关后,颁发学校的阅读登记证书。"生活·实践"教育让孩子通过阅读,心田没有杂草,找到自己心中的英雄、榜样,找到自己的目标,找到自信,最终走向成功。

总之,"生活·实践"教育的"绿色高分数"追求的是人的全面发展,"生活·实践"教育的分数只是人成长过程中的副产品,是表象,本质是人的能力增长和综合素质提升。

(三)"六合一学校"教育功能定位

什么是学校?学校是师生精神发育的地方。近代学校滥觞于西方的工业革命,是适应机器大生产而产生的,其目的是培养大规模的技术工人。如今,在人工智能时代和大数据时代,传统学校正在受到挑战。正如联合国教科文组织2015年发布的《反思教育:向"全球共同利益"转变》所说:"从规模上看,当前的学习格局变化可以同19世纪出现的从传统的工业革命前的教育模式向工厂模式的历史性过渡相提并论。在工业革命前的传统教育模式下,人们大多从日常生活和工作活动中学习,而诞生于工业革命时代的大众教育模式等同于学校学习。此外,学校教育模式是将学习与课堂教学联系起来,但其实许多学习(即便在传统教育环境中)发生在家庭和其他地方。"基于智能化社会的背景,"生活·实践"教育提出了"六合一学校"的理念。

什么是"六合一学校"呢?即除了学校的功能外,"生活·实践"教育还有学习辅导中心的功能、托管中心的功能、特长发展中心的功能、实践创新中心的功能、家校合育中心的功能。"生活·实践"教育让学校与时俱进,让学生全面发展,让学生能力与分数并重,增效赋能,全方位为学生成长服务。正如顾明远所言:"坚持能力为重,培养学生的学习能力、实践能力、创新能力。要坚持知行合一,把知识学习与实践活动相结合,把教育与劳动结合起来。坚持全面发展与个性相统一,因材施教,培养具有时代意识、理想信念、扎实学识、创新思维、奉献精神的人才。"这是"生活·实践"教育实验学校的基本任务。

(四)"合育"教育机制

"合育"是周洪宇教授提出的一个独特概念。什么是"合育"?周洪宇教授认为:"所谓合育是指以和合、合作、交往等思想为指导对年轻一代实施的一种教育,目的在于使他们既能善待自己,又能正确地对待他人和社会,成为合群、合作、合享的一代新人。""合育"至少应包含以下四个方面:(1)平和地对待自己,即人要不断地调适自己,具有一种平稳而健康的心理;(2)谦和地对待他人,即要严以律己、宽以待人,以包容、宽和的原则来处理人际关系;(3)谐和地对待社会,即要有一种"心底无私天地宽"的博大胸怀,与社会融为一体,而不是独往独来的"孤家寡人";(4)中和地对待世界,即要有一种"万物皆备于我"的心胸,关心自然,关心世界,关心人类命运。以上四个方面由此及彼、从低到高,构成了一个较为完整的合育内容体系。"合群、合作、合享是前后衔接、层层递进的。三个环节共同构成合育的一个完整流程。客观事物是千变万化的,对年轻一代的教育是一项长期性的工作,因之实施合育,也应该流程相继、常抓不懈。"

"生活·实践"教育除了加强学生的"合育"外,还注重校外资源的整合,诸如发挥家校合育功能,把家长引进学校,成为学校治理的重要力量之一,成为学校的成长伙伴、学生成长的合伙人。

(五) 重视"意商"

"意商",也是"生活·实践"教育的一个重要概念,它是用以反映人的意志品质及其发展水平的一个概念,是一个人的意志量度,包括意志的自控性、果断性、坚毅性、持久性等,表现为毅力、坚持、吃苦耐劳等品质。

也就是说,"意商"是与人的意志过程密切相关的,是人在克服困难时所表现出的积极的心理状态,如克服干扰、知难而上、坚韧不拔、持之以恒,等等。"意商"与美国的 Grit 有着相通的共性。Grit 可译为"坚毅",但其涵义远比毅力、勤勉、坚强都要丰富得多。Grit 是对长期目标的持续激情及持久耐力,是不忘初衷、专注投入、坚持不懈,是一种包含了自我激励、自我约束和自我调整的性格特征。正向心理学(Positive Psychology)则提出了七项指标,认为它们是预示孩子未来成功的"七大秘密武器"。这七项指标分别是:Grit 坚毅、Zest 激情、Self-control 自制力、Optimism 乐观态度、Gratitude 感恩精神、Social intelligence 社交智力、Curiosity 好奇心。

"意商",在"生活·实践"教育的生活和学习中都是非常重要的。美国学者、成功学家拿破仑·希尔曾经谈到造成人的失败,或影响人的成功的 54 个因素中,约有三分之一的因素,与人的意志状况不佳有关。这说明,人的意志因素、人的"意商"状况,对一个人成功的极端重要性。"生活·实践"教育提倡的"意商",对于解决和克服当前孩子的"空心病"和"玻璃心"具有重要作用,是帮助孩子寻找到生命的价值和生活的意义的一味良药。

教育之器:让"生活·实践"教育在学校开花结果

(一)"三备三研"

如何做好备课?这对每一所学校而言,既是常规工作又是重要工作。备出优质的课是上好课的前提和基础。因此,"生活·实践"教育以"三备三研"作为备课的抓手,所有老师必须认真做好"三备三研"。何谓"三备三研"?"三备"是指个人初备课、集体备课、个人复备课;"三研"指的是研究课程标准、研究中高考考试说明、研究课程体系。做好"三备三研"可以为课堂的高效学习奠定坚实的基础。因为能熟练掌握"三备三研",就像练气功打通"任督二脉"一样,实现全部知识的融合贯通,真正打通课程标准、考试说明和教材体系的内在逻辑关系，实现了"三位一体"的大贯通，可以游刃有余地站在教材的顶端审视中高考。这是"生活·实践"教育的秘密武器。

（二） 高效课堂

高效课堂是针对低效课堂提出来的。在日常的课堂中，大多数老师是"一支粉笔一张嘴"从头讲到尾的"填鸭式""灌输式"教学，学生处于被动接受状态。这种课堂调动不来学生的学习积极性和主动性，是非常低效的课堂。而"生活·实践"教育的高效课堂是基于"生活·实践"教育独特的学生观和学习观而提出来的。在学生观方面，"生活·实践"教育认为80%的学生是优秀生、10%的学生是特优生、10%的学生是待优生，"生活·实践"教育的眼中是没有差生的；在学习内容方面，"生活·实践"教育认为80%的知识学生自学能会、10%的知识学生相互学就能会、10%的知识需要老师指导学生才能会；在课堂时间分配方面，"生活·实践"教育认为80%的时间是学生自主学习、合作学习、讨论展示、当堂检测时间，10%的时间是老师精讲时间，10%的时间是老师解决难点时间；在复习巩固方面，"生活·实践"教育认为80%的时间是学生自主整理错题和出试卷、10%的时间做限时练、10%的时间做提高题；在综合素质发展方面，"生活·实践"教育认为80%的时间花在学习文化知识方面、10%的时间花在兴趣与特长发展方面、10%的时间花在运动与健康方面。

（三） 双课程体系

在"生活·实践"教育中，所有学段的课程设计都是双课程体系，这个双课程体系分为两个层级，一个是纵向的，一个是横向的。纵向的是指国家课程和校本课程；横向的是指国家课程与该门国家课程的拓展课程。比如小学一年级的语文课程，"生活·实践"教育除了开设国家标准语文课程外，还开设绘本课程、快乐识字课程等；比如在高中，"生活·实践"教育除了开设国家标准语文课程外，还开设了思辨式阅读课程，形成了国家标准化和学校个性化相结合的课程体系，助力学生的素养培养和能力提升。

（四）双师制

在双课程体系下，"生活·实践"教育安排学科教师不兼任校本课程，即上国标课程的老师是一个人，上校本课程的老师是另一个人，两个老师并行上课，不交叉。"生活·实践"教育对两位老师进行独立的评价。这样就避免了上国标课程的老师把校本课程的时间抢占了，使校本课程形同虚设，没有效果。独立评价两个老师，这样的好处是保证了校本课程有效地开设起来，与国标课程形成相互补充的效果，整体上推动学科成绩的提升。"生活·实践"教育提倡的双师制，除了在课程方面外，还主张充分利用"虚拟教师+现实教师"相结合的双师制，这是"生活·实践"教育智能化时代教育方式的一个重要突破，"生活·实践"教育要充分利用好物联网、教联网、VR 等技术，为课堂教学赋能增效。

（五）学导合作单

所谓学导合作单，是"生活·实践"教育开发的一种融预习案、课堂任务和探究案、课后练习案于一体的"三案合一"的学生学习案，是一种高效的学习工具。"生活·实践"教育提前编制好学导合作单，课前发给学生预习使用，预习不充分的课不能上，小组检查预习不过关的课不能上。学导合作单人人过关，不过关的同学，老师要面批面讲，确保过关。最终，学生人人都收获成功。

（六）自主学习体系

"生活·实践"教育的核心是培养学生的自主学习力，拥有自主学习力是终身学习的基础。而且，优秀的学生都是自主学习力强的学生。为了培养学生的自主学习力，"生活·实践"教育采取了六大自主学习项目，它们分别是：学习小组、预习单、错题本、思维导图、限时练、无声自习。它们的具体内涵如下。

第一，学习小组是"生活·实践"教育的基本学习单位，每个班级分成若干个学习小组，小组内成员人人都是学科组长，在班级学科班长的带领下，形成全班的学科学习的研究团队、监督团队、互助团队，最重要的是成为教师的若干个教学助手，帮助教师监督学情、督促作业完成、帮助错题订正等，减轻了教师精力不够的问题。因此，学习小组是"生活·实践"教育最为看重的教学单元，因为"生活·实践"教育把班级的教学质量建立在学习小组之上，小组强则班级强，小组弱则班级弱。

第二，预习单是"生活·实践"教育自主学习体系的重要组成部分。学生提前自主预习课本，完成预习单上的任务，由学习小组长签名，检查是否有效预习，这是课堂学习的关键一环。如果预习不充分，课堂学习的效率就会大打折扣。

第三，错题本是有效学习的工具。错题都是学生在学习中遇到的知识盲点，只有整理出来反复地纠正，才能真正掌握这个知识点。"生活·实践"教育要求老师对学生的错题本每周检查一次，并进行批阅，确保学生是在真看、真纠正，确保学生的错题过关。

第四，思维导图是学生学习真正理解的结果。学生通过预习，不仅要在课本上圈画重难点，而且要画出本课的知识逻辑结构图或者知识树，帮助自己更好地理解课本知识体系。

第五，限时练。"生活·实践"教育在每节课的最后5~8分钟、每天的晚自习都有学科限时练。这样做的目的在于把作业考试化、考试正规化，因为学生考试时比做作业的注意力更集中，做题效率也更高。这也是"生活·实践"教育训练学生的"做题感""效率感"的有效方法，更重要的是经过日常的频繁练习，锻炼了学生的考场心理，有助于学生在以后的大考中平稳发挥。

第六，无声自习是"生活·实践"教育的一大特色。自习课上，学生不允许东张西望，要专注于自己的学习。这样的效果，才是真正的学习的环境。无声自习，有效保障了学生高度专注的学习、聚精会神的学习、高效率的学习。

"生活·实践"教育通过这些具体的自主学习项目，学生在实践中学会自主学习，走向一个又一个知识高峰，最终实现成功。

（七）弹性教学模式

弹性教学模式是"生活·实践"教育在学生真实的学习基础上进行的一种分层走班的教学模式，目的在于根据每个学生的真实水平开展"因材施教"和"个性化培育"，让跑得快的学生跑得更快，中等的学生变优，待优生提升。也就是说，"生活·实践"教育不是把每个学生变得相同，而是让每一个学生变得更加不同。因为每一个人都是独特的存在，是世界上独一无二的个体，而"生活·实践"教育的任务就是"让每一棵苹果树结出更好的苹果，让每一棵香蕉树结出更好的香蕉，让每一棵梨树结出更好的梨子"。最终让每一个学生都能成长为最好的自己、成为最棒的自己。

（八）教学质量保障

在日常的学校教育中，一些教师非常优秀、课堂教学非常精彩，但教学效果却不理想。这是当前很多学校面临的一个"悖论"。这个"悖论"的核心问题是什么？为什么会出现这样的现象？究其根本在于没有很好地落实，也就是说，老师讲得再好，如果得不到有效落实、有效检查，那么，教学质量就成了一句空话。"生活·实践"教育在多年的教学实践中，形成了"四清机制"，即"大四清"，堂清、日清、周清、月清。堂清是在当堂完成本节课知识点的检测；日清是要完成当天所学知识的过关；周清是要完成本周知识的周测并完成错题过关；月清是每月组织一次月考，对本月所学知识进行检测，并完成错题的过关。而"小四清"则是抓人人过关、点点过关（知识点）、题题过关（错题）、知识点思维导图过关。"大四清"和"小四清"

相互结合、补充，才能真正起到作用。

（九）支持保障体系

任何一件事的成功都不是孤立的，背后都有若干因素在综合发挥作用。"生活·实践"教育也有其特色保障体系。

学校管理哲学是教学质量的理念保障。在"生活·实践"教育中，学校管理是建立在一定的学校哲学基础上的。学校哲学是学校管理的指路明灯，也是学校的管理之魂。它让学校管理者循着"智慧之光"走在正确的道路上。"生活·实践"教育的学校哲学，主要有管理工作哲学、德育工作哲学、教学工作哲学、家校工作哲学、行政后勤工作哲学等，学校章程、管理制度、工作计划都必须以学校哲学为指针，否则，工作做起来就会呈现出碎片化、表面化，与学校的整体发展不相匹配，最终给学校工作带来阻力，甚至带来负面影响。

现代学校治理体系是制度保障。"生活·实践"教育主张学校要建立现代学校治理体系，从学校管理走向学校治理，以民主、法治、效率为核心，以人为本，以奋斗者为本，提高学校的治理效能，增强学校服务师生的长度、宽度和厚度。在学校治理中，学校构建以校务委员会、教职工代表大会、学生自治委员会等为代表的民主管理体系，让权力在阳光下运行，充分发挥教师领导力、学生自治力、家长参与力，让学校中的教育主体都成为学校的主人，真正把学校的围墙打开，实行民主治校。这是"生活·实践"教育教学质量提升的重要制度保障。

激情德育是思想保障。小胜靠智，大胜靠德。德育的核心是人的成长，点亮人的心灯，激发人的成长愿望。学生要想提高成绩，首先要立志。志不立，天下无可成之事。因此，"生活·实践"教育认为，激情德育是学校的精气神，是学生的加油站，更是学生成长的发动机。只有学生的行为习惯好了，学生的纪律意识强了，学生才能聚焦在学习的行为上来。"生活·实践"教育激情德育从学生起床开始到学生晚上回寝就寝，贯穿于学生的一天。诸如，早晨的激情跑操、大课间的激情体操、课前 3 分钟的激情演讲、下午课前的激情班歌、晚自习结束前的反思总结等等，都是"生活·实践"教育每天的激情德育的具体实施。"生活·实践"教育还有每月的四大激情主题活动：每月一次的集体生日会、每月一次的读书汇报会、每月一次的小组展示会、每月一次的家长讲坛，都给学生注入了力量。"生活·实践"教育还有一年的四大激情节日，诸如 50 公里远足暨礼孝文化节、科技创新节、体育美食节、读书暨艺术节等，让学生在活动中获得力量。

激励是让学生保持旺盛战斗力的法宝。在华美英语实验学校校园内处处可以看见学生的头像、学生自己的书画作品、学生自己的名言，特别是在明显处可以看见小组团队、班级团队的晋级图片，以及各种"星级人物"的照片。另外，学校还成立学生银行、学生基金会、学生超市、再生资源公司等"山寨"公司，让学生自主运营，与学生激励形成配套机制，为学生的激励做好服务工作。诸如，学生银行发行校园币，学生获得进步或做了好事，老师会授予相应的校园币，学生拿到校园币，可以到学生超市兑换一些学习用品，也可以集聚起来，达到一定数量，可以参与学校暑期组织的"带着课本去研学"项目。总之，激励是从学生内心的兴趣出发，"激"在行为上，"励"在内心处。

行政后勤保障。没有行政后勤的充分保障，教学质量的提升也是非常困难的。"生活·实践"教育坚持认为，行政后勤是教学质量的重要组成部分。在制度中明确行政后勤的领导的绩效中有 30% 的部分是与学校的教学质量相挂钩的。这样就保证了行政后勤的人员也会积极参与教学管理，主动作为而不是被动应付。最终，"生活·实践"教育打破了学校各部门之间的"孤岛现象"，大家形成了你中有我、我中有你的利益共同体、事业共同体，有力、有效地聚焦了学校的中心工作。

综上所述，"生活·实践"教育的教学质量的发展策略，不仅顺应了国家育人方式变革的大形势，更与智能化社会、智能化教育的发展相适应，是一种绿色的质量体系，是一种可持续发展的质量体系。

重庆两江新区华师中旭学校校长　陈珍国

用世间美好唤醒孩子的心灵

【人物简介】陈珍国，上海市浦东教育发展研究院原党委书记，曾主持、参与三所示范性高中创建和一所上海市示范性教育学院创建，现任重庆两江新区华师中旭学校校长、上海旭辉教育集团总校长、旭辉教育研究院院长。国务院政府特殊津贴专家、上海市特级教师、特级校长、首批正高级教师；上海市政府督学、名师基地主持人、高评委委员、特色高中评审专家；中国教育学会第九届理事会常务理事、学术委员会委员；中国民办教育协会小初分会副理事长、全国高等物理教学研究会副理事长、全国青少年科技工作者协会物理普及专委会副理事长；华东师范大学特聘教授、教育部中学校长培训中心兼职教授、教育部师范院校专业评估专家；重庆市教育学会副会长、重庆市社科联家校共育研究会名誉会长、重庆两江新区"中小学校长领导力"名师工作站主持人。

作为上海市特级校长、特级教师、国务院政府特殊津贴获得者，陈珍国校长受华东师范大学邀请，怀揣着"用世间的美好，去唤醒、去成就孩子的美好"，放弃上海的优越条件，在重庆创办了一所"爱满天下，行知合一"的创新型未来学校。他将陶行知先生的生活教育与未来教育融合，创造性地提出了 A-STEM 教育。他以"学生发展为中心"，带头住进了学生宿舍；他始终立足新时代，不忘党和国家的寄托，以"培养创造未来的人"为育人目标，进行打造中国基础教育改革新样本的探索……

近年来，陈珍国校长先后荣获"两江榜样""最美教育人""民办教育行业领军人物"等荣誉称号，带领学校荣获全国航空特色学校、全国"科创筑梦助力双减科普行动"优秀单位、STEM 教育示范校、民办教育典范学校、首批国家综合素质评价重点研发项目实验校、重庆智慧校园建设示范学校、两江新区办学质量考核一等奖等荣誉。

"爱满天下，行知合一"向未来

"爱满天下"是陶行知先生毕生追求的教育真谛。"热爱每一个学生"是陶行知先生的人生格言。"行动是知识的开始，知识是行动的成果。"这是陶行知先生毕生实践的一句话，也是他终生教育的结晶。

在华师中旭学校的外墙上，镌刻着八个大字："爱满天下，行知合一"。这是陈珍国校长为学校拟定的校训。陈校长将陶行知的生活教育理念与未来教育理念相结合，确立了"向未来"的核心理念。

"向未来"包含三个层面：面向未来，引导孩子走向哪里；为了未来，尊重孩子的身心发展规律，尊重教育教学的规律，强调学生全面的、和谐的、生动的、可持续的发展；创造未来，孩子是创造未来的主体，未来不仅是孩子要去的地方，也是孩子要创造的地方。基于核心理念文化，陈校长提出了未来学校的四大特征：其价值特征是人的全面发展，个体的全面发现；其行动特征是遵循教育规律，尊重成长规律；其技术特征是科技赋能教育，实现泛在学习、行为分析、精准供给；其评价特征是多维、多元、全程、激励、发展。

他指出，未来学校一定是"爱满天下，行知合一"的学校，未来学校一定是学生和教师的角色边界消融的学校，一定是线上学习和线下学习边界消融的学校，一定是学校与社会边界消融的学校。

培养创造未来的新时代"真人"

陶行知先生说，千教万教，教人求真。千育万育，育做真人。新时代，我们要培养什么样的人肩负起中华民族伟大复兴的中国梦的重任呢？陈珍国校长提出了要培养创造未来的人，并将"德智体美劳全面发展"进行了校本化的表达，即培养具有中国心、世界观、创新力、美好心灵、强健体魄的未来杰出人才。它体现了如下特性。系统性："五维"是一个人才目标的体系；和谐性：历史与现实、传统与现代、政治与超逸政治、本土与外来之间和谐相处的综合表达；主体性：从人的成长的角度考量，提出成长的关键能力；全面性：全员育人、全程育人、培育"全人"的教育体系。

在陈校长的带领下，华师中旭一直致力于培养创新型人才。学校成立了"少年科学院"，评选了首批"少年科学院小院士"，引导同学们在生活中、学习中发现问题，通过研究性学习、小发明、小制作，一起探究问题、解决问题。

A-STEM 教育的"知与行"

在筹建学校过程中，陈珍国校长与一批教育同仁率先提出了 A-STEM 理念，即"人文引领的学科融合性教育"，它既具备了 STEM 教育的各种特征，又继承了中国教育的文化和特征，形成科学与人文融合的文化共同体。同时，陈校长进一步丰富了 A-STEM 教育的内涵：基于一个核心(PBL)、实现两个融合(知与行)、提升 6C 核心素养。同时，对以 A-STEM 为特色的未来学校，赋以"科学、人本、开放、自由"四大功能，从学校的空间规划开始，尽可能进行全新的建构，以满足"五维(中国心、全球观、创新力、强健体魄、美好心灵)未来人才"的培养需要。

基于五维目标，陈珍国校长打造了向未来五大课程群：国家课程校本化实施课程群：通过 C-PBL 课堂教学改革，全面培养学生 6C 核心素养，包括文化力、审辨力、创新力、沟通力、合作力和网络胜任力；人文引领的跨学科学习课程群包括九大实验室课程，即 BIT 实验室、未来汽车实验室、创意编程实验室、酿造工艺实验室、机器人实验室、未来城市实验室、仿生飞行实验室、未来田园实验室、航天实验室；"两礼十节"活动课程群：每个月学校都会根据节日、节气等定下主题，所有活动都围绕主题开展，通过对节日、节气的整合，形成学校连接世界的课程；生涯规划课程群：通过综合性、实践性的项目式学习，让同学们开启一场生命成长的旅程；全生命周期质量关护课程群：丰富多彩的体育课程，培养学生"美好心灵"的心理健康课程，确保学生身心健康成长。

同时，陈校长带领老师积极探索"5G+"智慧教育，为成长赋能。近年来，华师中旭借助新区打造智慧教育高地的东风，加快了智慧教育的升级迭代，启动了华师附智慧教育2.0工程。将人工智能技术与教育教学深度融合，构建涵盖智慧教学、智慧管理、智慧环境三大领域的智慧校园，用"智慧"打造了"智慧课堂""人工智能实验室""双师课堂"，极大提升了教师信息化应用水平，帮助孩子找到适合自己的最佳学习路径，达到课堂减负提质增效的目的。

以学生发展为中心

陶行知先生在《师范生应有之理念》一文中有这样的论述：教育者，乃为教养学生而设，全以学生为中心。陈珍国也一直在传承、发扬这样的理念。为此，一到重庆，陈珍国便住进了学生宿舍，想更多地走进学生、了解学生。陈校长说："如何以学生为中心，只有了解学生需求，才能找到着力点。学生每天的活动，每天的需求，每天的成长，都在我眼前发生着。"

在校园里，陈珍国自然而然地融入孩子们中间。和学生接触时，他主动俯下身，和每个人亲切地打招呼，有时候还不忘配合孩子做出搞怪的表情；在体育活动中，他戴上护目镜，拿上水枪，和孩子们"拼打"起来，尽管浑身湿透，却是孩子们最尊敬的爷爷。

他带领校长班子，重构了学校内设组织，构建起"两发展、两服务"学校内部管理机制，即"学生发展中心、教师发展中心、课程服务中心、综合服务中心"四大中心。以教师的卓越发展促进学生的卓越发展，以课程服务和综合服务保障学生、教师两发展。

以学生发展为中心，即尊重学生发展的主体地位。从课程设计上来讲，以学生发展为中心就是给学生的学习提供可选择性。根据学生的发展需要，学校设计了五大书院课程（孔子书院、爱因斯坦书院、达·芬奇书院、云卫书院、武穆书院），让学生完全自主选择，尽可能地去满足学生的发展需求。学校在国家课程的实施过程中也尊重学生的主体地位，反映出来的就是"因材施教"，为学生提供了可自主选择的走班制，并将选择权交给家长与孩子，尊重孩子的差异性。从教学上来讲，以学生发展为中心体现在教学设计、教学内容的选择、教学方式的确定、教学评价的确定等方面，强调课堂教学方式的多样性、评价的多元性。

教师，是学校发展的逻辑起点。在教师培养上，首先培养教师的专业自觉，从外力驱动的培训走向支持教师的专业发展，从控制模式走向支持模式。学校依托课题研究，引导和鼓励教师在教学中发现问题，研究问题，产生课题，促进教师走上研究型成长之路。同时，学校提出了"仁爱丹心、专业匠心、拼搏雄心、合作同心、服务核心"的五心教师文化。学校依托华东师范大学、西南大学、北京教育学会、重庆教育学会等，搭建博士后科研工作站、特级教师工作室、教育部校长培训中心、名师工作室成长计划等教师专业成长平台，成就一支年龄结构、专业结构呈正态分布的高素质、高学历、高水平的教师团队。

孕育一种教育生态

陈珍国认为，成就学生美好需要建立一个系统的育人生态。而育人生态的建立，是一个漫长的过程。仅仅依靠学校，是不可能实现的。学校、家庭和社会不是相互孤立的教育"孤岛"，都是育人生态中的一环。它们是彼此联系、互相补充的"环岛"，信任、协同、共育共生。

为此，2022 年，陈珍国带头发起了中国家校社共育三十人论坛。如今，该论坛已成功举办两届。来自北京、上海、天津、重庆、湖北等省、自治区、直辖市上百位相关领域专家、学校校长、教师以及家长代表们，同 200 多万在线网友一起，共同聚焦家校社协同育人的教育热点问题。论坛涌现了许多家校社协同育人的经典案例和做法，为中国基础教育改革发展提供了许多有价值的参考。

其中华师中旭的家校社协同育人"优中心"共育治理模式备受关注。即发挥以党的领导为教育治理核心，建立共育"核心价值观"，聚合资源的"元治理"的作用；建立以学校为育人主阵地，多元主体共同参与的"儿童中心"伙伴关系。以"结构变革"促进"功能变革"。

对内，陈珍国推动学校内部治理模式改革，提出了"四大中心"的管理模式，并对其内在逻辑进行了梳理，确立了"两服务"促"两发展"的管理格局，确保了学校在发展过程中，始终坚持"以学生发展为中心""以教师发展为逻辑起点"的办学方向。

对外，以学校、社会、家长为主体，学校对教育资源进行统整，构建共育课程体系，建立家校社协同育人委员会，形成协同共育新机制。设有课程资源部、社会实践部、发展支持部（学生、教师）、国际交流部、外联宣传部、家长俱乐部、公益行动部等七大部门。七大部门各司其职，互相配合，为学校课程、活动、研学、国际交流等工作提供强有力的支撑，构筑起学生健康成长的育人环境。

建校 4 年多来，学校获得民办教育典范学校、重庆市航空特色学校、重庆两江新区教育质量一等奖等 24 项荣誉；学校荣获教育部精品课程评选、重庆市中小学班级教育教学工作案例评选特等奖，重庆市教师优秀论文一等奖等荣誉和奖项。学生在全国青少年人工智能挑战赛、全国中小学信息技术创新与实践等大型赛事中屡屡获奖。

湖北省宜昌市天问教育集团总校长　高正华

"生活·实践"理念与自主教育

【人物简介】高正华，天问教育集团总校长，华中师范大学教育管理硕士研究生学历，中学高级教师，全国民办学校优秀校长，湖北省首批中学骨干校长，宜昌市首批杰出校长，湖北省民办教育协会副会长，宜昌市政协委员，点军区人大常委会委员。1993年8月—2001年6月任枝江实验中学校长。1995年—2001年，枝江实验中学中考7连冠。枝江实验中学被评为宜昌市示范学校，湖北省教育科研五十强学校，教育部表彰的科技活动先进单位(宜昌市仅市一中和枝江实验中学两所)。2001年6月—2006年4月高正华创办枝江英杰学校并任校长，2004年创办天问学校。著有《和谐——教育的理想与追求》一书。

天问教育集团(以下简称"天问")于2008年秋季学期正式实施"两自教育"，经过四年的探索与实践，2012年学校将"两自教育"确立为"自主教育"，并坚持践行"生活·实践"教育理念十多年。天问的自主教育以人人自觉发奋、人人自由发挥和人人自主发展为价值观，以自主管理和自主学习为主要方式，以基础课程、拓展课程和特色课程为教育内容，通过教师的引导，学生在支持和鼓励的良好氛围中，不断认识自己，逐渐做到在自觉发奋的前提下自由发挥自身特长，做到学会学习，能够主动发展，力求达到具有生活力、自动力、创造力的目标，最终成为自主发展的人。

天问的自主教育的由来与内涵

由天问办学实践而来。天问自2004年创立，直至2008年春季，施行24

小时"跟踪"式教育服务，教师和生活老师如"警察"和"保姆"般围绕学生工作。这使教师身心俱疲，情绪不稳，效率降低。与此同时，部分学生越来越依赖教师、生活老师和家长。针对这种现象，结合对当时几所优秀民办学校的考察，2008年暑期，天问提出"两自教育"（自主学习、自主管理），于当年秋季学期正式实施。经过4年的探索与实践，2012年天问正式提出"自主教育"，对"两自教育"进行更深层次的推进。

由理念演变而来。天问的自主教育是在办学实践的基础上，不断吸收优秀的教育思想，更新办学理念，在不断演变发展中总结提升出来的。从2001年9月到现在，天问的办学理念经历了六个阶段。这六个阶段分别提出了："让更多的学生在更好的环境中接受更好的教育"，强调"环境"对"教育"的作用；"让更多的学生在更好的教育服务中得到更好发展"，将前一阶段的"环境"改为"教育服务"，树立以学生为主体的教育思想；"让全体学生在更好的教育服务中得到和谐发展"，将"更多"改为"全体"；"用精细化服务促进全体学生和谐发展"，真正做到"为了全体学生的和谐发展"；"精细服务，自主发展"，将"和谐发展"改为"自主发展"，追求自主发展这一更高层次的和谐；"人人自觉发奋、人人自由发挥、人人自主发展"，强调以自觉发奋为前提，以自由发挥为途径，以自主发展为目标。

在上述办学理念发展到第五阶段，即2008年秋季时，由理念的演变自然地生成了"自主教育"。

六个阶段，各有变化，各有升华。前四个阶段的发展，都只带有一点自主教育的元素和意味，直到2008年秋发展到第五阶段，自主教育才被明确地提出来。那时候，整个天问在普遍实施"两自教育"，即自主学习和自主管理。经过4年的探索与实践，2012年，天问才正式提出"自主教育"，以"三人三自三发"为教育理念。

由校名决定。天问校名源自屈原的一首诗《天问》。学校取名"天问"旨在传承屈原求索精神，"吾将上下而求索"，是要求人们主动求索，把这种精神引申到教育领域，则为自主教育。

由此可见，天问的自主教育理念，不是一开始就摆在那儿的，而是通过不断地教育实践，不断地发展学习，不断地演变求索，一步一步慢慢总结提升而来的。跟已经实施过自主教育的学校相比，天问的自主教育，是扎根在自身土壤上，按照自身发展的需求，逐渐生长出来的独特的教育体系。

什么是天问发展过程中生成的自主教育呢？

天问自主教育就是学生在老师的支持和鼓励下，不断认识自己、教育自己、挑战自己，并独立自主地尝试各种各样的学习任务，勤于思考与自主反思。在此过程中学生逐渐做到在自觉发奋的前提下，自由发挥自身的特长，做到学会学习，主动发展，最终成为一个自主发展的人，这是天问实施自主教育的过程。

苏霍姆林斯基是苏联著名教育家，他在《教育与自我教育》一书中提出"真正的教育是自我教育"的论断，"自我教育让学生认识自我，教育自我，完善自我，乃至超越自我"。他明确指出"教育"这个概念，在广义上就是对集体的教育和对个人的教育的统一；而在对个人的教育中，自我教育是起主导作用的方法之一。还说："只有学会进行自我教育，才可成为一个真正的人。不然用长远的眼光看去，我们造就的就只能是一个不幸的人，而'不幸的人是我们社会的大灾祸'"。

近代著名教育学家陶行知极力反对注入式教学，提倡让学生自主学习。他认为教育的目的要培养学生"自主""自立""自动"的精神，让学生做自己的主人；在教学方式上注重启发性和教、学、做相结合。他指出，"我以为好的先生不是教书，不是教学生，乃是教学生学。教学生学有什么意思呢？就是要把教和学联络起来：一方面教师要负指导的责任，另一方面学生要负学习的责任。对于一个问题，不是要先生拿现成的解决方法来传授给学生，乃是要把这个解决方法如何找来的手续程序，安排停当，指导他，使他以最短的时间，经过相类似的经验，发生相类似的联想，自己将这个方法找出来，并且能够利用这种经验联想来找别的方法，解决别的问题。"

当代哲学家、作家周国平认为，一切教育都可以归结为自我教育。学历和课堂知识均是暂时的，自我教育的能力却是一笔终身财富。经验证明，一个人最终是否成才，往往不取决于学历的长短和课堂知识的多少，而取决于是否善于自我教育。

天问的自主教育培养目标应该是新时代自主发展的人，只有这样的人才能主动、积极地参与社会生活，并为社会的发展与进步作出贡献，同时，也能有主见地创造人生，享受美好生活。从这个意义上来说，教育的本质就是自主教育。

自主教育的目标是造就自主发展的人，那么，什么是自主发展的人？

"自主"（autonomy）一词源自古希腊的政治术语，是希腊文"auto（自我）"和"nomy（法律）"的组合，用来描述希腊城邦的自我规范和自我管理。各城邦按照公民自己制定的法律进行统治。当代的政治哲学认为个体自主是人作为社会成员而存在的极为重要的方面。可以看到，对于社会中的人而言，"自主"是个人美好生活的基础。如果个人在学校中习得了"自主"，成为一个"自主"的人，这必将成为个人美好人生的开始。

"自主"由"自"和"主"两个字组成，它的内涵也应是"自"和"主"二字内涵的总结与提升。从"自"的层面讲，自主教育是一种学生自觉、自立的学习与教育。自觉强调的是学习的动力和状态，是学生基于自身兴趣和自我发展愿望的学习；自立强调的是学习的过程和结果，进行知识的自我建构和个性解读，从而形成自己的知识结构和见解。从"主"的层面讲，自主教育要让学生成为真正学习的主人。注重培养学生的主体性、发展学生的主体性是自主教育的最终落脚点，让学生成为有主见的学习者，这是学习的最高境界。

天问自主教育的方向是人人自觉发奋、人人自由发挥、人人自主发展（简称"三自三发"）。造就自主发展的人是自主教育的目标。"人人自觉发奋"是实现"人人自主发展"的基本前提，"人人自由发挥"是实现"人人自主发展"的必经之路。只有实现人人自觉发奋和人人自由发挥，人人自主发展才会成为可能。

自主课堂：发展学生关键能力

自主教育体现在课堂上，就叫自主课堂。天问在 2008 年实施两自教育时叫两自课堂。两自课堂没有现在的自主课堂成熟，但两自课堂和以前的传统课堂相比有明显进步，它体现了学生的自主。在实施自主课堂时，我们做了大胆的假设。以初中为例，七、八年级时，课堂上不必盯着中考知识点，也就是说不让中考指挥棒影响自主课堂，但在九年级时肯定是要考虑中考的。七、八年级的时候，学生自主学习的能力提升了，学会学习了，能熟练使用如思维导图等学习工具了，会阅读、会感知、会提出问题，然后自己还会解决问题。有了这些能力以后，学生中考成绩肯定不会差。后来实践证明了这个假设是对的。韩同学在 2010 年，以小学中等成绩进入天问初中，按自主教育要求进行自主学习和自主管理，在 2013 年中考中成为宜昌市状元。天问初中的教学质量三年整体提升度与同类学校相比也是最高的。自主课堂不是学校教育的目的，而是手段、方式和途径。它的目的是提高学生的自主学习能力。自主学习能力是人生的关键能力之一，我们的教育应重点培养这种关键能力。

自主课堂需要一个操作基本模型，这是由人类的认知规律所决定的。人类的整个认知过程，首先是通过视觉、听觉、触觉、味觉、嗅觉等去感知世界，认知过程中最原始的第一个环节是感知。课堂上应该遵循这一自然规律。感知有很多种方式，最直接的方式是阅读。一是读本身的课文，二是读与课文相关的课外读物。像理、化、生这样的科目，可以通过做实验进行观察，这种观察也是一种感知。还可以通过听、看、闻、尝等很多方式去感知。总之，自主课堂的第一步是感知。

第二步就是问题。在传统课堂中，一般都是老师直接提出问题，这不利于学生学习。老师提出的问题很合乎当堂课的教育目标，但是这样做是不符合认知规律的。问题应该由学生在感知的过程中自然产生，从而主动提出。

在自主课堂中，学生自主提出问题，是课堂环节中的重点。如果说在自主课堂中，学生能够提出有价值的问题，那么相关的学习任务就完成了一大半，会提问题是学生自主学习很重要的一步。

第三步是探究。问题提出之后，就是探究。探究包括学生的独立思考，学生的小组合作等很多方式。探究就是为了解决提出的问题。

第四步是分享。在探究的基础上把个人、小组的思想结晶在全班做一个交流。这个交流的过程，也是学生的思维、认知过程不断提升的过程。这个过程也叫分享。

第五步是反思。自主课堂的最后一个环节就是反思。比如学生是如何感知的，怎么提出问题的；提出问题后，在与别人交流中发现和别人的观点有什么不同等等。自己学习过程中感知内容的能力，提出问题的能力，探究解决问题的能力到底提升了多少都属于反思的内容。无论是应试的目的，还是素质的目的都要进行反思。

自主课堂强调引导学生在学习过程中通过感知自然生成问题，这就涉及另一个话题——教学目标。教学目标同前面说的"问题"一样，不宜直接告诉学生。学生在知识建构、认知能力、情感价值观上可能有新的体会和认识，可能超出了我们预设的教学目标。学生在真实的发展中可能高过目标，有时也可能低于目标。比如课程设置得不合理，太高深，学生无法达到这个目标。课堂上的实施教学的每个环节，只要老师引导恰当，学生的潜力得到充分发挥，教学目标就能达到，甚至是超过。所以不要被这个既定的教学目标所困扰。

天问自主课堂结构如下。

感知 $\longrightarrow$ 问题 $\longrightarrow$ 探究 $\longrightarrow$ 分享 $\longrightarrow$ 反思
（认知规律）（关键能力）（研究方式）（学习动力）（效果提升）

自主课堂的基本结构可概括为：自主感知——提出问题——小组合作（探究、解决问题）——全班交流（或讨论与分享）——课堂反思（包括知识、能力与情感）。这一系列过程，均以学生在"前台"自主的活动为主，教师完全在"后台"策划、引导、组织。教师的任务就是合理设置情境，给学生以启发性的指导，激发学生的学习兴趣，让他们自觉自主地去学习。

看来，自主学习能力是人的关键能力之一，这个关键能力又是在自主课堂中，通过感知自然生成问题的过程而逐步形成的。

自主教育的课程设置

天问在课程设置上，把国家课程、地方课程、校本课程再细分，体现自主教育要求，建立基础课程、拓展课程和特色课程三大课程体系。

（一）基础课程以教育部设置的基础学科课程为主。比如语文、数学、音乐、体育等等，包含了人文课程、科学课程、艺术课程、体育课程四大方面。

在实施国家、地方课程的常规教学方面，通过学科教学，发展学生基本能力，包括学习能力、表达能力、生活能力、自律能力。其中学习能力细化为梳理问题、搜索信息、提炼要点、撰写文本、积累资源、工具运用、逻辑思维等多个方面；表达能力细化为报告演讲、非连续性文本阅读、传播工具运用、PPT制作、Excel制表等；生活能力细化为运动与劳动技能、健康常识、心理与情绪管理、礼仪与伦理等；自律能力细化为制订计划、安排分工、关键指标、进度控制等。这些基本能力的提升，是通过学生在每一天、每一堂课良好学习习惯的养成基础上达成的。比如，高新天问初中围绕五大维度、四大基本能力提出"天问自主好习惯"养成教育主题系列，包括十个行为习惯和十四个学习习惯。十个行为习惯即举止文明的习惯、诚实守信的习惯、尊重他人的习惯、守时惜时的习惯、懂得感恩的习惯、勤俭节约的习惯、遵守秩序的习惯、勤于动手的习惯、锻炼身体的习惯、讲究卫生的习惯；十四个学习习惯包括：会预习、会听课、会复习、会练习、会总结、会记忆、会倾听、会讨论、会互助、会展示、会反思、会质疑、会合作、会探索。

（二）拓展课程和特色课程则是依据陶行知教育理论，促进学生个性化自主发展产生的多元、多层次需求，设置丰富多彩的活动课程。

课程设计总体目的。按照"生活·实践"教育理论的目的出发，解决三个问题：教育与生活的脱节，学校与社会的脱节，教学与实践的脱节。

课程总体依据及目标。依据陶行知"三力"为目标，即生活力，含学习认知能力、普通生活能力；自动力，培养人的自律、自治、自强、自信、自觉意识；创造力，发掘学生的创造的潜能。依据当前倡导的核心素养中的关键能力为目标，注重培养学生认知能力、合作能力、创造能力。从以上两依据可以看出，关键能力蕴含于陶行知"三力"中。如生活力就包含学习认知能力；自动力既包括自我管理能力，也包括人格、品格、合作精神、情感领域因素等。同时参考依据了马克思主义实践唯物主义论。

天问自主教育的目标是造就自主发展的人。自主教育目标的天问表达和陶行知"三力"的关系如图所示。

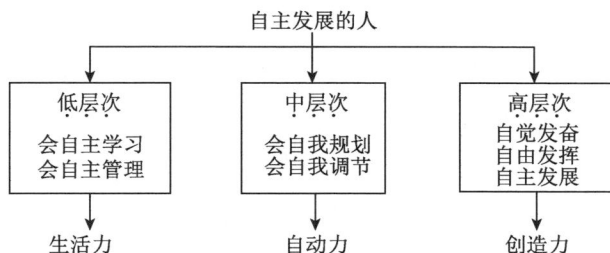

"三力"目标在培养自主发展的人所呈现的关系如下图所示。

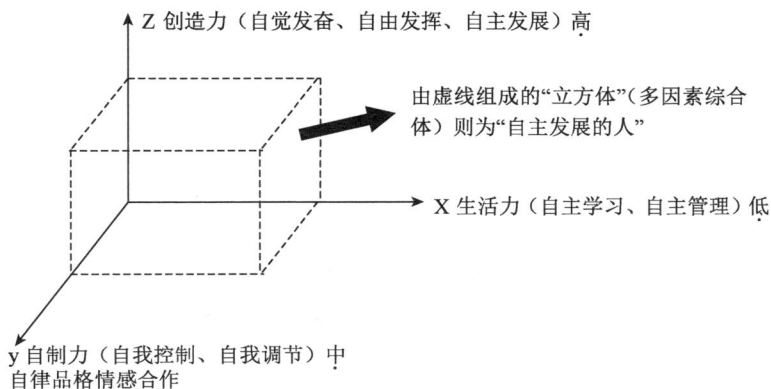

课程设计原则。经过梳理反思，在"生活·实践"教育的理念指导下，校本实践课程将力求解决"三个脱节"现象，努力达成陶行知"三力"目标。

天问自主教育力求让教育与生活紧密结合。国际幼儿园注重培养孩子们自我服务的能力。凡是孩子能想的，让孩子自己去想；凡是孩子能做的，让孩子自己去做。让孩子的教育与生活密切相关。如环境的创设采用 6S 法管理，让幼儿园里的每一样物品都有固定的位置。根据不同的年龄的认知能力，通过照片、图形或者数字标识的方式，帮助幼儿一一对应归还。教育孩子养成良好的生活习惯。小学部和初中部在课间活动的设计中，充分考虑孩子们生活游戏所需，增设了弹力球、空竹、球操等项目；课堂教学强调方法的习得，加入速读训练、学习工具、时间管理等项目学习。天问努力做好"生活即学习""生活是教育的内容"等实践尝试。

天问自主教育力争让学校与社会相辅相成。读万卷书，行万里路，师生从 2004 年起创办天问开始，学校就在研学旅行之路上求索跋涉，现在已经成为学校的一张亮丽名片。研学让学校和社会教育资源相互融通。学校发挥课程优势，开发"研学主题、研学背景、研学目标、研学内容、研学实施、研学展示"的"六维课程框架"读本；精选社会文化优势，梳理出"踏访屈原路（屈原祠、三峡大坝、岳麓书院、橘子洲头、汨罗江一线）""山东祭孔"等文化研学线路，知行合一，格物致知。

近两年来，高新天问初中部通过建立家庭和学校新型伙伴关系，优化"家委会"的职能，完善家校共育机制，将家长请进学校，让家长根据职业特点、个人特长，登上讲台给孩子们开"家长讲坛"。家委会通过学期初的预约报名、自愿申报等程序，排定讲课题目，以拓宽学生视野、展现家庭教育、分享社会经验、传授劳动技能等角度进行课程编排，每周一节课。很多家长为了每学期一次的讲课，精心备课，准备 PPT，在家里请自家孩子当观众进行指导。特别是该校伍月铭老师班级的"家长讲坛"连续开讲近三年有 100 多期，有的家长介绍西式糕点、有的家长介绍防汛抗洪、有的家长介绍精准扶贫。孩子们眼界大开，丰富多彩的社会花絮让他们兴趣颇浓。从幼儿园到高中，各个学部都十分注重学校与社会的联系，如幼儿园与高三大哥哥大姐姐的混龄游戏；小学、初中志愿者定期走进社区开展公益活动；高中学子走进枝江酒业和三宁化工当"工人"；国际高中走向国际交流互访……

天问自主教育力图让教学与实践相得益彰。集团旗下有一片 200 亩农田的"天问农场"，这是为天问师生提供绿色环保菜品的基地。

2018 年 6 月 29 日，地点是天问农场。墨竹班（高新天问学校 901 班）班级学期庆典暨厨艺大赛在家委会的精心筹备下如期进行。烟火缭绕中，"小竹子"们洗、切、炒、煮，可谓八仙过海各显神通，一道道美味的菜让家长们惊喜不已，评委们更是兴趣盎然。大奖花落各家——十尚、九鼎两个小组获得一等奖，七星、六合、四象三个小组获得二等奖，八卦、昈塱、三维、二曜、絜尊五个小组获得三等奖。高同学摘得最佳厨艺奖，李同学摘得最佳风范奖，谢同学和宛同学摘得最佳创意奖。这场厨艺秀是对一学期学生周末在家生活能力训练的全面检验，也是墨竹班家校合作共育的重要内容。

这是高新天问学校 901 班班主任伍老师的教学随笔《孩子，我为什么要求你们学做菜？——墨竹班家校课程"学厨艺，爱生活"侧记》里的片段节选。学校把生活实践引用到教学教育中已成常态。家庭作业不一定是习题、试卷，很有可能是为爸爸妈妈朗诵一段课文诗选，是陪家人散步一次，是为爸爸妈妈做一次早餐……或是班级集体到天问农场种植土豆；举行班级庆典，自己摘菜、洗菜、炒菜。像这样的教学与实践紧密结合的例子，在天问已成常态。2018 年宜昌国际马拉松赛场上，宜昌天问 906 全体师生集体报名，通过参加马拉松来促进学校锻炼。天问 906 启航跑团 88 人（包含 14 名家长志愿者），经过 113 天的坚持，20 天的赛前拉练后，11 月 4 日当天，师生和家长扮演的 10 位三国人物气势如虹地跑完全程，赢得全城瞩目。天问师生教学和实践的结合，培养了学生勇于担当、敢想敢拼的纯真品质。

天问实施自主教育过程中，注重解决教育与生活、学校与社会、教育与实践脱节的问题，学生的生活力、自动力、创造力得到了提高。

自主文化哺育价值领导力

天问在实施自主教育的过程中，逐步生成了自主的文化。

以高新天问初中墨竹班班级管理为例，看自主文化的"植入"。班主任伍月铭在新接 2016 级新生时，用了整整两节课的时间，以联字组词的方式进行小组讨论、意义解读、多轮筛选，确定了班级这一共同的名字。师生共同选择了最引人遐思，最具文化韵味，融"坚、谦、雅、趣"为一体的植物——竹，作为班级的寓意。班级名为"墨竹班"，学生名为"小竹子"。

该班在实施自主教育过程中，班级文化逐步形成。把墨竹精神解读为"竹之坚，竹之谦，竹之趣，竹之雅"。竹之坚，体现团结坚韧，是小组合作的标准；竹之谦，体现谦虚勤奋，是学习品质和方法的追求；竹之趣，体现阳光创新，是班本课程的延伸；竹之雅，体现文明儒雅，是班级成员的行为准则。

不仅是墨竹班，在天问的每一个班级，教室就是学生在校园里的家。自主班级创建，就是按照家的元素来设计教室里的"七区八角"。班级文化区、小组风采展示区、常规评价区、表彰荣誉区……图书角、饮水角、卫生角、绿植角、钢琴角等硬件环境各有特色。每一个班级都有名字："墨竹班""弘毅班""知行班""致远班"。每一个班级后面都有文化系统图，让学生有家的归属感。班有誓言，如家有家风，耳濡目染，感染熏陶，教室是师生共同营造的文化场。各具特色的班名、班徽、班训、班歌、班级愿景，班级的文化印刻在每一个学子身上。

天问在校园文化创建上，取屈原精神为学校铸魂，教学楼命名有屈子之风：修远楼、修能楼、端阳楼、佩兰楼、植兰楼、蕙兰楼、骋望楼、正则楼、灵均楼、九歌楼，初步构建起校园文化软实力的架构，营造了自主教育校园氛围。

从以上班级、学校文化可以推衍出天问学校文化的三个层次：第一是以传承屈原精神为主要内容的中华文化；第二是打造书香盈庭、求索天问的校园文化；第三是在实施自主教育过程中生成的自主文化。

天问实施自主教育十多年，逐步梳理提炼出具有天问特质的使命、愿景、价值观。

天问的使命是：造就自主发展的人；愿景是：办成自主教育的品牌学校；价值观是：人人自觉发奋，人人自由发挥，人人自主发展。

天问的使命、愿景、价值观构成了天问的价值领导力。

天问的使命、愿景、价值观之间有其逻辑联系。天问的价值观中自觉发奋是基础，自由发挥是途径，自主发展是目的。依据人人自觉发奋，人人自由发挥，人人自主发展的价值观，造就自主发展的人，从而完成办学使命，办学使命也是办学宗旨、教育目标。在完成办学使命的过程当中逐步办成自主教育的品牌学校，这既是学校的愿景也是办学的蓝图、学校的目标。

天问的使命、愿景、价值观不断激励全体师生员工奋发有为，不忘初心，奔向卓越，体现了价值领导力的强大能量。

天问在办学过程中还形成了这样一些与使命、愿景、价值观相关联的价值系统。如学校总方针是打造自主教育品牌，造就自主发展的人；总思路是打造命运共同体；总策略是实施卓越绩效管理；总要求是安定、扎实、坚持、创新；总信条是要求不怕高、工作不怕细、管理不怕严、关爱不怕深、教条不怕少、活动不怕多。

在传承文化、打造文化的过程当中，天问逐步生成了自主的文化。

现代信息技术助推自主教育

"一切以研究的方式开展工作。"这一句话天问学校的每一位教师都耳熟能详。从2008年开始，天问请李玉平老师指导教师开展教育研究。起初，学校按照李老师的"三小（小现象、小问题、小策略）"研究，到后阶段用现代信息技术的研究助推自主教育的实施,研究的互联网思维因之走进了天问教师的视野。"天问自主教育+"应运而生。自主教育加互联网研修,实景课堂、码书码课、微课程、课程馆建设。信息技术的介入,让老师的研修进入一个新的阶段。

自主教育加互联网研修、加实景课堂研修成果不断创新。教师们在教研中将归纳出来的精彩内容、核心成果、有效方法、成功经验"萃取"出来,进行深度加工。进行萃取后的经验成果,开发成小策略,拍成小视频,或者录制成微课,上传到"小蚂蚁"平台,生成二维码,给一线教师提供可复制、可借鉴、可转化的课程。微课程分为四大类:1. 学校管理微课程——管理梳理提升;2. 教育策略故事、班级管理微课程——教师资源共享;3. 教材重难点知识点微课程——学生自主学习和课后辅导;4. 学生学习方法微课程——供学生选择适合自己的学习方法。比如高新天问初中刘佳老师的《体育韵律操》、高新天问小学胡菲老师的《跟我学扬琴》等课程项目,就可供学生反复观看,在线学习。

自主教育加码书、码课也运用得非常成功。天问国小研究制作了近200个二维码,遍布校园各个角落。有学生和家长、老师合作"自编自导"的讲成语故事,朗诵、讲解古诗;有口头绘本阅读作文、讲解成语中的行为规范;还有介绍学习方法的小专家讲座。几分钟的视频,虽短小微缩但令人印象深刻。特别是在向日葵国际班,班主任章冰冰把二维码运用到班级管理中,教室里静态的"七区八角"文化设计,因为有了二维码而变得立体、鲜活。活动区的二维码记录着孩子们的课间俱乐部是如何成立、如何进行的。扫一扫,快乐的笑声便穿透了手机屏幕。分享区的二维码记录着孩子们的问题是如何解决的,难点是如何突破的。扫一扫,学习知识的过程便又呈现到了眼前。展示区的二维码记录着孩子们参加活动时是如何做设计的、如何表现的。扫一扫,比赛时的紧张与精彩便又生动地重演了一遍……

上传网上的视频、微课程生成二维码,并嵌入文章或学习卡中,形成文字与二维码组合的读物,手机扫描二维码可以看到相关视频,这称为码书。

在向日葵国际班，章老师就用这样的码书生动地记录了孩子们在学校自主学习、自主管理的快乐一天。在阅读文字的同时，扫描二维码便能更加生动地进入孩子们的生活，感受其中的快乐。

在天问，码书的运用范围非常广泛，既用于解决教师学习自主课堂所遇到的高频问题；也用于学生课堂难点的突破，帮助家长辅导孩子的家庭作业；还用于校本课程成果展示，让招生册、文化手册声形并茂等。这样的成果汇集，又促使教师研究成果的项目化聚焦，学校课程馆建设也因此起步。

借助互联网设备和移动终端，天问自主教育加信息技术，通过互联网共享信息，视频生成二维码，打开网络世界的通道、码书触发多种感官学习，使天问的老师和孩子在任何时间、任何地点都处于学习场域中。

自主教育的保障系统

2014 年年底，天问集团逐渐认识到，学校科学的管理体系是学校践行自主教育的保障系统。

卓越绩效管理核心理念的关键词为：系统视野，远见卓识的领导，战略导向，学生驱动，社会责任，以教职员工为本，合作共赢，重视过程与关注结果，学习、改进与创新，敏捷应变，基于事实的管理等。天问集团在不断摸索中，把"实施卓越绩效管理"定为阶段性总策略，本着"安定、扎实、坚持、创新"的总要求和"要求不怕高、工作不怕细、管理不怕严、关爱不怕深、教条不怕少、活动不怕多"的总信条，遵循"打造命运共同体"的总思路，推动"造就自主发展的人及打造自主教育品牌"的总方针不断前进。

卓越绩效管理的系统思维，帮助天问决策者逐渐清晰地认识到："天问自主教育"要扎根，形成学校的文化，必须有坚定的保障系统，如此方能使校园文化枝繁叶茂、源远流长，以一个文化系统的形态持续走向深入，永葆活力。

天问集团建立的现代学校制度就是自主教育的制度保障。天问集团学校治理包括三大系统，即动力系统，保障系统，发展系统。动力系统主要包括：天问人的共同办学理想，名师制度，公开的激励制度，命运共同体等；保障系统包括：决策委员会制，校长竞选制，教师竞聘制，教师代表大会民主监督制，监事会监察制，集团巡视制，成果分享制等；发展系统包括课程开发和管理，教育教学方式研究，教师专业发展，团队建设提升等方面。命运共同体的打造保障了团队成员的归属感和凝聚力，团队围绕自主教育开展工作积极性更高。校长竞选制保证了校长的治校方案必须和集团使命、愿景、价值观保持契合，集团决策下的校长负责制保证了政策和治校理念的一致性、系统性、传承性。为集团及各学部的持续健康发展提供了强有力的保障。

与打造命运共同体建设相关的是学校多年积淀形成的一套天问名师制度，这是自主教育的资源保障。教学部设置从入格、研究、示范、卓越四个层级的课堂评价标准。老师们达到研究课标准方能申报天问准名师，达到示范课标准方能申报天问名师，达到卓越课标准方能申报天问首席教师。从而保障了自主教育核心——自主课堂在全体教师中的落实，在引领学生的自主学习和自主发展中产生实效。

天问以"造就自主发展的人"为最终目标，目标的顺利实现需要学生、家长和教师的合作与努力，为此自主教育同样需要一定的保障和服务机制。自主教育的实施需要良好的自主校园文化氛围，天问努力营造宽容自主、崇尚阅读、有利于自主学习的校园文化环境。自主发展型的教师是实现自主教育目标的重要保证，天问努力为教师创设适于学习与教育研究的环境氛围，让每位教师都能在学习与研究的过程中不断成长与发展，形成彼此合作、互相欣赏的团队氛围，建立了教师学习与发展的专业发展组织。学生的发展不仅是教师和学校的责任，也是家长及监护人不可推卸的职责，所以家校合作是实现自主教育目标的重要保证，从而形成自主教育合力的最大化。

湖北省武汉市第二十五中学校长　张振宇

播种阳光　培育生命

【人物简介】张振宇，中共党员，武汉大学教育管理硕士，先后担任武汉市杨园学校副校长、武汉市第四十五中学校长，现任武汉市第二十五中学校长。2020 年入选"武汉市教育家型校长"计划，被聘为中国陶行知研究会"生活·实践"教育委员会常务理事、武汉市"生活·实践"教育中心学术委员会委员、第三届武汉市督学、《武昌教育"十四五"发展规划》专家组成员。《以阳光之心育阳光之人——武汉市第二十五中学"阳光教育"育人模式 20 年探索与实践》荣获 2022 年湖北省优秀基础教育教学成果特等奖。

英国哲学家罗素说过："爱是一缕金色的阳光，凡缺乏爱的地方，无论是学生的智慧还是品格都得不到充分或自由的发展。"教育工作者应该是一个播种阳光的人，用关心、信任和激励，把阳光的种子撒进学生的心田。诚如二十五中"阳光教育"所倡导的办学理念——"以阳光之心育阳光之人"，张振宇校长致力于营造温馨和谐的阳光文化，培养阳光教师、培养阳光少年，以阳光教师培育阳光少年。从这个意义来讲，张振宇校长就是一个播种阳光的人，是"生活·实践"教育的践行者。

张振宇著述颇丰，多篇教育教学论文荣获全国及省市一、二等奖，先后在《中国教育报》《班主任》等教育类报纸、期刊上发表文章二十多篇；开辟今日头条号"基层校长看教育"，撰写一系列教育类专题文章、点评，较为翔实地记载了在一线办学的所思所为所悟，拥有一批忠实的家长"粉丝"和教师"粉丝"。张振宇推动教研兴校，主持完成省教育规划课题《基于学生学科核心素养的初中课堂教学策略研究》《基于性格优势理论的初中生阳光人格校本课程开发研究》，将学校素质教育向纵深推进。2022年，他主持推动的《以阳光之心育阳光之人——武汉市第二十五中学"阳光教育"育人模式20年探索与实践》荣获武汉市基础教育成果奖一等奖、湖北省优秀基础教育教学成果奖特等奖。

循着张振宇校长的QQ空间和头条号"基层校长看教育"，读着他一篇篇或短或长的教育随笔、发言提纲、办学动态或点滴感悟，都能把你带入具体生动的教育教学情境中，让你真切地感受到他点点滴滴的办学实践和心路历程。无论是他在中学语文老师、班主任、年级主任、团委书记、政教主任、教务主任、副校长等多岗位的锻炼经历，还是他挂职武昌区教育局组干科、统战宣传调研科的8年磨砺，还是他担任两所学校校长期间励精图治、卓有成效的办学实践，你都能清晰地看到：他是一个笃定的理想主义者、务实的办学实践者、智慧的价值引领者、诚挚的组织协调者。

笃定的理想主义者："坚信教育力量，坚守教育情怀"

教育理想是教育事业的航标和灯塔，是教育工作者前进的方向与发展的动力。"坚信教育力量，坚守教育情怀"，张振宇校长是笃定的理想主义者。

一方面，张校长高举教育的价值，坚信教育的力量。和全区新入职教师谈专业发展，张振宇校长总会大谈特谈教育的价值，他说"只有认识到教育于国于民的价值，才会体会我们事业的崇高，才能顶住压力、坚定从教的志向；只有认识到教育于人于己的意义，才会庆幸自己选择的正确，才能抵制诱惑、坚定从教的志向"。在武汉革命博物馆"周周讲"中小学校长专场，张振宇校长主讲《教育强则国家强》的主题党课：从党计国计的高度认识教育价值，不忘初心、牢记使命；以自信自省的眼光审视教育现状，把准方向、砥砺前行。校长办学就是要立德树人、为党育人、为国育才，培养好社会主义的建设者和接班人。既要有全球视野和开放态度，批判性吸收国外的先进理念文化，又要立足中华优秀传统文化，强化中国特色，发展素质教育，培养核心素养。

在张校长的头条号里，有一篇似乎离中学校长办学有些距离的文章，那就是《相信教育的力量——以"谋女郎"魏敏芝为例》。"张艺谋导演的电影《一个都不能少》中，13岁的魏敏芝几乎是原生态演出，其憨厚、执着、坚毅甚至有点偏执倔强的人物形象让人无不为之动容"。这个山村里的孩子最终因为这一机遇，成为夏威夷杨百翰大学光彩照人的留学生，完成学业当了导演，并结婚生女，成为幸福的妈妈。张校长笃定地认为"教育发现人的价值""教育发掘人的潜能""教育发挥人的力量""教育发展人的个性"，"谋女郎"魏敏芝被电影改变的人生，折射的就是教育的力量！在文章的结尾，他说"相信教育的力量，你也许不该放弃作为教育者的责任，而会油然升起一种崇高感；你也许不该早早为学生贴上标签，而是会细心观察充分发掘孩子的潜能；你也许不该让孩子中途辍学，而会舍弃小利成就孩子的一生；你也许不该忘了图书馆的门朝哪边开着，而会成为一个终身学习、学习终身的人！"

另一方面，张校长坚守教育的情怀，践行理想的教育。"建设一所好学校，在根本上就是一个有理想的校长，带出一群有理想的教师，创造一种理想的教育。我希望我能一直带着这份责任、尊严和梦想走在前进的路上！"这是摘自张校长的文章《那一刻，我那被拨响的心弦……》里的一段话。在他的眼里，教育工作者首先应该是理想主义者，有革命的乐观主义精神！"学校有大小，使命无高低"，在四十五中谈发展，张校长提出国家复兴、城市复兴、学校复兴"三梦同圆"，把"砥砺奋进、再创辉煌"的创业精神树立在屋顶上，把"复兴四十五中，打造优质教育片区龙头校"的奋斗目标镌刻在校门口；在一所规模不大、生源流失、口碑不高的学校，他创新提出并成功打造国际理解教育办学特色，国家教育行政学院专家组调研时称"学校不大，格局不小。'苔花如米小，也学牡丹开'，教育家型校长就是要有这种守住初心、志存高远的性格特质"。

张振宇校长认为"没有理想的教育，终究走不远"。他面对家长谈办学理念，指出"学校办学不能只问利害、不问是非，'唯分数''唯升学'

'题海战术''时间+汗水'偏离了教育'立德树人'使命，偏离了大方向、偏离了正轨，这样急功近利是办不好教育的！四十五中倡导'关爱教育'，提出要把孩子作为一个完整的人来培养，关爱孩子的持续健康发展。我们提出了培养目标：着眼于孩子生命成长和品质提升，培养自信阳光（不是怯生生的、愁眉苦脸的）、有开阔视野（有国际理解、有广博知识）的，葆有好奇心、充满正能量、饱含求知欲的现代中学生。我们要分数，但不仅限于分数；我们要刷题，但不只是会刷题……"

"教育不能只顾眼前、不管长远"，在二十五中，面对学生"层次差异大、发展不均衡"的生源现实，张振宇校长继续高举"阳光教育"大旗，秉持"面向全体、发展全面、关注全程"的"三全"育人理念，他提出要"一肩担起托底民生、立德树人的教育使命，一肩扛起为党育人、为国育才的政治责任""不抛弃、不放弃、一个都不能少"，注重培养学生"阳光人格"、培养"意商"，大力推进"体艺2+1""阳光体育一小时"，推广健康生活方式，倡导"在校健康成长三年，毕业幸福生活一生"。他在《"育人为本"要树立"四观"》中提出：育人为本要树立"人人成功"的学生观、"以生为本"的教学观、"扬长避短"的发展观、"平等和谐"的师生观。

张校长怀抱教育理想、目标站位高远，坚信教育力量、发展动力十足，坚守教育情怀、前进脚步坚实。关于2019年个人年度总结，张校长拟的标题是《带着责任、尊严和梦想，奔走在学校复兴的路上》，恰是这位笃定的理想主义者最生动的剪影，也符合"培养具有全球观、中国心、现代化的时代新人，让教育通过生活与实践创造美好人生"之"生活·实践"教育宗旨。

务实的办学实践者："办师生喜爱的学校，做师生敬爱的校长"

理想总要接受现实的检验，若与实践脱节，理想终将沦为空想。张振宇校长曾提到校长培训中一个普遍的现象，其概括为"听时激动，想是冲动，回来一动不动"。"激动、冲动，关键在于行动"，张校长既想又做，笃定的理想主义者回归现实也是务实的办学实践者。在办什么样的学校、做什么样的校长这两大问题上，张振宇校长以诚挚的行动给了我们答案。

张校长治校自有章法，他认为"烹小鲜若治大国"，治理学校要"用辉煌业绩来激励人，用伟大事业来凝聚人，用现实目标来召唤人，用先进思想来武装人，用精准分析来折服人，用科学方略来引领人，用广阔胸襟来争取人，用务实要求来鞭策人"。"办师生喜爱的学校"是张校长的行动初心与行为准则。

师生喜爱的学校是环境优美、安全的学校。初到二十五中，张校长就着力理顺环境，告别"脏乱差"，让师生看得见显性变化，"更换物业公司，修剪枯死、虫病的枝干，通过提高日常环卫标准，开展拉网式清扫整理，组织党员义务劳动，铲除各类卫生死角，学校整体面貌焕然一新。清理校内住户，封闭家属区入校通道，划定标准车位，清理校园停车，关停校内商店，规范租户住校管理，人车管理混乱的局面得到根本扭转。排查安全隐患，加高安全护栏，拆除内部栅栏，征集翻新'阳光雨丝'宣传展板，整修破、旧、烂、差的路面设施，改建原本破败不堪的学生公用卫生间和室内体育馆，以整洁规范有序的环境消除'破窗效应'，师生精神面貌焕然一新"。在校园安全治理上，张校长提出要加强平安校园建设，既要增强校园安全意识，又要提升安全治理能力，"突出一个'法'字，正本清源，夯实平安校园基础；突出一个'防'字，未雨绸缪，前推平安校园防线；突出一个'细'字，明察秋毫，密织平安校园网络"。

师生喜爱的学校是氛围和谐、轻松的学校。"四十五中的孩子不怕人"是张校长对四十五中学生的评价，也是学校访客的感受，"不怕人"既展现出四十五中学生的自信乐观，也显现出学校轻松和谐的氛围。学生可以随时进出校长办公室同校长商量与自己切身相关的事宜，与校长倾吐困惑，校长则以平等的姿态妥善回应学生的诉求，解答学生的疑问，这是张校长所在学校的常见场面。正如武汉市第四十五中学培养目标："着眼于孩子生命成长和品质提升，培养自信阳光（不是怯生生的'怂着'，不是愁眉苦脸、内心阴暗的，是心理健康，有集体荣誉感和奉献精神）、有开阔视野（有国际理解、有广博知识、不自私狭隘）的，葆有好奇心、充满正能量、饱含求知欲的现代中学生"，这都有赖于氛围和谐、轻松的学校环境的打造。

师生喜爱的学校是自己能做主、有归属感的学校。张校长在《孩子，你怯生生的模样让我看着好心疼！》这篇文章中讲到几个小故事，其中之一是他在学校科技楼下添置了一台手摇龙卷风的模拟装置，虽然围观、好奇的学生多，却没有人上前试一试！张校长忍不住走上前给一个平时很调皮的孩子说："为什么不试一试呢？把手在那，摇一摇怕什么？"小男孩认真地问，"校长，我真的可以玩？这么大的东西，是不是贵呀？弄坏了怎么办？"……"学校是谁的学校呀？""当然是我们的学校！""那学校的设备是给谁用的？""给我们大家用的！"……"宁可用坏，不要放坏！"张校长在文末提到，"很赞同茅盾在《风景谈》里表达的一个观点：没有了人的活动，也就无所谓风景。没有了师生的热情参与、大胆探索，我们的手摇龙卷风、钢琴、室内高尔夫球这些设置装备还有什么真正的价值呢？"从这些小故事中可见，四十五中的孩子就是学校的主人，张校长要打造的学校是师生自己能做主、有归属感的学校。

张校长办学经验丰富，历任四十五中与二十五中校长，"做师生敬爱的校长"是张校长的不懈追求与努力方向。

师生敬爱的校长是与师生共同成长的校长。张振宇校长在参加校级干部高级研修班重庆培训时说道，"中小学校长要务正业、抓主业、更专业，立足岗位明晰校长正业，聚焦发展抓好校长主业，强化引领凸显校长专业。"他坚信学校领导要与大家一起成长，强调"教育领导、学校领导有别于教育管理和学校管理，概括来讲体现在以下方面：一是形成核心，形成学校教育教学思想、决策、行为的组织核心，从这个意义上讲，学校领导的成功应该体现在学校教育教学的成功；二是制造梦想，学校领导职责在于形成广大师生的共同愿景，凝聚共识，因此，此时的成功也就体现在制订合适的、科学的共同愿景，带领全体教职工一起成长；三是正向激励，为了目标的达成，通过演讲、谈话、沟通、协调等途径，凝神聚力，推动大家共同成长；四是达成目标，学校领导的成功，体现在共同目标的达成，在目标达成之际，就实现了教职工团队的共同成长"。张校长如此说，也如此做。当师生的引路人，与师生共成长，张校长以主动学习的积极性、勤于反思的行动力感染着师生，带动着学校这个学习共同体的发展与进步。

师生敬爱的校长是关注师生感受、重视师生发展的校长。张校长注重调适师生情绪，通过师生研学郊游"拆除一道'泄洪闸'，打开一扇'封闭窗'，推倒一堵'隔断墙'"。在班主任情绪管理上，张校长认为作为班主任，要对自身有准确定位，"班主任要认清自身职责，要有专业自信，要有自我解剖的勇气。准的定位往往决定了高的站位。身为班主任老师，如果能从立德树人的情怀和职责出发来面对问题学生，就能催生一名教育工作者的责任心和使命感；如果能从专业视角和专业认知出发来破解具体问题，就能体现一名教育工作者的职业素养和专业水准；如果能从自我解剖、自我反省的视角来认真审视自己，就能彰显一名教育工作者的广阔胸怀和宏大格局。有了这样的认识和站位，我们的视野和心胸才会更加开阔，身段才会放得更低，情感才会贴得更近，情绪才会管控更好，方法才会储备更多，把控局面的定力和能力就会更强。"教育是依靠人、发展人的事业，校长要善于调动师生的热情与信心。张校长站位高远，眼光长远，在关注师生细微感受的过程中抓问题本质，把握解决当下问题的契机，助力师生持续发展。

师生敬爱的校长是有真才实干，为学校带来显著变化的校长。在每一校长任上，张校长都兢兢业业、一丝不苟，以实际行动为师生进步伸出援手，为学校发展助力。履职四十五中，张校长深度挖掘学校区位优势和文化资源，遴选国际理解教育项目作为提高办学水平的重要抓手，通过"更新理念、健全机制，积极启动国际理解教育项目；营造氛围、细化举措，持续提升国际理解教育品质；开放合作、特色创新，努力打造国际理解教育品牌"。谋划学校复兴，将四十五中打造成武汉市国际理解教育示范校、优质教育学区支点校。初到二十五中，张校长"以'理顺'为关键词，汇聚正能量、坚定主心骨；以'盘活'为关键词，提振精气神、激发创新力"，使学校面貌焕然一新，进而全面梳理二十五中"阳光教育"二十年的实践与探索，总结形成《以阳光之心育阳光之人——武汉市第二十五中学"阳光教育"育人模式20年探索与实践》成果。张校长悟真知做实事，以真心换真情，教育实践既契合"让学生学会成人与做事"的"生活·实践"教育重点，也符合生活性、实践性、人民性、科学性、发展性、创造性、民族性、世界性等"生活·实践"教育特质，真才实干的张校长自然赢得师生的敬佩与爱戴。

"办师生喜爱的学校"，将笃定的教育理想付诸办学实践，"做师生敬爱的校长"，以深厚的教育情怀充盈教育事业。张振宇校长这位务实的办学实践者正一步一个脚印地走在办校治学的大道上，一笔一画地绘制着自己的教育人生。

智慧的价值引领者：把学生作为完整的人来培养

著名教育家陶行知先生曾说：校长是一所学校的灵魂，要想评价一所学校，首先要评价这所学校的校长，有什么样的校长，就会有什么样的学校。校长是价值领导，是学校愿景规划者、学校文化营造者，在思想引领、凝聚人心、形成愿景、文化建设等方面发挥着重要作用。张振宇校长是智慧的价值引领者，从教育价值鼓舞，到教育观念激励，再到办学思想指引，张校长武装师生思想、汇集师生力量，使学校扭成一股劲，似"高铁跑得快、节节动起来"。

着力强调教育价值，以教育事业之崇高性鼓舞人心。教育价值是教育事业发展的底层逻辑，也是教育工作者从业的根本动力。教育是崇高的事业，张校长"相信教育的力量"，强调教育"发现人的价值、发掘人的潜能、发挥人的力量、发展人的个性"。一方面，秉承"学校规模有大小之分，育人使命无大小之别"的理念，张校长在办学实践中强调教育价值的引领，突出教育之于国计党计的重要地位，将学校发展提升至家国同构的高度与站位。如在四十五中，张校长强化师生家国情怀，提出国家复兴、城市复兴、学校复兴"三梦同圆"的美好憧憬；响应武昌学区建设，明确"复兴四十五中，打造优质学区支点校"的共同愿景；培养学生国际视野，积极试点"国际理解教育"的课改项目；聚焦学校内涵发展，探索推进"学科走教""平板教学""小初衔接"等课堂改革，充分调动领导班子的办学热情与教师队伍的积极性。另一方面，张校长以教育价值之重要性、教育事业之崇高性培育教育理想，号召教师坚定兴教强国之志，端正初心、牢记使命。张校长曾坦言"时时暗示自己有高尚的教育理想。对教育充满理想，热爱教育的校长，差不到哪里去。因为有理想，所以有信念，有了信念，就又有了战胜困难的决心。因为有理想，所以有想象，有了想象，美好的教育终究会出现。因为有理想，人就会变得安宁、平和，就会生活得高尚一些"。同样，在领导学校发展、带领教师成长的过程中，张校长时刻以教育理想充盈人，以教育价值鼓舞人，以教育力量带动人，以教育性质端正人，如此才能团结思想、汇聚力量、统一行动，在办校治学过程中克服困难，向美好的教育理想迈进。

适时更新教育观念，以教育发展新理念赢得人心。张校长以科学的教育观引领教育实践，他在读著名教育家陶西平的著作《换一种角度看教育》后有感"'育人为本'要树立'四观'"，即"要树立'人人成功'的学生观，要树立'以生为本'的教学观，要树立'扬长避短'的发展观，要树立'平等和谐'的师生观。认识决定行动，只有树立科学合理的学生观、教学观、发展观、师生观，我们的教育教学实践才能不偏离正确的轨道，真正做到'育人为本'"，这是张校长科学教育观念的集中体现。一方面，作为学校领导，他认为校长要做引领学校教育价值观转变的"转化式领导"，"校长要善于营造环境，引导广大教师去挖掘、去感受、去追寻乃至去享受这些崇高与伟大，增强教师团队使命感，实现自己对团队的价值引领。学校一人一事、一花一草，都要形成一种'场效应'，让每一个身处其中的人都能感受到教书育人的崇高与伟大，让人肃然起敬，也许这才是教育领导的高境界"。张校长以科学的领导观念做好领导示范，以谦逊的领导态度团结教职工，他在二十五中新学期教职工大会上提出，"一个好的干部团队、教师团队才能成就一所好学校！如果我们能够结成一个好团队，大家心往一处想、劲往一处使，振兴二十五中就指日可待！离开了大家的精诚团结、并肩作战，校长就是孤家寡人，什么都不是！"并郑重表态："我将努力做一个热爱二十五中、建设二十五中、全心全意为二十五中师生谋利益的二十五中人，把自己全部的智慧和心血献给二十五中。请大家监督我、帮助我！"

另一方面，张校长擅长用教育思想来引领教师，他认为"校长对学校的领导首先是教育思想的领导。缺乏办学思想的校长，最多在技术层面上折腾而已。缺失办学思想的校长，就是一个维持会长而已。把学校带向何方？把教育做成什么样子？——办学思想决定！校长的全部尊严在于有教育思想"，如二十五中确立的教师"十个一准则"：让一片阳光照亮自己；用一张笑脸温暖学生；挤一点时间勤于钻研；上一堂好课引人入胜；少一分计较淡泊名利；多一点才艺启智怡情；担一肩责任行为示范；树一种信念以人为本；养一身正气浸润桃李；等等。另外，张校长也秉承完整的学生观，恰似他在2022年秋季开学典礼上的讲话中对学生提出的期待，"天地有正气，做一个有正义感、有正能量的人；少年有志气，做一个不甘平庸、志存高远的人；拼搏有勇气，做一个迎难而上、持之以恒的人"，也符合"生活·实践"教育注重德智体美劳五育并举的要求，"智商、情商、意商并重，'知行合一''知情意合一''智仁勇合一'"。

张校长注重凝练办学思想，以先进的办学理念团结人心。在四十五中，张振宇校长践行关爱教育理念，形成关爱课堂办学特色，力求"让关爱的力量照亮孩子的未来"，积极营造让"教师更会爱、学生更懂爱、校园更有爱"的友好氛围，努力把学校建成教师的精神家园、学生的成长乐园，主张教师要公正公平，给孩子信任感；有专业智慧，给孩子方向感；要积极阳光，给孩子正能量；要善作善成，给孩子成就感。在二十五中，张校长提出"办学生喜爱的学校，做学生喜爱的老师"，细化"阳光教育"，从收获"亲近感"、赢得"信任感"、提供"方向感"、传递"正能量"、带来"成就感"五个维度，弘扬学生喜爱的好老师形象；他主张"把学生作为完整的人来培养，把学生作为发展中的人来培养"，克服"唯分数""唯升学"等功利思想，关心学生心理、休息、娱乐等正当需求，将情感沟通、减负增效、文体活动纳入学校工作底线要求。关注能力、兴趣、特长等个体差异，探索学科走班、分层作业、精准教学，变"大水漫灌式"教育为"滴注浸润式"帮扶；坚持开设十余类活动选修课，大力推进"体艺2+1"，确保孩子掌握2项体育技能和1项艺术技能，以"扬长教育"代替"补短教育"，让苹果更甜、让柠檬更酸；他强调学校设施设备"宁可用坏，不可放坏"，添置各类活动设施，开放各类活动场馆，服务学生全面发展，培养学生的生活力、实践力、学习力、自主力、合作力、创新力；他积极推动清廉学校建设，严格落实三个"说了算"，即"三重一大"，班子集体说了算；工程招标，服务质量说了算；专业发展，业务权威说了算。他坚决杜绝以金钱关系来异化、玷污师生关系，开展廉洁从教集体宣誓、签名承诺，升华教师师德，净化孩子心灵。

校长秉承的教育观在一定程度上决定着教育实践的基本样态，校长坚持的教育理念在一定程度上决定着学校办学的基本方向。张校长是智慧的价值引领者，其教育价值体系符合"生活·实践"教育的本质逻辑，"把学生作为完整的人来培养，把学生作为发展中的人来培养"是其教育价值体系的核心，既是其治校办学的价值引领，也成为团结师生力量、规范师生行为的有力武器。

诚挚的组织协调者："管理就是服务"

学校发展受内外部多种因素的影响，校长需要协调影响学校发展的内外部环境。校长是组织领导，是内部组织管理者、外部环境协调者，在机构建设、机制完善、协调关系、赢得支持等方面发挥着重要作用。张振宇校长曾以"管理就是服务"为题，为其教育管理案例合集——《我讲我的管理》作序。"管理就是服务"是他先进教育管理理念与管理育人实践的凝练，彰显出这位诚挚的组织协调者的思想内核。

内部管理是学校发展的基础，张振宇校长注重理顺组织内部机制。就学校组织内部而言，学校发展环境、管理机制与人力资源是影响学校发展的三大要素，发展环境是基础，管理机制是重点，人力资源是核心。张振宇校长曾在武汉市第二十五中学2021年度工作小结时以"理顺""盘活"为关键词概括了其初到学校的治理思路，深入推敲，"理顺环境，告别'脏乱差'，让师生看得见显性变化；理顺机制，杜绝'庸懒散'，让大家看得见作风转变；理顺人心，力戒'假大空'，让教师看得见满满诚意"的治校措施具有一定的借鉴意义，是理顺组织内部机理，实现学校有效运转的必要途径。

注重理顺学校发展环境。二十五中是武汉市内环单体面积最大的初中，也是办学历史最长的初中，校内历史遗留问题多，环境整治困难很大。张校长在"啃硬骨头"中充分彰显治校决心。"更换物业公司，修剪枯死、虫病的枝干，通过提高日常环卫标准，开展拉网式清扫整理，组织党员义务劳动，铲除各类卫生死角，学校整体面貌焕然一新。清理校内住户，封闭家属区入校通道，划定标准车位，清理校园停车，关停校内商店，规范租户住校管理，人车管理混乱的局面得到根本扭转。排查安全隐患，加高安全护栏，拆除内部栅栏，征集翻新'阳光雨丝'宣传展板，整修破、旧、烂、差的路面设施，改建原本破败不堪的学生公用卫生间和室内体育馆，以整洁规范有序的环境消除'破窗效应'，师生精神面貌焕然一新"。

注重理顺学校管理机制。张校长全面梳理二十五中管理机制，"学校班子统一思想，加强中心组学习，进一步发挥党员干部'头雁引领'作用。规范干部'早值守、晚清场'的值班制度，坚持干部早到晚走，争做表率，为有效落实'双减'托管工作提供服务保障。撰写'每日值班感言'，鼓励干部'走动式办公'、用心去发现、有温度地服务。坚持'少开会''开短会'，推出'每周大事安排''每周工作简报'，完善后勤服务群，落实谈心谈话制度，让部门工作有痕迹、看得见，让服务师生更便捷、更高效。将教师个人发展与学校集体发展统一起来，实施'青蓝工程'，开展师徒结对活动，加快青年教师成长；整合各类资源，为教师赛课、职评、创优等提供人财物等支撑，推动骨干教师脱颖而出。修缮设立校门、校内电子显示屏，完善'基层校长看教育'今日头条号，推送学校荣誉、校园动态、特色办学和师生发展等视频，建成办学宣传、家校沟通的重要窗口"。

注重理顺学校人力资源。人是事业最核心的要素，办学的关键在于激发广大教职工的上进心。"教师思想工作不能做'一次性生意'，如何以心换心、赢得教师的信任？我们不讲兑现不了的假话、不讲天马行空的大话、不讲无关痛痒的空话，努力将工作做到教师心坎上。我们遴选成立'学校学术委员会'，让评优评先竞岗过程更透明；筹备成立学校教师发展中心，让教师专业发展路径更明晰；用好'好读善写'专项补贴，提高语文、英语教师早自习待遇；及时落实上级文件精神，核算统计每周课外体育课时；鼓励教师主动承担，提高教师标准化考场组考监考费用；转换思路用足政策，以'彰显整体效益'取代'突出个人英雄'，让大家'相互温暖''彼此成全'，形成了具有二十五中特色的岗位聘用制度，以好的制度设计为老中青教师带来职级晋升的新希望，营造有内涵、有品质、有温度的校园文化，相互欣赏、相互帮衬、相互体恤的良性文化正在潜滋暗长"。

外部环境是学校发展的保障，张振宇校长着力协调组织外部环境。就学校组织外部而言，政府、家长与社会是影响学校发展的重要因素，处理好政校关系、家校关系与校社关系就成为校长的必修课。从张校长在四十五中与二十五中的履职经历来看，张校长妥善处理了这三大关系，形成政校共促环境、家校共育环境与校社共进环境。

积极构建互促共赢的政校关系。得益于之前在区教育局的任职经历，张校长善于处理学校和政府的关系，如在履职二十五中时，张校长说道，"来二十五中前，局领导也和我进行了长谈，表达了区委、区政府和教育局做强做大二十五中的战略考量和坚定决心，从振兴百年老校、擦亮'阳光教育'、促进中部崛起的高度，谈到了二十五中复兴对武昌教育的战略意义"。在区教育局的大力支持下，张校长乘势发展，在互促共赢的政校关系中极力推动学校的发展。

着力培育合力育人的家校关系。家校关系是影响育人效果的重要因素，张校长在《家校共育，共同打造孩子中学生活的"起点之美"》一文中，既从认知上提出"家校共育着眼点在'育'，家校共育的关键点在'共'"，澄清了家校共育的一些误区，强调"家庭教育的'三要三不要'"，即"要陪伴、要积极、要垂范，不要极端、不要攀比、不要专制"，又具体到小升初的学生一般都要经历学习关和心理关，向家长指明孩子学习上的变化包括"学习内容不同，从'单纯性'到'多样化'，学习方法不同，从'重传授'到'重理解'，学习要求不同，从'要我学'到'我要学'，学习行为不同，从'随意性'到'目标性'，学习成绩分化，从'齐步走'到'差异化'"，心理上的变化包括"从依赖性向独立性过渡，从'自我朦胧'向'自知之明'过渡，从幼稚向成熟过渡"，建议家长"做好孩子情绪疏导工作，帮助孩子树立学习的自信心，教会孩子制订学习计划，培养孩子良好的生活习惯"，事无巨细地与家长合力育人。

主动完善和谐互助的校社关系。学校发展需要妥善处理与社会的关系，利用好社会资源，学校就能快速发展。未处理好与社会的关系，就会对学校发展造成一定阻碍。一方面，张校长充分利用社会资源促进学校发展，扩大办学影响。任职四十五中时，"2019年武汉军运会期间，学校双语小导游团队录制武汉十大名优景点双语微视频，倾力为武汉代言，先后在'大成武昌''学习强国''今日头条'等平台播出，获得社会各界广泛好评。小导游们还参与武昌区'与军运同行'展示活动，和外教 Matt 一起奉上精彩的双语情景剧；到武汉长江大桥、黄鹤楼、辛亥革命博物馆等景点现场担任志愿者，为中外友人现场讲解，受到湖北电视台、武汉电视台、武汉教育电视台、楚天都市报、中国教育电视台等媒体广泛关注和详细报道，获得军运会组委会官方微博转载点赞"，符合"生活·实践"教育强调的学校教育、家庭教育、社会教育的协同推进。

另一方面，张校长尽力解决影响学校发展的社会顽疾，助力学校发展。四十五中校门口乱停车、乱晾晒是多年未解的难题，居民商贩和交警城管"捉迷藏"，有人甚至公然把衣被晾晒到学校校门上。张校长到任后即对校门口进行综合整治，"为洗净校门这张'脸'，雷书记和我多次找交通、城管、街道、社区，大家都说太难了，办不了！其实最后解决问题不到一个月。靠什么？靠多方大力支持，更靠我们坚定的决心、积极的态度。不好办？我们想方案！怎么放置垃圾箱、怎么设置隔离栏、怎么疏通人行道……我们给了他人方便，他人很快也行了方便。不及时？我们来推进！街道领导刚答应，我就写好通讯稿表扬、找好电视台采访，原定过了正月十五再施工，没想到正月初七就开工了。新学期开学，校门口整饬一新，我们摆花洒水，搞得清清爽爽，周边居民再也不好意思来晾晒了！"张校长想办法、整资源，在和谐互助的校社关系中，学校呈现出蒸蒸日上的良好局面。

校长既是教育价值与办学思想的领导，又涉及关于学校发展的一切琐碎事物的管理。秉承管理育人的理念，以诚挚的行为化管理为服务，在协调学校组织内外部环境中，张振宇校长实现学校发展的显著进步，形成学校发展的良好气象。

总的来说，笃定的理想主义者、务实的办学实践者、智慧的价值引领者、诚挚的组织协调者，这一个个标签共同构成张振宇校长的"生活·实践"教育的名片。

武汉市光谷实验中学校长　马国新

回归生活实践　让教育"看得见"

【人物简介】马国新，武汉市光谷实验中学校长，湖北省校长协会初中分会秘书长、荆楚教育名家、特级教师，华中师范大学、华中科技大学、中南民族大学等高校研究生兼职导师，《湖北教育》《新班主任》等教育期刊的专栏作者，著有《为何而教》《教育是帮的艺术》《看得见的教育》《帮教育，一位校长对教育的理解》等书。《教育是帮的艺术：光谷实验中学基于"帮教育"的育人方式改革十年探索》荣获 2022 年湖北省优秀基础教育教学成果一等奖。

马国新是 2003 年成为校长的，屈指算来已有 20 余年。前八年，他在湖北随县一所农村学校厉山三中当校长。近十二年，他在省城武汉全面主持光谷实验中学工作。马国新说，城乡转型和城乡教育的差异，对于自己是一种很大的挑战。

回想农村学校教育经历，马国新在厉山三中八年校长成绩有四：将薄弱学校厉山三中变成一所课改名校；为厉山镇七所中小学培养了六名校长；倡导"成功教育"并构建了"立体合作"教学模式；带动随县成为全国"新教育"实验区。

到了武汉市光谷实验中学，2014 年他提出了"帮教育"，认为"教育是一种因爱而生、为成长而来的帮助"，教育的目的是让人获得帮的能力、拥有帮的精神、成为一个被需要的人，即培养"有能力、被需要"的人，并在哲学层面建构起"生命本帮"和"帮能再生"的教育目标论，实践层面建构起"教育是帮的艺术"。

在马国新的"帮教育"理念中，"帮"有动名词之分，动词的"帮"指向教育的过程和方法；名词的"帮"指的是一种能力，是一种生命的能量，也是一种责任、智慧和精神，其指向教育的目的。"帮教育"强调校园中的师生关系是一种帮助关系，并用一个"帮"字确立了学校中学生的主体地位。

同时，他还提出了"互助德育""帮学课堂""自救教师"和"弘帮课程"等概念，建构起了"帮教育"的理念框架和体系，强调德育的自省与互助，课堂的自主与帮学，教师的自律与超我，课程的问道与弘帮。强调"教师的成长是一个自救的过程""学校发展是一个文化寻找的过程"以及"师生关系就是教育质量"和"教书就是教自己"等，用"教育是帮的艺术"一句话来管理学校。

马国新说，从理论上讲，"帮教育"是一种教育思想。从实践上说，"帮教育"是一所学校的教育语言，也是一所学校的教育文化，更是一所学校的教育行动。

以上是对马国新担任校长二十余年来两种经历和成绩的整体勾勒。其实在做校长之前，他还担任过十五年的班主任和数学教师。

初上讲台，十五年的班主任经历

1986 年 12 月，马国新从襄阳师专毕业了。许多同学被留在襄樊市(今为襄阳市)城区，少数同学还进了省城，他却被安排回到了老家随州，且被分配到一所乡村学校：厉山镇第一初级中学。

应当说，在襄阳师专八四级数学系，他也是同学们羡慕不已的对象：八四级数学科足球队主力，篮球中锋，文学青年，吉他水平更是让同学们羡慕不已。

但现实总有另一种运行的逻辑。毕业后，马国新到了乡村学校任教，成了分配最差的同学之一。为此，当时年少气盛的他觉得世道不公，也断绝了与许多同学的联系。但是，从走进校园、走上讲台的那一刻起，马国新就想用自己的教学成绩来证明："我是优秀的。"

1986年12月，马国新来到随县厉山镇第一初级中学。因为是学年中途，他"半路上"从原班主任王福兵老师手中接下了七(2)班，担任七(2)班数学教师兼班主任。当时，七(2)班的整体成绩在全年级是倒数第一的。马国新接手班主任一学期后，各科期末考试成绩都变成了年级第一。为此，当时其他班的班主任既感到吃惊，又很不服气。马国新说，其实，当期末考试成绩出来时，连他自己也感到有点吃惊。

晓梅同学曾经是这个班的学生，后来她考上了云南大学，再往后，她去了上海。2013年秋，马国新到华东师大参加"国培计划"培训学习，晓梅等同学知道后，就跑到华东师大来看他，聚会时聊到27年前的这段往事。说成绩出来后大家都很兴奋，说全班同学对七(2)班充满了信心，对自己更充满了信心；还说曹耀兵同学后来考上了清华大学，目前正代表中国在非洲"援非"。

马国新问晓梅等同学，"当时，你们的各科成绩，为什么上升那么快？"晓梅说："老师，您不知道那时其他班的同学有多羡慕我们！您经常教我们唱歌，周末带我们去公园和水库，还经常把我们的手抄报张贴在校园最醒目的位置，同学们太爱您了！""那时我们班的文艺晚会最多，《三月里的小雨》《兰花草》等好听的歌曲只有我们班的同学会唱，其他班的同学特羡慕我们班。"

晓梅等同学的话，让马国新悟出了两个教育定理：其一，没有活动的开展就没有班集体的一切；其二，师生关系就是教学成绩。

1988年9月，马国新被调到厉山镇第二初级中学，一所新建的偏僻乡村中学工作，担任教务主任，后来担任教学副校长。这期间，马国新一直是数学教师兼班主任，班级成绩依然是年级第一。2001年9月，到了厉山三中，先是分管教学的副校长，并指导班主任工作，教数学也教历史。

时间的年轮到了2003年春，马国新开始了他作为校长的生涯。

成为乡村学校校长，倡导"成功教育"，六年磨一剑

厉山三中于 1995 年建校，是一所由当地政府集资兴建的农村初中学校。当时，教育下放给乡镇管，因地方财政困难，加上"普九"存在债务，教师工资不能全额兑现。有时候，学校给教师发工资时只能打"白条"，教师福利就更不用提了。2002 年春，因教师工资难以兑现，学校还出现过老师罢课一事……当时教师情绪低落，教学质量下滑，领导和教师都很担心厉山三中的前途。前任校长卸任后，有一个学期，厉山三中没有校长，由厉山教管站一位领导临时代管。

2003 年春天，学校已不能正常运转，马国新临危受命，被上级安排主持学校全面工作。

春天是会让人充满希望的。尽管在春天上任，但马国新坦言，当时的确很茫然：一个小小的农村学校，340 多万元的债务，教师手中还有 60 多万元的"白条"；教师没有办公的地方，校园内没有一条水泥路，雨后的校园四处泥泞；学生寝室床铺不足，少数学生只好睡在室内水泥地板上；队伍建设、教师思想和信心的武装都很棘手。困惑之中，六月来临，2003 年中考，厉山三中再度失利。一整个暑期，马国新闭门不出。整个暑期，大家都在寻找学校的出路。

马国新说，一整个暑期的思考让他明白：改变和创新会有困难，但不改变不创新，学校会更困难。

2003 年 8 月 15 日，虽然离开学时间只有半个月，但马国新和老师们一起开始信心百倍地着手改变。学校可以改变的是：近半个月内，学校新建了学生饭棚，改变了学生多年来露天就餐的现象；改造数间房屋增加学生寝室，并增加了近百张床铺，让所有的学生都有床可睡；校内新修了三条近500 米的水泥道；封了校内所有建筑物的垃圾通道和垃圾池；在校园内移植和新增树木 500 多棵，从此学校有了桂花路、玉兰路、香樟路、炎帝植物园

等，并绿化了教学楼，大大改善了校园环境。同时，学校食堂在当地率先安装了售饭系统以高效管理，并在教师中"海选"中层干部，实行聘任制和结构工资制。从此，教师工作的积极性和工作热情被调动起来了，厉山三中开始焕发新的活力。

秋去春来，厉山三中所有人都在等待 2004 年 6 月，等待又一个中考来临。一年来的力量积蓄与拼搏，教师们坚信：对于厉山三中来说，6 月是一个收获的季节。

是的，马国新需要用中考成绩来证明：厉山三中是一所了不起的学校，这里有一群优秀的人。

2004 年中考，厉山三中取得了出人意料的好成绩，可以说是创造了奇迹。厉山三中被教育局评为"教学先进单位"，被厉山镇人民政府授予 2004 年度"红旗单位"，这是学校多年来未曾有过的荣誉。

创业难，守业更难。2004 年中考厉山三中一时风光，今后的中考能否一路风光？中考成绩就是学校教育的全部内容吗？况且，还有近 30% 的学生中考失利，升学无望。

学校存在的价值是什么？办学目标和办学思想是什么？……

马国新说，自己对于教育的真正的思考，始于这一年。

2004 年，是九月的一天，他发现自己开始真正热爱教育了：感到所从事的职业有一种神圣和伟大的力量。

他迷上了书，特别是教育理论书；迷上了当代教育名家，如：朱永新、朱小曼、叶澜、刘彭芝、李希贵、肖川、郑金洲、郭元祥、刘铁芳、李镇西等；他爱上了书店，每到一个城市，书店是必须去的。在阅读书籍和研读教育名家的教育思想中，逐渐理解了教育的内涵。

马国新常想：厉山三中应当是什么样子的？

2004 年 12 月 28 日，厉山三中的第 10 期《教学通讯》上，刊发了马国新给学校全体师生写的新年贺词：回顾与展望。在文中，他回顾了厉山三中的办学历程和一年来的成绩，明确提出了学校发展的目标："厉山三中要成为名校，要成为曾都、成为随州、成为湖北甚至更高层次的名校。要在应试与素质教育中、在课程改革的大潮中成为一所特色学校，成为一所学习型学校，成为一所书香校园。"

更为重要的是，马国新还提出了厉山三中"让每个孩子成功"的办学思想。

几年过后，进入 2009 年，来校参观考察的教育同行近万人，厉山三中已经成为省内外知名的课改名校。

2009 年 11 月，《中国教育报》以"农村中学的质量与高品位"为题，整版报道了厉山三中的蜕变及特色。随后，国内众多教育专家和教育同行纷纷到厉山三中调研。

原"新教育"研究院院长卢志文，原中央教科所研究员毕洁光到厉山三中后，分别写下了"行动就有收获"和"厉山三中，农村中学科研兴教的典范"。

天津教科院基础教育研究所所长王敏勤到厉山三中后，写下了"让每个孩子成功，不仅是一种办学理念，更是一种教育行动，厉山三中之所以成功，就在于把这种理念落在了实处"。

著名教育家顾明远为厉山三中写下："没有爱就没有教育，没有兴趣就没有学习。"激励教师用心教书，真心育人。

到 2009 年，马国新和他的团队将一所乡村薄弱学校变成了省内外课改名校，带动了湖北随县成为全国第 28 个"新教育实验"区。与此同时，厉山三中一大批年轻干部迅速成长起来，先后成为厉山镇各中小学的校长。

到了 2010 年，湖北省教育学会到厉山三中开年会；湖北省校长协会邀请马国新在第六届教育年会上汇报，并与山东名校长崔其升同台对话；《中国教师报》天津"未来教育家"论坛邀请他作课改典型发言；中国教育学会第 23 届河南年会邀请他作交流发言，在年会上，常务副会长郭振有为厉山三中写下"春风放胆来梳柳，夜雨瞒人去润花"，给了厉山三中教育的勇气和智慧。

成为光谷实验中学校长，提出"帮教育"，从借船到造船

2011 年 7 月，因为在厉山三中的办学业绩突出，马国新被武汉东湖高新区引进到光谷实验中学担任校长。时至今日，已是十年有余。

在这十余年的办学历程中，光谷实验中学的发展像是一个"借船出海"的过程。进入 2014 年秋，学校开始了"造船"，一艘"帮教育"之船。

学校发展，本是一个"造船出海"的过程。但是，在这十余年的发展过程中，光谷实验中学为何要"借船"三年呢？

马国新说，一是这所学校新生的时候，周边初中名校林立，由不得自己"造船"；二是升学压力过大和优生严重流失，等不及"造船"；三是大船华师一附中就在身边，有机会"借船"。

当马国新向华师一附中寻求帮助的时候，张真校长和周鹏程校长给予了大力支持和帮助，在"华师一"的船上帮学校先后划出了两个空间，分别是"优质生源基地"和"华一分配生"。为此，学校争取到了临时的生存空间，也得到了暂时喘息的机会。

所有的帮助，总是会给予更加努力的人。马国新说，华师一附中愿意帮助学校，更多是因为这里有一群有梦想的人，是因为这是一所有梦想的学校。同时，从"借船"的那一天起，自己就时刻在想着"造船"，也在准备着"造船"：不断地收集"造船"的材料，描绘着"所造之船"的模样，思考着自己的"船"要去何方。

2012 年春，马国新提出了"创造适合学生成长的教育"的办学思想。

在"借船"的同时，马国新是如何收集"造船"的材料呢？

2012 年 6 月，学校借"优质生源基地"之势，破解了招生之难题；2013 年春，再借"华一分配生"之势，破周边初中名校的挤压；同年暑期，学校对干部队伍进行了整合，提拔中层干部谭小娟、许继刚、梁琦担任学校主要领导，邱春霞、江卫华、曾海燕、姜飞等年轻人也走上了学校的关键岗

位。作为校长，马国新也着手开始对学校干部长达一年半的持续培训。马国新所写的《为何而教》一书，事实上成于培训学校干部时的文字。同时，在"借船出海"阶段，他将学校工作重心放在管理、德育和环境三个方面。

在马国新看来，学校管理是一个从随意性管理到制度管理，再到规范化管理的过程。规范化管理是一种制度加文化的管理：它先是一种制度，后是一种文化。校园中的人的发展，是其关注的核心。

制度多而繁是没有用的。所以，马国新重点制订了《学生文明习惯十项标准》和《教师聘任绩效方案》两个核心制度，是用这两个制度在管理这所学校。其他改变，重点依靠环境塑造和文化引导。

关于环境。一是改用大樟树绿化校园主道；二是提升了教学楼前人行道的品质；三是重建了大门两边的围墙；四是物化了学校核心教育文化。总之，学校重视绿化、美化、净化和人文化。

关于德育，首先明确了德育的起点和朝向，从"讲卫生，守纪律，懂礼貌，会学习"到"人格自尊，行为自律，学习自主，生活自理"，并且倡导德育无痕，追求润物无声。

马国新说，所有这些都是自己和团队在三年"借船出海"过程中，时刻想着"造船"并准备"造船"而不断收集起来的"造船"之材。

当学校破解了招生难题，整合了干部队伍，重建了管理制度，改善了校园环境，理清了学校德育，一场静悄悄的革命便在这个校园蔓延开来。

这场静悄悄的革命是由马国新校长发动的，悄然而至，无声又无息。这是一场思想的洗礼、精神的提升和内驱力的打造，是一所学校自我存在的发现、向内的寻找。这种自我的寻找和发现源于梦想，它起于思维，始于行动，成于改变，指向未来和美好。这是一个关于"船"的故事，是一个关于"造船"的行动，并且最先是关于"船"的模样和海的向往的静悄悄的革命。

2014年10月17日，在《互助德育与帮学课堂》一文中，马国新第一次提出了"帮教育"，认为"教育是一种帮助"，并将学校工作重心转向了德育、课堂、课程和教师成长四个方面，有了"互助德育""帮学课堂""自救教师"和"弘帮课程"等四个关键概念和行动。

在"帮教育"中，马国新提出"教育是一种因爱而生、为成长而来的帮助"，强调"教育是帮的艺术"，强调"教育的目的就是为了让人获得帮的能力、拥有帮的精神、成为一个被需要的人"，同时提出德育是自省加互助的，课堂是自主加帮学的，教师成长是一个自救过程，课程是为了弘帮，并且强调：学校的发展是一个文化的寻找过程。

当马国新勾画了"船"的模样，并取名"帮教育"，就开始了用收集来的材料建造这艘"帮教育"之"船"。

进入 2015 年，"船"的主体架构成型并进入了"装修"阶段。在这个"装修"的过程中，需要的是故事和品质，找到的是品位和语言。除了一些关于教育的新的材料，更多的是爱、帮助、成长和教育的智慧。马国新说，教育是复杂和伟大的，学校需要也愿意用四年或更长的时间，去完成这一美好而又有意义的教育工程。并且期待，到 2018 年，当这个校园十周年的时候，有一个庆典。因为光谷实验中学这艘"船"是要去那更深和更远的大海。

马国新说，《帮教育，一位校长对教育的理解》一书是自己所画的这艘"船"的一张图纸的初稿。画一艘"船"可以一个人去完成，但是造一艘"船"，不是一个人能够完成的。造一艘"船"需要一群人，需要与"船"有关的所有人一起行动。

于是，当 2015 年秋风起的时候，这个校园有了更多人的共同行动：《帮学课堂》《互助德育》《自救教师》等相关图书的成形和出版是大家共同造"船"的一个开始，"帮教育"及其相关内容的研究也成为国家和省市级的重点教科研课题。学校还在不断地借助外力及专家的智慧，一起来造好这艘"船"。所以，刘堂江、李镇西、王敏勤、肖川、陈雨亭、余映潮、陶继新、罗崇敏、杜时忠、靖国平等教育专家来了，张晓风、余秀华也来了。

中国教育学会常务副会长刘堂江写下"光谷实验中学印象：教育是帮

的艺术"。

王敏勤教授说，"帮教育"是一所学校对教育本源的思考。

靖国平院长说，教育是一种帮助，化知为识，化识为智。

陈雨亭博士说，语言是存在的家。一个教师、一所学校需要寻找自己的教育语言。在教育寻根的路上，"帮教育"是光谷实验中学找到的教育语言和教育文化。

同时，学校也在不断为教师成长搭建平台：《新班主任》《湖北教育》《教育名家》等教育期刊持续关注；《班主任之友》的核心团队与学校的"相约星期一"班主任论坛进行长时间地互动合作；《中国教育报》《中国教师报》《人民教育》也开始有了"帮教育"的声音；"汉港交流""中英连线"等国内和国际项目也在持续扩大，学校正在深度融入"互联网+"时代。

学校也在不断地走出去：朱永新教师的"新教育"，肖川老师的"生命教育"，王敏勤教授的"和谐教育"，刘铁芳教授的"中国少年成长联盟"，张文质老师的"生命化教育"，叶澜教授的"新基础教育"，李希贵校长的"新学校"和杜时忠教授的"真教育联盟"等，都出现了光谷实验中学教师的身影。

翻开光谷实验中学近年来的"校园十件大事"，会有一些动容和发现：为了教育援藏，学校邱春霞、陈曙、杨丰铭等教师在2015年夏季义无反顾地前往西藏，在西藏山南地区的每一个校园播下了"帮教育"的种子；无论是在山东还是在北京，王敏勤教授面向全国所组织的"和谐教育"教师活动都有光谷实验中学的身影，参与活动的滕斌杰、李琛、张丹、方方、高敬、向彩琴等十多位教师一次又一次地捧回了"和谐杯"大奖。

2016年6月沈占立老师《粉笔留痕》一书出版，书中96篇数学论文是他在国内发表过的200多篇文章中的一部分。

2017年，杨丰铭、吴国庆等众多教师的"一师一优课"获得部优；周泽军老师的数学课赢得全国一等奖；高娟、张利琼、周泽军、黎龙等4位教师进入武汉市学带优青行列；陈涛老师荣获2017年度全国"新锐班主任"

称号。

2018 年，教师自拍的《石艳的天空》获得武汉市校园微电影一等奖的第一名，石宇飞老师获得年度全国"新锐班主任"称号，沈占立老师成为光谷实验中学第一位本土成长起来的特级教师。而杨丰铭、向彩琴两位教师因放不下西藏和新疆的教育，于 2018 年 9 月在光谷实验中学的支持下前往边疆，支教三年。他们志在用"帮教育"的理念帮助所支教的学校，并想用"帮学课堂"中的"导学、研学、应用、反思"教学环节改变边疆地区课堂的生态，倡导课堂以学为主、以帮为辅，引导学生自主学习和自我成长。

还有，在"新班主任"及"新教育"等大型论坛活动上，滕斌杰、李琼等班主任多次登台讲述"一艘船"的故事。2016 年 7 月在中国教育学会的年会上，2018 年 4 月在全国"生命教育"年会重庆论坛和《中国教师报》第十二届中国名校长宁波峰会上，马国新向来自全国各地的教育同行宣讲光谷实验中学的"帮教育"，讲"帮教育"之"船"的梦想和光谷实验中学的传奇。同时，学校还有更多的教师，走出校园走向湖北，带着"帮教育"的理念和梦想送教下乡。

马国新说，当"师生关系就是教育质量"成为老师们的信条的时候，校园又多了一分温柔的力量，多了一分由内到外的美。于是，这个校园又有了满足家长送餐的"树下餐厅"，家长们说："餐厅不大，但意义很大，它让我们觉得孩子站到了学校的中央。"有了"万科西门"，我们觉得，门是我们的出路，更是学校的朝向。所以，在光谷实验中学：东门采朝露，西门揽夕阳，月映千川；庭院深深生蜡梅，高风亮节育桃李，繁星伴我归。

校园中还有了"乌桕园"，有了"栖苑"，也有了一个"物外书吧"。书吧里面还有一个"101 读书会"。读书会里每位教师都在寻找有体温的教育语言，希望自己"百尺竿头，更进一步"。

近年来，更多的人通过"帮教育"的故事和语言，对教育、对生命和生命的成长有了再认识和再理解，有了更多的教育热情和力量。

第三次教育转型：看得见的教育

2018 年的冬天，快期末考试了，马国新到学校九年级师生所在的"弘帮楼"，发现教学楼上的书吧、教室及教师办公室的植物都快脱水枯萎了。当时他就意识到，这不是大家不喜欢绿植，而是升学压力太大所致，以至于除了书本、作业、考试和分数，生活中的一切都在他们的视野之外。

马国新带着一种忧虑的情绪从"弘帮楼"返回，路过"诚信楼"一楼的美术和音乐教师办公室，既不见"美术"也听不到"音乐"，没有半点艺术的感觉和味道。

马国新说，回到校长办公室，打开意大利作家卡尔维诺的《看不见的城市》一书，但是已经无心看下去，头脑中始终萦绕着"走向生活的教育"和"看得见的教育"两个概念，觉得学校的可怕在于其会异化成一个训练场，让教育仅仅成为一种"应试"，甚至将作业变成一种人为的身心枷锁，使其成为孩子生命成长历程中的一种"刑具"。

教育源于生活也为了生活，倘若教育失去了爱、绿色和彩色，以及阳光、温暖和诗意，校园中没有了歌声、笑声和读书声，生命便只有生存，没有了生活，没有了意义。

但是现实中，教育在此岸，生活在彼岸，中间隔着一条看不见的忧愁的河，没有桥梁，只有忧伤。"帮教育"的目的是培养"有能力、被需要"的人，对"人"的寻找和找到是其存在的价值和意义，其要踏上的是教育寻根的里程。

于是，马国新开始强调教育"生活化"和"看得见"，并将学校第四届"帮教育"年会的主题定为"走向生活"。

2019 年春，被扔在乡村房前屋后的旧陶罐进入了他的视野，觉得"陶"可以是打通教育与生活、连接此岸与彼岸的一种桥梁。

于是，学校不断设计开展各种与旧陶罐相关联的校园活动，开发各类

"陶"课程，全校师生和学生家长到乡村捡回各种旧陶罐 2 万多件，将校园变成了一个"旧陶博物馆"。

学校还将校园还给学生，通过校园"班级无课日"等活动落实综合实践活动、劳动教育和美育，开展项目式学习、体验式学习，建文化校园、生态校园、生活校园、书香校园和艺术校园，推动"生活化""看得见"理念的落地。学校有了与"陶"相关联的各类"学科教室"，有了"彩陶画展第一季""擦亮一间教室""天亮就出发""校园园艺博览会""校园彩绘周""告别六月毕业季"系列校园活动；校园中有了"种植园""鸟语林""梧桐工坊""空中牧场"，有了山羊、兔子和鸽子等，各种劳动教育和艺术活动得到了落实。同时，出版《看得见的教育》一书，强调"看得见的教育"是一种生活教育，是"帮教育"的朝向和方向。

2019 年 4 月，《楚天都市报》以"师生捡回一座陶器博物馆"对光谷实验中学进行专题报道；2021 年 4 月，《楚天都市报》以《江城中小学校园里兴起饲养小动物》对光合实验中学进行特别报道。

2021 年 12 月，《中国教师报》介绍学校以"陶"为桥、让教育"看得见"，标题是《创新性发展"生活教育学"》。

关于"班级无课日"，《楚天都市报》曾经以《武汉一所初中推行"班级无课日"》为题进行了整版报道，介绍"班级无课日"活动是落实"双减"，落实"综合实践活动课程"和"劳动教育"。这种"走向生活"的校园活动，放手让学生和家长参与设计，同学喜欢，家长参与积极，同时，班主任需要用整体思维设计整个初中三年"无课日"活动课程，有利于班主任成长、学生发展和家校协同育人，丰富了学校"生活·实践"活动课程。

目前，学校已经形成了三类九项 156 种"生活·实践"活动课程，并在进一步系统完善和开发中。

关于学校的第三次教育转型，马国新说，"看得见的教育"这一概念的提出，是继"帮教育"明确了其行动目的和方法之后，找到的其行动方向和朝向。也就是说，"看得见的教育"是"帮教育"选择的行动未来方向，其是一种生活实践教育，这是一条教育回归之路。

马国新说："我们总是用语言在看护和关照我们的生活，当我们找不到我们的语言，我们就无法表达和理解我们所生活的世界，更找不到我们的文化。所以，校长办学在寻找文化的过程中，首先需要找到自己的教育语言，然后用这一语言去号召和引领一所学校的行动，这一语言才有可能成为一所学校的教育文化。"

马国新认为，杜威与陶行知先生曾经先后提出"教育即生活"和"生活即教育"的观点，积极倡导"生活教育"，强调实践和体验。生活在现象上是一种活动或场景，所以，生活是看得见的。生活在本质上是一种感觉，一种美好的感觉。所以，当"帮教育"用"看得见的教育"这一概念来描述生活教育时，不仅强调教育要回归生活，还强调实践与体验，强调诗意和美好。

对于初中生来说，中考是一场竞争，竞争强调的是生存，强调的是"一年一度秋风劲"。对于学校来说，教育是为了让人有道德地生存，有意义地生活，并给生命以价值。所以，校园里不仅要有书本和作业、分数与考试，更要有绿色和彩色、诗意和远方，体现一种"战地黄花分外香"的豪气和状态。

深圳市龙岗区外国语学校（集团）总校长　唐文红

美好教育"布道者"　蕙质兰心"女先生"

【人物简介】唐文红，深圳市首批特级正校长，现任深圳市龙岗区外国语学校(集团)总校长。中国教育学会学校文化设计分会副理事长、广东教育学会国际教育专委会副理事长、广东省名校长工作室主持人、深圳市首批教育科研专家、深圳大学教育硕士导师，主持和参与了10余项国家及省级大型科研课题研究并获奖，共发表教育论文50余篇，并出版教育论著2本，被授予教育部课题研究先进个人、中央教科所全国优秀实验教师、广东省优秀地理教师、南粤优秀教育工作者、深圳市先进教育工作者等荣誉称号。从教33年，先后担任平冈中学副校长、天成学校校长，2013年任龙岗区外国语学校校长，2019年任龙岗区外国语学校(集团)党委书记、总校长。

从教：孜孜追求"美好教育"

从高中教学能手到义务教育学校管理者，从一个代课的"湘妹子"成长为管理七所学校、14000余人教职员工的教育集团"总舵手"，5年副校长、9年正校长和2年总校长的履历，让唐文红对校长这个岗位有更加清晰的认识和更加深刻的领悟：用整个身心做专业型校长、务实型校长、创新型校长。在个人成长的重要节点，在集团发展的关键时刻，自我鞭策，自我迭代。

儿时，唐文红生活在湖南郴州宜章，一个紧邻广东的小县城。喜爱阅读的她常常跑到一个藏书甚多的邻居家"遨游世界"，男主人是来自香港的工程师，女主人则烫头发，穿真丝袍子，洋气十足。除了这家人，她还有一个爱讲童话故事的邻居。唐文红常因听得津津有味而不舍得回家吃饭。中学阶段，唐文红有幸遇到一个华丽的名师阵容，一批上海知青：英语教师总喜欢系格子围巾，在课余时拉小提琴，文艺范儿十足；语文教师颇像古代儒士，上课时边闲庭信步，边吟诵经典诗词。再后来，唐文红考入湖南师范大学地理系，开启了岳麓山下的求学岁月。正值桃李年华的她，热情、浪漫、梦幻，还喜欢"追星"，是典型的文艺女青年。她和同学在香樟树下散步、聊天，忙碌于社团活动，徜徉于浩瀚书海。一个人的气质里，藏着其走过的路，读过的书，爱过的人。同理，一个人的命运，与其接触的人，读过的书，经历的事，都息息相关。青少年时期的美好经历，在唐文红的心里播下了一颗关于"美好"的种子，并在悄悄积蓄力量，等待生根发芽。

1988 年，大学毕业后的唐文红回老家任教，同样以高标准来严格要求自己。那时候，各种教辅材料和试卷都需教师在钢板上刻录再油印，而地理学科题量大、图表多，唐文红时常忙到三更半夜，甚至不幸工伤，被人唤作"拼命三娘"。

1993 年，唐文红怀揣教育理想，毅然放弃老家的正编教师工作，来到深圳，从代课老师做起。有一天，她素来尊重、以礼相待的门卫老大爷递来一份《深圳特区报》，建议她应聘深圳市龙岗区某公办学校的教师。门卫大爷这一不经意的建议，却成了唐文红命运转折的关键契机。她决定报名参加考试，并在年底顺利成为龙岗区的一名公办教师。很多年后，忆及当初的选择，唐文红充满感恩之情。几乎在她人生的每一个重要节点，都有恩师和贵人的帮助。随后，唐文红历经多所中学建校工作及创建国家级示范性高中的磨炼，在深圳这座充满改革创新精神与活力的城市迅速成长。

从 2010 年到 2013 年，唐文红作为创校校长，先后创办了龙岗区天成学校和龙岗区外国语学校两所九年一贯制学校。创办天成学校之初，她就在思考用什么理念来引领推动学校发展，最后在罗素的《教育与美好生活》与湖南师范大学张楚廷校长的《课程与教学哲学》中为新学校寻找到"美好教育"

的密码，开启用理念引领学校创新发展的先河。

"美好教育"最重要的任务是塑造美好的人性，培养美好的人格，激发学生对美好事物的向往和追求，为美好人生奠基，让受教育的过程成为一个从美好出发、与美好同行的过程。并在此基础上创建了以"美好天成，天成美好，天赋潜能，成人之美"为核心的天成学校文化体系，这是美好教育 1.0 版本。从此，不管是天成学校、龙岗外国语学校的筹建，还是规模宏大的龙外教育集团的整合、统领、优化、提升，唐文红都有了应付裕如的核心理念和工作主心骨。

在唐文红看来，创校校长应是天才的想象家和坚韧的实干家，不是等有了学校才开始建设，而是要在脑海中先构建一个理想学校的样态，而后付诸行动，克服困难，将理想变为现实。正是因为一贯的办学思想、强烈的愿景、管理能力、改革创新的努力，才有了龙岗教育一张闪亮的名片，多次在全国全省重量级学术论坛宣传美好教育办学思想与实践，展现龙岗教育的风采。

2013 年，龙岗区外国语学校创立于龙岗大运国际科教城，为区直属九年一贯制学校，也是龙岗第一所公办外国语学校。在唐文红校长"美好教育"理念的引领下，龙岗区外国语学校很快成为区域内一流名校，教育教学质量不仅名列全区前茅，还因为改革创新创造了品牌效应。"五 I"美好教学获得广东省教育教学成果奖一等奖，"玉兰花"课程体系获全市课程体系评比第一名，学校获评深圳市首批减负提质示范校等多项荣誉，在教育教学各方面均取得引领性、示范性的成果。多名老师获得国家级、省级教学技能比赛一等奖，大部分老师从职场新手成长为市区骨干教师及学科带头人。学生攀岩打破全国纪录，游泳打破全市纪录，花样滑冰选手走出国门。龙外正用美好教育为师生成长、学校发展创造一种文化和生态。

十余年来，"美好教育"理念从在天成学校的建构实践，到龙外的升级迭代，唐文红不断地赋予美好教育更多内涵和精髓。她不断思考、探索，在实践中提炼出"美好教育"的"三将""三性"：将尊重天性作为教育的起点，将培育人性作为教育的核心，将美好生活作为教育的价值导向；顺应天性，培育人性，发展个性，实现了"美好教育"的2.0版本。

2019年6月，龙岗区外国语学校（集团）（以下简称"龙外集团"）正式挂牌成立，唐文红出任集团总校长。这是龙岗区首个义务教育集团，单一法人紧密型教育集团，由"一本部六校区"组成，含龙岗区外国语学校、新亚洲学校、云和学校、星河学校、致美学校、爱联小学、和美小学。2021年，龙外集团被评为广东省首批基础教育优质集团。

集团化办学是促进教育均衡优质发展的重要举措，为快速提高教育教学质量，在集团化统一治理方面，龙外集团探索出"一三一四"治理模式，即一个核心，美好教育，立德树人；三种结合，统筹规划与自主管理结合、行政管理与学术引领结合、集团分线与成员校分块结合；一个方法，经权智慧，稳中求进；四轮驱动，环境再造、团队建设、课程建构、评价激励，解决超大型集团的顶层设计问题。在成员校"二次发展"方面，龙外集团又为在办传统校找到"RISE"（变革Reform、转型Innovate、重塑Sculpt、升级Elevate）发展模型，寓意为"上升"，力图用模型思维为学校发展"按图索骥"。

该研究被列入广东省集团化办学专项课题。如今，各成员校在集团的引领和建设下取得突破性进步，星河、云和学校被评为深圳市教育工作先进单位，致美学校（原如意小学）迎来升级和改扩建，各校中考成绩进步明显，成为家门口的优质学校。

自此，"美好教育"也进入了3.0版本。

求索："美好教育"的理念与实践

上大学时，唐文红对教育家苏霍姆林斯基的这番话印象深刻："培养美好情感和品质是学校教育的基本目标……学校要培养孩子们对美好事物永不止息的向往。"在母校湖南师范大学老校长张楚廷先生的《课程与教育哲学》

中，她读到了类似的表述："切望我们的教学更美好，我们的课程更美好；盼望接受过教育的人们确实因教育而变得更美好。"

后来，在历经其他中学建校工作的磨炼和赴中国香港、美国的教育考察之后，"美好教育"这个概念逐渐在她头脑中清晰起来，并在反复地探索与实践中，"美好教育"理念逐步丰满、充实起来。

从教育本体视角看，教育是以人（学生）为本的，其目的在于向人类传递生命的气息，其本质在于追寻生命的意义和提升生命的价值。生命美学与教育有着天然的联系。美学是对现实生活的超越，而生命美学是一种对生命的体验和直观，直指本心的美学，是对自身生命意义的超越。今天的教育是为明天培养人才。因此，教育是对当下生命成长的超越，共同的超越性构成了校园生命美学的哲学起点和理想期待。

校园最核心的美学概念和对象就是人的生命之美。落实立德树人根本任务，培养德智体美劳全面发展的社会主义接班人，以生命美学为基础和核心的"美好教育"，成为学校优质发展的品牌宣言和行动纲领。从校园生命美的独特性设计"美好教育"的理论框架，从美好文化、美好环境、美好课程、美好教学、美好教师等方面为校园生命美学构建实践路径，让每一个生命都得到原生性、精神性、自由性、德性的发展，成为美好的人。

美学是对现实生活的超越。而生命美学是一种对生命的体验和直观，直指本心的美学，是对自身生命意义的超越。切望课程更美好、教学更美好，受过教育的人变得更美好。这是"美好教育"的理想情怀和崇高追求。再深化一下，可以概括为"三个三"，即三性、三生、三将。其中，三性是指：顺应天性、培育人性、发展个性；三生是指：关怀生命、联结生活、充满生趣；三将是指：将尊重天性作为教育的起点，将培育人性作为教育的核心，将美好生活作为教育的价值导向。

基于这样的生命观、价值观，所谓"美好教育"，核心就是培养美好的人。美好的人不但有外在的身体之美，更有内在的精神之美。而美好教育的任务就是唤醒生命的自我意识和原动力，激发个体的内驱力和创造力，完成自我生命的自觉自由建构，实现生命的升华和内在的自我超越，实现生命的意义和价值的提升。其衡量的标准，可以通过"三有三会"实现：有家国情怀、有格局胸怀、有创造情怀；会友好相处、会智慧求知、会优雅生活。

唐文红始终信奉"教育，让生命更美好"，追求"与美好同行，与国际接轨"。无论是在办校，还是新创校，她都会把"办一所有美好记忆的学校"作为办学宗旨。作为龙外集团最独特的标签印记，也是最核心的品牌竞争力，这些办学理念和价值追求，早已融入龙外集团的血脉之中。

教育，让生命更美好。"美好教育"建立在顺应天性、培育人性、发展个性和期盼受过教育的人们因教育变得更加美好的价值追求及教育哲学的基础之上，以生命关怀为源，以发展人性为本，以培养生活能力为基，以追求人的美好发展为目标。美好教育，不仅实现了理论创新，而且在实践中探索构建了"三味"美好环境、"三高"美好管理、"五 I"美好教学、"三雅"美好德育等实施行动，关怀每一个学生、激发每一个学生的潜能。

（一）顶层设计，促使新办外来务工子弟学校"美好"蜕变

2010 年 7 月，当唐文红被任命为新办学校天成学校的校长时，学校建校只有一年多时间，面对的是尚未完全竣工、尘土飞扬的校园，以及外来务工子弟占 80%以上的薄弱生源，地处"名校林立"的夹缝境地，如若仍按常规出牌，摸着石头过河，也许能"生存"，但很难优秀。作为履新天成后首创的学校文化核心理念，"美好教育"其实是唐文红多年以来就有的梦想。当天成这所新校急需有人来开创一片新天地时，她怀揣"美好教育"的理想，风尘仆仆，一路奔来。她希望能把自己的教育理想付诸实践，圆了这个多年的梦。

经过反复思考，唐文红选择了通过"顶层设计"来实施美好教育，引领学校卓越发展。

将"美好"理念贯穿教育空间、教育主体和教育内容中，是唐文红校长在天成学校打造"美好教育"的"门道"。

在天成学校，唐文红校长不仅提出了"美好教育"的概念，还进行了一个从环境、主体到内容的全方位建设与推进。比如打造一个美好的教育空间，营造充满花香味、书香味和人情味的"三味校园；培养会智慧学习、会友好相处、会优雅生活的"三会"学生与有高远志向、有博雅情怀、有创造智慧的"三有"教师，构建美好主体；从管理、课程、德育着手设计美好的教育内容，如高引领、高关怀、高参与、高绩效的"四高"管理，生本、生动、生活、生成的"四生"课程，以及爱心德育、自主修德、体验悟德、文化润德的"四维"德育。至此，"美好教育"成了天成学校的核心理念，这既是天成人的诗意追求，也是这所新生学校的立校之魂。

实践是检验真理的唯一标准。在2010年建校之初，天成学校学生的学业水平测试成绩在龙岗区所有公办初中里，平均分倒数第二，优秀率倒数第一，优良率倒数第二。仅仅一年时间，顶层设计的办学思路已让天成学校取得了许多实质性的进步，学生成绩已上升到全区24所公办初中的中等段位，学生在各类竞赛和大型活动中频频获奖，整体风貌由活泼、自信取代了之前的粗俗、自卑，这让唐文红对"美好教育"更有信心了。

正是"美好教育"在天成学校的成功实践，2011年，唐文红成功申请了一个国家级课题《"美好教育"理论与实践探索》，这也是全国教育科学"十二五"规划重点课题。随着这个课题的完成及成果的推广，唐文红更加坚定了践行"美好教育"的信念与行动。

（二）玉兰课程，实现国家课程和校本课程有机融合

在教育系统诸要素中，课程是实现学校育人目标的重要载体。课程的本体功能是培养人，只有课程美好才有教育美好。从龙岗区外国语学校筹办的第一天开始，唐文红就将课程体系的顶层设计提上了日程。

依据国家的课程方案和《深圳市九年义务教育课程计划》，秉持"尊重差异，多元选择，自我发展，各美其美"的课程理念，在开足、开齐国家课程的基础上，经过多年探索，唐文红构建了"综合、开放、系统"的

"玉兰花"特色课程体系。玉兰树、玉兰花是学校的文化标志，以"玉兰花"命名的课程体系自带清香。

"玉兰花"特色课程体系以培养"全面发展的人"为出发点，追求知识习得、思维训练、培养核心素养、人格健全的并重融合。课程图谱中，核心是培育"美好的人"，中间是学校"三会"（会智慧求知、会优雅生活、会友好相处）育人目标，外圈生长出六个花瓣——美思、美和、美雅、美健、美德、美慧。每个花瓣都对应一个课程群，中间是国家课程，外围是 100 余门校本拓展课程。个性化、开放的课程和社团，构成了"玉兰花"特色课程体系，为学生提供充足的个性发展空间，为国家课程和校本课程的有机融合提供了可能。

"玉兰花"课程体系突破课型界限，探索国家课程与校本课程融合；空间上突破地域界限，充分调动运用校外实践学习场所、家长和社会资源；学科上突破壁垒界限，尝试综合教学，学科间相互支持。

唐文红一直坚信，课程要为学生的未来而设计。"玉兰花"课程体系既有学科扩展类型的必修课，比如语文与《汉字之美》《美好国学》，数学与《Mind lab 思维课程》，英语与《卡通电影配音》，体育与足球、篮球选项等；也有满足学生个性、特长发展的选修课，比如主持、国际象棋、高尔夫、瑜伽、游泳、管乐、园艺、国画、女红、烹饪、劳动、游学等。以《生活与幸福实践》为例，这门课程着力推进生活实践化，包含了心理、茶道、木工等适应小学生成长规律的课程内容，同时打破了学科壁垒，满足了学生的发展需求。

唐文红倡导打开校门办学，将周边资源为己所用，于是有了《你好"港中大"》游学课程、《中医药博物馆》研学课程等本土特色课程；打破学科壁垒，融合课程，尝试综合教学，于是有了《走进春天》大运课程、《认领一棵树》《初中野外地理考察》等课程。

课前 3 分钟能做什么？龙外的小学语数英课堂上，课前 3 分钟已不单单是课堂热身，它已成为一个单独的课程。按月分主题，小学 1~3 年级用课前 3 分钟,历时 4 个月可以读完 14 个单元;小学低年级英语课课前 3 分钟是单词拼读和简短句拼读、跳字母操等,3~4 年级就要进行分主题的 3 分钟课前小演讲。这也是学校打破课时结构,编排长、短、微课型结合的探索。除了课前 3 分钟微课,龙外还有社团长课、写字短课等课程。

有生命的玉兰花,根深花才常开。生长性的课程体系,根是师生的美好成长。正如《我家在龙岗》开发者陈杰老师介绍的那样:龙外不仅是孩子自然向上成长的乐土,也是教师实现自我创意和自我价值体现的创客空间。

玉兰花课程体系

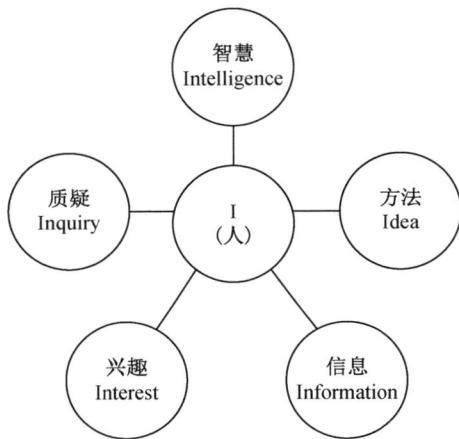

五 I 教学模型

系列化、有延续性、有拓展性的"玉兰花"课程体系涵盖"美思、美和、美雅、美健、美德、美慧"六个课程群,体系的原理和结构决定了自身的优越性和先进性。2017 年 9 月,在深圳市中小学首次课程评选中,"玉兰花"特色课程体系荣获第一名,龙外也获评龙岗区课程改革先进单位。

(三)五 I 教学,让教师专业发展有"迹"可循

早在 2010 年,唐文红校长履新深圳市龙岗区天成学校时,她就首创了学校文化核心理念"美好教育",并萌发了"五 I"美好教学的雏形。早在龙外诞生之前,唐文红校长的"美好教育"已在教育界有一定的知名度。

2012 年，她主持的《"美好教育" 理论与实践探究》曾获得广东省教育教学成果奖二等奖。2013 年，承载着政府和市民高期望值的龙外诞生，唐文红校长再次被委以重任，履新这所定位高端的学校。要办这样一所 "高品质、国际化、外语特色鲜明" 的精品名校，唐文红校长带领核心的创业团队面临很多棘手的问题。其中最迫切的无疑是怎么让 "美好教育" 在龙外落地开花。

何为美好的课堂教学？唐文红认为，要将教学过程作为一个特殊的生命过程来理解，在教学过程中密切关注着生命存在，把教学成为让学生更自由、更智慧的活动，教学才有美好可言。为达到这样的美好境界，龙外探索了以学生为主体、以思维为核心、以活动为主线的 "五 I" 美好教学体系。

"五 I" 美好教学是龙外师生教与学的专业 "利器"，它是龙外教学变革的成果，也为 "美好教育" 铺了一条培养学生核心素养的 "阳光跑道"！这是学校对课堂教学进行的一次最深入、最彻底的改革，把传统的 "一言堂" 模式变成以学生智慧学习为核心的 "五 I" 教学模型，尊重学科规律，从信息(Information)、兴趣(Interest)、质疑(Inquiry)、智慧(Intelligence)、方法(Idea)五个要素对课堂的内容、方式、载体、方法、环节等进行重组，打造真正以学生为主体、以思维训练为核心、以学习体验为主线的提高学生核心素养的教学策略体系。各学科以 "五 I" 教学为模板，整理总结出 100 多个课型，每个科组都有 1 个教学资源库，增强教学规范性，提高教学效率。因为这个基本模式的起点和终点都是 "I"，是我，是人，关注人的生命成长，所以又称 "吾爱" 教学。

以生本、生活、生动为特质的 "五 I" 美好教学不是不要知识，而是要有更广阔的知识；不是不要理性，是培养理性的同时，不磨灭兴趣，发展兴趣；不是不需要聆听，但更宝贵的是质疑；不是不要勤奋，但更重要的是方法；不是不需要聪明，而是需要比聪明更加智慧。也就是说，信息宽于知识，兴趣贵于理性，质疑重于聆听，方法优于勤奋，智慧优于聪明。"五 I" 美好教学的目标是让师生成为更好的学习者。为此，龙外努力打破师生思维的墙，让世界来到课堂。龙外的小一新生入学第一周不上课，量身打造的"始业课程"让他们从逛校园、找朋友开始爱上上学；低学段的孩子期末不用笔试，而是在游园中"乐考"；孩子们可以参加全球移动课堂；野外考察项目也吸引不少学生实地寻访……

唐文红明白，对于一所创办不久的学校而言，将教育理念落地，将教师的教育教学行为切实转化为学生的素养发展，要基于学校发展、教师队伍实际多下一些"笨"功夫。教学范式的探索，正是围绕教师特点、学科规律下的"笨"功夫。龙外构建了不同学科、课型的多样化教学基本范式，破解课堂教学实践难题。

围绕"五I"美好教学倡导的五个核心要素开展教学，不仅可以活化课堂、提高教学效率，还可以让师生都成为更好的学习者。"品"和"德"永远排在学和才之前，德育始终贯彻、融入日常的教学环节之中。在龙外，即便是新教师，面对每一节课时都要站得更高，看得更远，心中不只是40多分钟一节课，更不是简单的知识信息的传授，而是要考虑培养什么样的人。"五I"教学让教师们找到了反思自己教书育人的抓手，让教师专业发展有"迹"可循。

"五I"美好教学实践，让龙外成为深圳教育界的新星。龙外获深圳市"特色课程体系"项目评比第一名；获评全区唯一的深圳首批科研基地学校；是全市骨干教师比例最高的学校；荣获"深圳市教育先进单位"；成长为教学创新、质量卓越、备受国内外同行瞩目的品牌学校。"五I"美好教学实践赢得了教育部门和同行的多方赞誉，学校高规格承办广东省教育学会年会、深圳市读书月活动；接待来自美国、加拿大、英国、德国等其他国家和全国各地学校300多所；广西桂平城北小学、深圳市龙岗区天成学校、湖南省宜章县第一中学等学校加入龙外的实践检验单位。"五I"美好教学实践为提升龙岗乃至全市的教育品质作出了突出贡献，龙外教学质量稳居全区前列，获得龙岗区唯一的小学学业质量满分，首届中考成绩位列全市第四。2015年，唐文红领衔的《"美好教育"理论与实践探究》成为深圳市首批教育科研专家工作室重点专项课题。2017 年，唐文红撰写的《"五 I"美好教学实践探索——基于提升学生核心素养的教学变革》获得广东省基础教育教学成果奖一等奖。2018 年，《人民教育》第 11 期刊登了唐文红的论文《铺就培育核心素养的"阳光跑道"——"五 I"美好教学体系的实践与探索》，对龙外的"五 I"教学模式予以了充分的肯定。

（四）五度教学，从关注老师的"教"到注重学生的"学"

教学评价是依据教学目标对教学过程及结果进行价值判断并为教学决策服务的活动，是对教学活动现实的或潜在的价值做出判断的教育过程。但在唐文红看来，现行课堂教学评价多偏向于"以教论教"的传统课堂教学评价标准，主要从教师的角度或教导行为方面设计评价指标，较少地涉及从学生或学习行为表现的角度设计评价指标。再则，指标结构层次比较凌乱。典型表现为，同一层级的指标将不同类型或层次的教学变量混合或并列，诸如此类的教学评价游离于课堂效果和效率之外，缺乏对学生学习行为的具体考量。

为此，在唐文红的带领下，龙外开始尝试建构"五度"教学评价的体系。先后完善了评价模型和体系，梳理"五度"评价模式与评价方法的组合，确立基于"五度"教学评价的学习行为观测点和量化指标，完善"五度"课堂评价观察量表，明确了评价什么、怎么评价、评价效果如何反馈与运用等核心问题。

所谓"五度"教学评价，即从学生及学生的学习行为视角出发，针对教学成果进行评价。"五度"教学评价的基本内涵（见表 1）主要包括五个维度：学生参与度、学习自主度、情感与态度、思维活跃度、目标达成度。

在唐文红看来，与过往相比，"五度"评价至少完成了五个方面的转变：一是评价维度从关注教师的"教"转向注重学生的"学"。"五度"评价重新定义了师生课堂行为价值，将学生学习行为的表现或状态作为决定学生学习与发展效果的直接控制变量。二是评价内容从注重知识习得到提升学生的核心素养。"五度"评价指向学生的课堂学习表现,在评价行为中渗透了核心素养的导向。三是评价方式从传统测试到以诵读、表演、体验等多形式为载体的"量质"综合统筹的评价方法。四是评价主体从教师主导到师生、生生、家生、自评等多元互动。五是评价功能从甄别选拔转向激励唤醒、体验成长。

表1 "五度"评价内涵与观测点

评价维度	评价维度内涵	评价学习行为观测点
学生参与度	学习行为全员、全过程、全形式的参与	1. 是否所有学生参与学习活动; 2. 学生是否参与全过程的学习活动; 3. 学生是否通过观察、操作、讨论、表演、转述等多元方式学习。
学习自主度	学习行为的积极性、主观能动性	1. 学生的学习是否主动、专注; 2. 学生在学习活动中是否独立获得有效信息; 3. 学生在学习活动中是否积极思考、主动探究; 4. 学生在学习活动中是否内化理解、主动构建。
情感与态度	学生保持好奇心、克服困难的信心、养成良好的习惯和科学态度、有积极的个体情感体验	1. 学生对于学习活动是否充满好奇心和求知欲; 2. 学生是否有信心应对学习任务、有挑战性的问题; 3. 学生在学习活动中是否表现出较好的习惯和态度; 4. 学生在学习的过程中是否有积极的情感体验。
思维活跃度	学习思维呈现的多样性、选择性	1. 学生在学习活动中是否踊跃发言、积极提问、主动质疑; 2. 学生在学习活动中是否有不同的见解和学习方法; 3. 学生能否选择最合适的方法与策略解决实际问题。
目标达成度	教学目标、内容、条件与学习行为的匹配情况、学科知识与核心素养的达成情况	1. 教学目标、方法、活动等是否与学生的学习行为匹配; 2. 学生是否准确把握应实现的多种目标,习得知识与技能; 3. 学生是否积累了丰富的学习经历和生活经验; 4. 学生在学科素养上获得不同的发展。

在理论模型上反复研究论证之后,龙外立即展开了实践。先是建立一套

嵌入"五度"评价的课程开发模板，根据"五度"教学评价指引设计课程目标、课程框架、课程实施等；随后，促进教学方式变革，变传统的"讲练结合"为"讲练评"一体的教学方式，在课堂教学中突出评价的作用，建立一套基于"五度"评价的教学范式；再次，催生学习方式变革，PBL项目式学习、深度学习等学习方式被综合运用，引导学习方式多样化；最后，形成具有诊断、选拔、监测、激励和管理等功能的"五度"学业评价体系，促进学生核心素养的提升。同时，还建构了提升学生核心素养的新型评价操作指引，研究出"五度"教学评价的推广机制，在各学科广泛开展，在实验学校深入实施。

自 2014 年开始，"五度"教学评价在各学科课堂得到全面应用和深入开展。教师教学方法更加灵活多样，变为学习工程的设计师，引导学生积极参与学习活动。学生参与学习活动积极性更加高涨，思维更加活跃，学习成果更加丰富。"五度"教学评价为教师提供了评价方向和操作方法，使评价更加具体，转变了评价的甄别选拔功能，变"负担"为"付出"，学生乐于参与评价，为评价付出。学生的情感与态度在每堂课后都有明显的变化，沉浸于课堂学习中，学习在课后延伸，学习自主度更强。每年开展的期末乐考和久久语文通关考级，是"五度"评价的创新呈现，让学生在学业评价中享受学习乐趣。

受益于"五度"教学评价，龙外学生不仅文化基础扎实，历年中考位居全区前列，2019 年小学教育教学综合质量获全区唯一的满分，而且学生思维活跃，习惯良好，发展后劲足，深受高一级学校青睐。学生积极参与各项文体活动，活跃在社区、学校的各类舞台，广泛参与社会志愿服务活动，贺同学荣获"南粤最美学生"，管乐团、合唱队、舞蹈队在省市区竞赛中多次获一等奖。学生自主发展意识强，参加校内外的社团培训，掌握技能，增长才干，主持市区探究性小课题研究 10 个，每年的市区、学校科技创新大赛参与面广、成果丰富，多次获得"区十佳校园科技节"荣誉，2019 年区创新大赛中获团体总分第一名。

与此同时，依托教学评价改革，龙外实现了教师的卓越成长和学生的美好成长，奠定了学校内涵发展的深厚基础。教师参加基本功比赛获区一等奖连续三年保持在 11 人次以上；连续两年开发的区级校本课程近 50 门，领跑全区；教学质量保持全市一流、全区前列的先进水平；形成学术研究的浓厚氛围，学术成就丰硕，学术创新不断涌现，多次承办全国、省市教学研讨会；促进美好教育品牌的落地生根，促进教育品牌增值。学校获教育部课题研究先进单位等荣誉 50 多项。

有成："1314 模式"助力二次发展

龙外集团是单一法人紧密型义务教育集团，现有 5 所九年一贯制学校，2 所纯小学，共 280 个教学班，教职工 1000 余人，学生 14000 余人，形成了"一本部六校区"教育矩阵。但在 6 所成员校中，有 5 所为薄弱学校，还有 1 所是新办校，办学基础不同，历史条件不一，教育理念有别，如何实现统一治理？如何保留学校特色？如何激发内生动力？这是龙外集团成立后面临的第一个重大战略抉择，唐文红提出了"标准制定先于资源共享、模式输出重于经验辐射"的均衡发展思路，带领团队灵活运用"美好教育"理念，培育成员校的文化自觉，激发成员校办学活力，提升成员校自我发展能力，因校制宜，为每所学校量身打造"二次发展"的方向和路径，形成了基础标准化、个性多样化、资源优质化、动力内驱化、成效可视化、发展均衡化的龙外集团办学格局。

在这一过程中，逐步摸索出了"1314"的治理模式，为促进义务教育优质均衡发展提供了一个"龙外样本"。"1"即一个核心：美好教育，立德树人。"3"即三种结合：统筹规划与自主管理结合、行政管理与学术引领结合、集团分线与成员校分块结合。"1"即一个方法：经权智慧，稳中求进。"4"即四轮驱动：环境再造、团队建设、课程建构、评价激励。具体经验做法如下。

一个核心，以美好教育引领文化重建。龙外集团始终信奉"教育，让生命更美好"，追求"与美好同行，与国际接轨"，旨在"办一所有美好记忆的学校"。这些办学理念和价值追求，早已融入龙外的基因之中。各成员校主动学习、接纳、共创"美好教育"理念，开启学校文化重建，拔高学校价值追求。通过全体干部大会、成员校教职工大会、美好教育思想研讨会等形式，将"关怀生命、热爱生活、表达生趣"的美好教育思想传导到每位教师，让每位教师转变教育观念，改变习惯做法，奠定文化根基。构建文化共识年战略，通过开展"龙外精神大讨论"等活动推进共识，编制《教师文化手册》强化共识，统一校徽等视觉识别系统渗透共识，进行校园标准化建设，增强师生的归属感和认同感。重建学校文化系统，推动师生通过主题活动践行文化理念，提升文化凝聚力，增强学校价值感。

三个结合，以美好教育理念推动共建共治。美好教育理念通过"三个结合"，着力营造一种"高关怀、高参与、高执行"的共建共治格局。一是统筹规划与自主管理结合。集团集中统筹：出标准、定原则、做总方案，"三重一大"等决策由集团校长办公会直接出台。成员校合理使用：在集团框架内，分校根据自身实际，采取灵活措施，自主决定范围、程度、大小。二是行政管理与学术引领结合。集团成立 10 个教学研究院，面向集团乃至片区培养教师，开发课程，研究课题等，形成成熟稳定的教师发展机制，发挥行政管理的刚性约束和学术引领的柔性指导作用。三是分线管理与板块管理结合。建立"一级法人、一级管理"和"授权负责制"的治理机制，各执行校长既单独管理一所成员校，又负责全集团的财务、课程、招生等一条线的工作，有效保障管理的系统延续性与协同综合性。既可引领成员校办学愿景，亦可激发成员校办学活力。

一个方法，以美好教育深化校本实践。唐文红向来提倡建设"文化上的大学校，治理上的小学校"，讲究经权互用，不仅要有"经"的坚守与传承，也要有"权"的灵活与创新。她引领集团定方向、出标准、出方案，成员校创造性实施，做到各美其美、美美与共。一是支持成员校在总框架内的创新突破，提供优质资源和平台。二是发挥成员校优势，总方案取"平均值"，鼓励成员校利用各自优势，对实施内容和方式进行调整，做出校本特色。三是转变方式，变集团直接参与为指导督导，不直接干涉成员校的自主管理，而是采取技术顾问、诊断性督导等措施，促进成员校自主创新发展。

四轮驱动，以美好教育塑造发展生态。一是提升校园品质，强化环境育人功能。唐文红坚信，理想的学校必须是一个以涵育生命为目标的校园，不能只有冷冰冰的建筑物。为了用生命美学改造校园生态，让教育回到认识、发现、塑造生命之美的轨道，她指导制定了《高品质校园提升方案》，以指导成员校进行校园环境升级改造。二是共育美好教师，建设"三有"教师团队。通过鼓励教师流动，发挥骨干教师示范作用，以"美好教育"唤醒教师群体内心创先争优的激情，开展"玉兰教师"四级认证等形式，全力培养有教育情怀、有开阔视野、有专业理性的"三有"教师，是学校"二次发展"的基本保障。三是共享精品课程，不断提高教学质量。构建以"玉兰花"课程体系为母体的成员学校特色课程体系，建成共享的"玉兰花"线上课程库，将诸如《久久语文》《魔法英语》《纸艺》等精品课程在成员校复制推广。大力推广"五I"教学实践研究成果，构建以"习为中心"的课堂，研究总结各学科教学范式，提高教学效率。建立教师走教、学生走学和"同上一堂课"等教学机制，促进优质资源最大面积的增值和共享。四是发挥杠杆作用，促进优质均衡发展。唐文红主张以"多一把尺子"的评价机制，激励成员校优质均衡发展，激发全域动力。首先，建立目标管理机制，每学年给成员校设置中考和特色学校建设目标，实行奖教奖学等激励措施。其次，建立质量预警机制，各学校各学科制订同层级预警分差，实施薄弱学科、薄弱教师帮扶计划，缩小学科间和学校间整体差距。再次，实行办学水平评估机制，集团聘请第三方组成的评价委员会，对成员校进行全面的诊断性评估，为成员校问诊把脉，强弱项、补短板，提高办学水平。最后，完善述职制度，开展民主测评，发挥督导功能，强化结果运用，开展师生满意度测评。

"美好教育"如今已经成为优质学位的代名词、教育奇迹、百姓口碑。作为龙岗区本土成长的窗口学校、教育培训的示范学校、教育国际化的标杆学校,龙外因"美好教育"而变得更加"美好"。而"美好教育"也走出深圳、走向全国,在广州、福建、山西、河南等地的多所学校落地生根、开枝散叶,并取得优异成绩。

美好教育"布道者",蕙质兰心"女先生"。校长是崇高神圣的职业,代表着学校的精神气质。唐文红校长满满的"校长味",这是她热爱、奉献、慈祥、宽恕等美好品性的长期沉淀和修炼,自然而然形成的。十几年来,唐文红锚定"美好教育",咬定青山,反复钻研、实践、挖掘、深化、延展,追求卓越,品质发展,成效凸出。历史不是被超越,而是继往开来和守正创新。接下来,唐文红校长依然会干劲十足地抢抓"双区"建设的重要契机,聚焦教育高质量发展主题,成为一个更加专业、务实、创新型校长,"向着美好那方",续写"美好",再创"美好",成就"美好"。

华中科技大学附属小学校长　李晓艳

"培养未来科学家"

【人物简介】李晓艳，华中科技大学附属小学党支部书记、校长，中学高级教师。在30多年的从教生涯中，尤其是她担任校长以来，把一所教育部直属高校的附小办成了引领区域办学水平的优质学校并成为湖北省的"窗口"学校。先后被评为华中科技大学"三育人"标兵、东湖开发区优秀教育工作者、东湖高新区优秀校长、东湖高新区十佳教育工作者，全国中小学信息技术创新与实践活动"NOC信息化教育创新校长"，荣获"改革开放40年教育改革与创新优秀校长"称号。《面向未来科学家培养的小学个性化课程体系20年探索与实践》荣获2022年基础教育国家级教学成果奖一等奖、湖北省优秀基础教育教学成果特等奖。

华中科技大学附小地处武汉市高新技术开发区——中国"光谷"中心，是一所教育部直属重点大学的附属小学，拥有得天独厚的校园环境与教育资源。由于身处于大学校园腹地，周边科研院所云集，院士专家汇智聚力，其中的智力资源成为学校办学个性化的坚实基础。

早在2001年，李晓艳校长便在全校范围内开展了"办学思想大讨论"，带领全体教职员工深入总结了学校近50年积淀的办学文化精髓，本着继承、发展、创新的指导思想，提出了"培养未来科学家"的教育理念，并在办学实践过程中建构了未来科学家的素养结构和与之相匹配的"科学+"课程体系。二十年来，在李晓艳校长的带领下，学校走出了一条人本化、特色化、国际化和现代化的科学教育之路，不断向着"把附小办成一所面向未来，有科学涵养和人文关怀的现代学校"的办学目标迈进。

坚持科学启蒙教育的三大原则

科学教育要从小激发，并保护孩子的好奇心和求知欲，培养学生的科学精神和实践创新能力。而对孩子科学兴趣的培养，重点就是要在孩子心中"种下科学的种子"，早日教给孩子科学研究的方法。在李晓艳校长看来，科学启蒙教育要坚持三个基本原则，即凡能在室外学习的东西，一律不在室内进行；凡能通过自然界可以掌握的东西，绝不停留在书本知识上；凡能观察事物的动态过程，绝不拘泥于静止的僵化知识，这三个基本原则都代表着李晓艳校长对于小学教育的深度思考。

其一，凡能在室外学习的东西，一律不在室内进行。

如何将书本知识转化为具有真情实感的"兴趣知识"？这是李晓艳校长一直思索的问题，所谓"兴趣是最好的老师"，让孩子们走出去，直面大自然和现实世界，打开个人感官对身边的事物发生兴趣，将被动式学习化为主动式求知，这是培养学生科学潜质的第一步。

因此，在华中科技大学的校园里，经常会遇到一队小学生在老师带领下，正兴致浓厚地对喻家山进行考察，孩子们充满好奇地叽叽喳喳地提了一大堆问题，涉及历史、地理、生物等许多学科的基础知识。老师并没有立即回答孩子们的问题，而是针对这些问题，先提示学生尽力借助喻家山周围能够看得见的各种记载和标识去了解，并要求他们通过个人的观察和思考，说出喻家山的印象和特征，然后再把有关学科能够为学生所理解的知识解释给他们，力争使学生能够有所领悟。

这种"合科教学法"也是以李校长为代表的附小教师对科学启蒙教育的一种有益尝试，教师在教某一学科的知识时，总是将有关知识合并起来进行教学，力争给学生尽可能全面的知识。"合科教学法"常常是围绕一个中心主题，抓住有关学科之间的密切联系进行综合教学。这样的课一举多得，对小学中低年级尤为适宜。通过这样立体多元的教学课程，孩子对科学有了更加直观的感受和理解，从而产生更大的兴趣。

其二，凡能通过自然界可以掌握的东西，绝不停留在书本知识上。

唤醒学生的兴趣只是第一步，打开学生的求知欲才是重要的一环。如何建立兴趣与科学研究的认知桥梁，是李晓艳校长对于科学启蒙教育的深入思考。在她看来，"大自然就是课堂，就是书本"。

让孩子们亲临大自然，投身于大自然的怀抱，这对于丰富他们的感性知识、萌发对大自然的好奇和探索的兴趣、产生热爱大自然的美好情感，进而产生"爱科学、学科学"的积极态度尤其重要。

李晓艳校长曾经在 2018 年一篇《思维型教学：让学生自我醒来》的文章中谈到探索世界的"醒来式教育"——正因为"醒来"是他人无法替代的个人感受，那么教师就不能越俎代庖。帮助学生醒来，与其说老师要考虑做些什么，不如考虑不要做什么。为了让更多的孩子醒来，李晓艳校长要求老师"悬置答案"，即在授课时不能急于给出答案，甚至答案不当堂给出，而是要耐心等到学生尽兴地完成探究活动。

李晓艳校长像发掘审美思维一样希望打开学生们科学认知的眼睛。刚开始的时候，附小老师并不适应这种"醒来式教学"，他们往往很难做到这一点，但现在已经有不少老师开始克制自己，慢慢做到等待，因为他们尝到了甜头。他们欣喜地看到，虽然孩子们未必能够立刻找到正确的答案，但是悬置答案培养了他们思考的毅力、思考的深度，提高了思考的质量，学生对学习的兴趣更加浓烈和持久。

李校长坚信：只有真正建立起这种自我"醒来式"思维，才能理解学习知识的意义，理解事物的深刻性，或者产生独创性的想法，或者发生应用上的迁移。经过这种训练的学生，在年幼和少年时期能通过自己对大自然的观察和科学的指导，才能够在未来培养和建立起他们的观察力、想象力、创造力，促进学生感知能力和科学能力的发展，对于将来的成长与成才一定大有裨益。

其三，凡能观察事物的动态过程，绝不拘泥于静止的僵化知识。

科学认知思维的建立是夯实基础，那么如何将书本知识转化为科研技能呢？这是李晓艳校长思考的第三个问题，只有从兴趣走向认知，从认知走向能力，实现知识的活学活用，才是科学启蒙教育的最终落脚点。因此，她在科学启蒙教育的第三个原则上提出"动态教学法"，重点是引导学生学会观察事物的动态发展过程，因为观察是扩大眼界、丰富感性知识的重要环节。比如，和孩子一起观察植物的生长，在家里种上一些蔬菜、栽培一些花卉，带领孩子浇水、施肥、培土，再和孩子一起蹲在地上细心观察蔬菜、花卉的变化，你会发现，什么发芽啦、开花啦、结果啦，任何细小的、细微的变化都逃不过孩子的眼睛。再比如，家长和孩子一起饲养小动物，在饲养的过程中，孩子们会了解到动物的生活习性、生长变化的规律以及饲养方法等科学常识。学校经常利用校园小白鸽电视台播放科普电视片、动画片，对学生具有极大的吸引力。学生们从中懂得了动物生存与栖息地、与食物的关系，懂得了植物的生长与所处的地理环境、水土、阳光、温度的关系等科学知识，懂得了保护绿色环境、节约能源的科学道理。学校科学教育还强调以游戏为媒介，让孩子们在轻松愉快的活动中增强认识新事物的欲望和好奇心，从而感知科学知识和科学道理。同时还强调让孩子们尽可能多地动手做科学小实验，因为科学小实验不仅能够帮助学生获得广泛的科学知识，帮助学生在感知经验的基础上建立科学概念，而且能够有利于学生观察、分类、思考、测量等智力技能的萌芽、发展和提高。

当然，信息化时代的"动态教学"不仅仅拘泥于传统的观察日志与游戏渠道，而且老师们也在积极开展现代信息技术条件下的多元化教学。

创办科学教育体系的"五化"模式

科学启蒙教育是面对孩子们的教育理念，但是要将这种理念付诸实施，需要建立一整套的教育体系来进行完善，并形成相应的教育规划。为此，李校长提出了科学教育的"五化"模式，以此来打造属于华科附小的特色鲜明的教育体系。

其一，科学教育常规化。

李晓艳认为，科学教育重在时时刻刻、点点滴滴，让学生能够在身边就可以随时观察到科学现象。为此，她提出了科学教育的常态化模式，并通过多年的校园环境、课堂环境的改造，建立了科学技术课堂的常规教育，也就是把室内、室外的活动同孩子们的活动有机地结合起来。只要在学校校园里走一圈，就会发现许多有趣的地方。

陈列室。里面陈列的都是孩子们个人的小发明、小创造、小制作，而且都是登记在案的，每学期评比一次，以此鼓励爱动脑筋、爱动手的学生。

饲养场。是孩子们饲养小动物的专门场所，孩子们通过亲自饲养小动物，可以观察到动物的生活习性，积累有关动物的常识和知识。

种植场。孩子们在这里可以种植花草、栽培豆角，观察植物一年四季的生长情况。学校或班级还提供显微镜和放大镜，让孩子们养成观察、比较、研究的好习惯。

实验室。里面配备有试管、容器、天平等，以及各种材料，孩子们可以在老师的带领下来这里做实验。

资料室。里面配备了各种卡片箱、工作手册和资料剪贴，鼓励孩子们随时来查阅资料。

手工制作车间。是供孩子们开展科技制作活动的场所。

这些常态化的科学教育，能够让学生获得一种"沉浸式体验"，当然其中的工作也离不开老师们的指导。李晓艳校长认为：科学教育的常态化需要自始至终把发挥教师的主导作用看作是科学教育能够取得成效的关键，教师引导得法，孩子们就会在"做"中开启智慧的门扉，闪出创造的火花。

其二，科学教育启蒙化。

"科学教育要从娃娃抓起"，早在 20 世纪 80 年代在日内瓦举行的第 39 届国际教育会议上，全世界的教育家们就提出，进行适当的科学技术启蒙教育是世界初等教育课程改革的重要内容之一。

李晓艳在 2016 年连续发表三篇文章，集中阐释了自己的科学教育思想，无论是个性化课程，还是核心基础，都是放在小学教育的基础上，重点思考科学教育的儿童化、启蒙化问题。科学教育的启蒙化表现在能满足小学生的心理需要，能针对小学生的心理特点组织教学活动，并重在把学生暂时的兴趣逐步引向持久的兴趣，从而使他们对科学充满了好奇、充满了探究；教师不是给学生灌输知识，也不是给学生提供现成的东西，而是从学生期待达到的心理水平出发，创造条件，激发他们去探索、去发现，这才起到科学启蒙的作用。

学校组织老师们从小学一年级开始思考并实施科学教育，有经验的教师总是把课文分成几个部分，制作成相关的几张卡片，然后让学生根据卡片的内容和要求分成小组讨论，最后自己得出结论。无论家长还是教师，都注重培养孩子热爱自然、热爱科学，关心周围事物的好奇心、敏感心，让孩子在动手进行小实验、小制作，哪怕是种种花、拆散小闹钟的同时感受一下科学的神奇与博大。因为科学教育不同于知识教育，从小培养孩子爱科学的情感、态度远比知识重要，孩子生来就是知识的主动探索者，与生俱来的好奇心必将促使孩子去探索神秘的未知世界，科学启蒙的任务就在于此。

其三，科学教育资源化。

李晓艳校长充分将校内外的资源运用到科学教育中，华科附小作为一所

211 与 985 高校的附属小学,有着得天独厚的科学资源,不仅自建各类型的教育场馆,而且可以利用华中科技大学的校园环境。因此,充分利用无与伦比的大量"科学教育资源",在生活中带领孩子走进科学、艺术、历史的殿堂,是华科附小科学教育的一大特色。

重要的是,这种科学教育的资源化是面向所有学生展开的、是共享式的教育资源。学校的科学教育同样要求向所有的学生提供以实现教育机会均等的启蒙科学教育,积极消除不应有的科学教育差异,以形成面向全体学生的科学教育氛围。科学教育不是在孤立的状态中进行,学校应确保为学生提供一个利于开发智力和利于进行科学教育的大环境,社会各方应为确保学生得到他们所需要的营养、卫生保健以及一般的物质和情感支持多做努力,使学生能积极参与科学教育并从中获得教益。这是华中科技大学附属小学科学教育对象的普及性目标所要求的。

只要来过华科附小的科技馆,这座武汉市最大的校园科学中心,一定会对孩子们拥有如此先进的科学教育场所羡慕不已。位于学校撷趣园科学教育平台的科技馆,不仅以其宏伟独特的建筑风格吸引众多的参观者,而且其内部设施更为各阶层、各年龄人士提供了极为丰富的学习资源。科技馆集中了当代科学技术领域各学科经典的科学实验,这里有各种各样生动活泼、别开生面的实物展示、实验操作、图片展览、书籍画报、电影电视,孩子们可以在这里动手操作各种机器、演示各种实验,还可以选择自己所喜欢的电视节目,这些节目都是介绍科学知识的。所有的人-机互动器材、实物模型、视听节目、实物展示甚至游戏,都使得这座八百平方米的科技馆整天充满了孩子们的欢声笑语。

根据不同的科技领域,分为不同的探索空间。地球宇宙探索空间:介绍宇宙探测、卫星、运载火箭、宇宙生活等知识;生命科学探索空间:介绍气候学、生态学的知识以及有关环境的重大问题;物质科学探索空间:不论是声音的发送传播,还是海市蜃楼都是用感性直观的模型展示出来,孩子们可以亲自动手操作,从做中获得的知识怎会不理解透彻、记忆深刻呢?曾经一位学生的家长参观后不禁脱口而出："我儿子肯定愿意到这儿学，这儿多有趣，比教室里老师费劲扒拉地在黑板上又是推理又是证明来得简单得多、明白得多，也深刻得多。"

其四，科学教育素质化。

李晓艳校长不仅仅关注科学内容的引导和教育，而且特别关注在科学教育中对学生学习科学的动机、兴趣、情感、独立性、坚持性、自信心等"素质能力"的培养，将激发学生的科学情感、端正学生的科学态度、培养学生的科学兴趣和探索精神置于比单纯教给学生科学知识和科学经验更重要的地位。

一是激发少年儿童的探索精神。为学生创设丰富的科学环境，如教室里有植物标本、动物生长过程的模型图片等，"科学博物馆"里有万花筒、酒精灯、三棱镜、哈哈镜、放大镜、显微镜等科学实验仪器，学生置身于如此诱人的科学环境中，"爱科学、学科学、用科学"的童心能不"蠢蠢欲动"吗？学校图书室里装帧精美的各类科学图书和科技成果的图片资料，图文并茂，五彩缤纷，更是将学生"挑逗"得恨不得一口把这些书都"吃"进去。通过学生喜闻乐见的影视资料、爱不释手的科学玩具、新颖奇特的操作器材等不断地向学生传递大量的科学信息，帮助学生养成关注周围环境中的科学信息、注意捕捉发生在身边的新现象、新变化等良好习惯。

二是增强少年儿童的独立精神。李校长希望老师们始终注意为学生提供大量的参与科学活动的机会，通过实践活动培养学生探究科学真理的独立性。比如让孩子们亲自动手做科学游戏、科学小实验，如雨的形成的科学模拟小实验，在教师或家长指导下种植花草蔬菜、饲养小动物等。学校也注重为学生提供尽可能多的机会参与科学活动、亲自动手做做科学小实验等。教育本身不是自发的活动，而是一种有目的的活动，因此就要求我们的教师要有意识地从这些活动中发掘教育因子，跳出"知识传播"的框框，更加注重通过科学教育激发学生爱科学的情感和态度，激发学生学科学的积极性与独立自主性，以强化学生的科学意识和观念。班级里还经常组织"小小科学新闻发布会""小博士讲科学"等专题活动，不仅有助于培养学生"相信科学、崇尚科学、尊重科学、热爱科学"的科学意识和观念，而且让孩子们在分享科学发现的同时增强自信心。

三是培养少年儿童的治学精神。有人曾经跟踪研究过世界著名科学家的成长历程，在这些伟大的科学家记忆里，孩童时代养成的对科学的浓厚兴趣，不畏创新、敢于探索的勇气，还有对世间万物追根问底的不懈追索、敏锐的观察力、顽强的意志力等都使得他们受益终身。通过对历史上科学家故事的了解与学习，如爱迪生、牛顿、祖冲之、陈景润等科学家的求知历程，让学生知晓科学之路的严谨认真、坚韧不拔的精神，结合孩子们独立的科学体验，将科学精神不断内化，形成影响孩子们一生的治学精神。

其五，科学教育能力化。

李晓艳校长认为，科学教育的落脚点是形成少年儿童的科学能力。老师们在华科附小为科学教育所做的一切，对象的普及性、目标的时代性也好，内容的综合性、途径的社会性也罢，都是以激发、培养学生的动手能力和创造性思维能力为主线贯穿其中的。其中动手能力是现代人才的基础能力，因此小学科学教育的根本出发点和着眼点就在于从学生的兴趣爱好出发，开展多种多样、充满生机与活力的科学教育活动，为学生提供充分的发展其动手能力的机会，促进其个性全面、健康而和谐地发展。在学校的课堂里、教师的讲解中，是很少见到结论性的讲述，往往以探究性的叙述代替结论性的解释，很少用唯一的答案来限制学生的发散思维，而是鼓励学生自己去寻找尽可能多的路径，去探索尽可能多的答案。他们认为，动手能力只有在操作活动中才能得到真正的培养和发展，因此特别强调让孩子们亲自动手做实验，从操作探究中获取知识和体会学习科学的无穷乐趣，强调学生用手去"做"科学，而不是用耳去"听"科学，也不是用眼去"看"科学。只有从手脑并用中获得科学知识和技能、感受科学精神和价值观念，才能真正做到心灵手巧。从科学课堂就能明显发现教师们对实验、操作、手工制作的"情有独钟",体现出教师对培养学生动手能力的重视。

实践"科学+人文"有机融合的特色课程

李晓艳校长在开展科学教育的基础上,通过对多年来教育经验的总结,提出了"培养未来科学家"的教育理念:主张培养学生像科学家一样热爱祖国,像科学家一样学习知识,像科学家一样探索世界,像科学家一样勇于创新。

正是在培养"未来科学家"的教育理念推动下,李校长团队设计了"未来科学家"应该具备的素养结构。通过精心规划,他们从科学家精神、问题意识、批判性思维、探究能力、问题解决能力、创新能力等维度,具体设计"未来科学家"应具备的素养表现,并有机融入各门国家课程和学校特色课程。最终通过聚类分析和专家咨询的方法,选出了最能代表"未来科学家"素养的内容,将之构建为"价值观念""必备品格""关键能力"三位一体的结构,其中"价值观念"包括爱家国、追梦想、甘奉献、勇担当;"必备品格"包括养兴趣、求真实、勤审辩、乐合作;"关键能力"包括广实践、善创新、会探究、活运用。

为了配套落实培养"未来科学家"理念的 3 类 12 项素养目标,李校长团队在理念目标与学生素养提升之间用课程建设搭建了桥梁,并关注课程建设在科学与人文相融合上的特色显现。

一是课程建设重视科学与人文的有机融合。

在充分落实国家课程育人目标的基础上,对照培养"未来科学家"的课程目标设定,遵循全面发展的育人原则,李校长团队在课程内容开发中重视人文对科学的滋养作用,在学校已有活动类课程的基础上,通过自上而下、自下而上相结合地筛选、重构,设计了"科学+"五类 75 门选修课程和36门社团课程，即科学+文化、科学+创新、科学+艺术、科学+健康、科学+实践。五大类课程的开发从内容上看是学校对"科学+人文"的五个不同维度的划分，从目标落实上看，又都是围绕实现学生的科学价值观念、必备品格、关键能力的培养。希望通过科学与人文的有机融合，为学生的未来科学家素养发展助力。

二是课程建设重视学习与创新的有机融合。

以"科学+创新"课程为例，李校长团队充分发挥学科、学段融合育人功能，用项目化学习的方式解决生活中的问题，直指学生的"追梦想""求真实""善创新"素养。如低段的"小小建筑师"，中高段的"我是发明家"，全学段参与的"环保创意制作"等。在融合课程项目化学习中，不仅锻炼了学生在生活中解决问题的能力，更突出的是提升了学生工程技术创新的能力。如五年级下学期进行的"再次营救"项目学习，在持续五周的时间里，学生们自己组织在一起，通过反复修订，不仅完成了可以进行救援行动并能随时组装、驾驶和拆卸的小车，而且以科学剧表演的形式向全班全年级甚至全校展示。学生在融合课程项目化学习活动中，既锻炼了问题解决的探究能力，又增强了工程技术的创新能力。

三是课程建设重视动手与动脑的有机融合。

李校长团队利用"科学+实践"课程强化实践育人功能，用探究实践的方式展开科学小课题研究、创新挑战、大学实验室实践，提升学生的"甘奉献""勤审辩""乐探究"的素养。在小课题研究课程中，通过每年发布的大主题，引导学生在大主题下自主选择具体的研究题目开展科学探究。当研究报告完成时，学校鼓励学生动手将研究成果制作成艺术的展板在全校展示，并征集有意愿的学生将研究成果制作成精美的PPT进入全校各班进行宣讲。为了将动手与动脑相融合的课程项目向校外资源延伸，学校还开展了"科学家培养未来科学家"的小课题研究课程。如华中科技大学生命科学院教授沈韫芬院士将自己课题研究《煤炉烟气的污染与治理》项目中的一部分拿到学校指导学生进行研究，这一研究的成果在全国中小学生物百项活动评比中获二等奖。原中国科学院武汉植物研究所钟扬所长指导学校学生开展《喻家山地区地被植物调查》活动获得市一等奖，为华中科技大学地被植物种植选择提供了有力的科学依据。

四是课程建设重视科学与思政的有机融合。

浇花浇根，育人育心。小学时代，学生们稚气未脱，天真烂漫，对世界充满好奇和幻想，可塑性极强。李晓艳校长认为将"爱国家""追梦想""甘奉献""勇担当"的价值观念融入科学课程，能够帮助学生建立健康向上的学习和生活方式，让他们建立正确的价值观与世界观。那么，将思政教育融入科学课堂，教师如何才能讲得入脑入心？如何才能讲到学生的心坎上呢？

例如在数学课堂中，附小教师谈到我国古代数学流传下来了大量的数学图书，比如《九章算术》《孙子算经》《缀术》等。他们在日常的教学中，充分发挥自己的教学智慧，将数学历史文化恰当地融入课程内容中。比如在《九章算术》的注文中，运用庄子的"一尺之极，日取其半，万世不竭"的无限分割思想，提出用增加圆内接正多边形的边数来逼近圆，并以此求取圆周率的方法，增强学生对于中国古代优秀文化的认同感。

五是课程建设重视协同与互动的有机融合。

为落实培养"未来科学家"的目标，李晓艳校长除了在校内从课程开发与实施上动脑筋，还在校外资源利用上想办法。依托华中科技大学优越的科学研究资源和丰富的科学家资源，她主动与华科各院系及相关实验室建立联系，签署专项协议，建立起大学与小学互动协同育人的长效机制。一方面，院士、科学家走进校园，利用开学典礼、国旗下讲话等重要场合，给学生分享他们自己科技报国的故事；利用每学期两次的家长进课堂，邀请科学家家长进课堂,分享科学的神奇和魅力;利用科技节邀请科学家参与学生小课题研究的指导和成果发布的点评活动。借助与科学家多场合深度互动,将立志成为科学家的种子播撒在学生心田,从小树立学生们科技强国的志向,激发学生们探索科学奥秘的兴趣。

另一方面,小学生走进大学实验室,走进科学家研究的工作环境,并参与大学的实验研究。学生在科学家的指导下进行实践体验,在与科学智力资源的直接交往中开拓视野、增强能力、树立信心。在学生不断走进大学各个不同实验室的过程中,能够让"科学家""科学研究""科技创新"作为一种固化形象深植于学生内心。

实施全学科的"对话教学"方法

顾名思义,"全学科"指的是将"对话教学"方法覆盖到小学阶段的每一个学科课程,而"对话教学"的着力点是变教师的"一言堂"为师生对话,变学生的"乖巧听话"为多元对话。从 2021 年起,李晓艳校长就提出了"对话教学"的改革方向。这种建立在"安全、合作、批判"原则上的对话教学模式是变革传统教学,达成有效学习的重要方式。其一,是让学生在安全的气氛中开展自主学习,与自我对话,敢于表达自己的初级认知;其二,是在合作的氛围中开展合作学习,与他人对话,善于用开放的态度修订自己的初级认知;其三,是在批判精神的熏陶下,与真实的世界对话,能够用反思的能力修订自己的二次认知,最终实现知识和能力的有效提升。

围绕这"三大原则",李校长团队又自主开发了五种指向批判思维、探究能力和创造性解决问题能力的对话教学方式,促进了不同学科在教学方式上的融合,形成了培养"未来科学家"素养的教育合力。

指向学生批判思维能力的全学科对话教学。以"认知修订"的对话教学为例,语文课上学习"比喻"的概念,虽然小学生还不必使用准确的术语来描述比喻,但经历了三次修订后,能运用比较、分析和判断等批判性思维的方法反思对比喻的认知。"认知修订"类对话教学广泛运用于所有学科，特别是像语文、数学、道德与法治这样需要大量概念认知实践的学科。学生在持续修订的过程中，养成了反思的思维习惯。

指向学生探究能力的全学科对话教学。在李校长团队推动下，华科附小所有的对话教学方式都包含"做中学""用中学"或"创中学"的环节，在动手动脑中提升学生的探究能力。以"问题解决"的对话教学为例，在体育课的篮球教学中，教师首先让学生尝试用不同方案解决控球不稳的问题；然后让学生分析控球能力与手指、手掌力量变化的关系，总结出最佳控球手法；最后让学生反思自己的拍球习惯和拍球方式，体会到拍球手法和控球能力之间的对应关系。教师带领学生在问题的解决过程中，有机地融入了探究能力的培养。

指向学生创造性解决问题能力的全学科对话教学。在对话教学中，强调学生通过独立思考与合作探究找出答案，并要求教师"悬置答案""延迟评价"，以此促进学生创造性解决问题能力的提升。学校通过聚焦科学素养培养来变革传统教学，建立了指向批判思维、探究能力和创造性解决问题能力的对话教学方式，注重提高学生分析、综合、判断等高阶思维能力，保障了未来科学家素养的培养在课程实施中落地。

"培养未来科学家"的丰硕成果

经过长达十几年的实施与实践，李晓艳校长提出的"培养未来科学家"教育理念已经基本付诸实践，课程开发已逐步走上正轨，培养效果已初步显现。

学生素养显著提升。日渐完善的未来科学家培养课程，促进了学生"爱国勇担、趣学慎思、笃行善创"的提升。学生个性与主体意识获得多元发展、协同共进，促进了高阶思维能力与创新能力的提升。学生积极参加科学活动，每学年参与小课题研究300余人、自由研究约400项，参与各级科技创新类比赛 200 余人，并取得显著成绩：詹同学发明的"智能家用分类垃圾桶"荣获第 73 届德国纽伦堡国际发明展金奖；OM 代表队在第 40 届世界头脑奥林匹克创新大赛总决赛中获得世界冠军；少年科学院成员肖同学 2018 年被西安交通大学少年班录取；以冯同学和罗同学等为代表的一大批优秀毕业生已成长为国家级青年拔尖人才。二十年来，学生在各级各类比赛中获奖 2500 多人次，其中省级以上科技类荣誉 717 项。

育人机制日臻完善。学校建立了与社区（大学）互动协同育人长效机制，大学和科技园 58 个实验室全部对我校学生开放，二十年间学生近 7 万人次走进大学各类实验室。杨叔子、李培根、丁烈云、李元元、邵新宇等 16 位院士先后走进学校，和学生分享自己科技报国的故事。学校开发了 222 项科学家家长专题课程，每年 80 位科学家家长走进班级，通过"大手牵小手"的方式为同学们分享科学奥秘，指导学生进行小课题研究。每年科技节小课题发布会，大学的科学家还共同参与了学生研究成果的发布，学校在借助科学家培养未来科学家方面搭建了一座关爱与成长的桥梁。

课程建设成果突出。李晓艳校长"基于对话的课堂文化的实践研究"项目获批国家级课题 2 项，省级课题 4 项，市级课题 1 项；开设"科学+"5 类选修课程 75 门和社团课程 36 门；出版《响应儿童的学程》《玩科学》《小学批判性思维教程》等专著 17 本；《面向未来科学家培养的小学个性化课程体系 20 年探索与实践》成果参加首届湖北省优秀基础教育教学成果评比，获得特等奖。学校被评为武汉市科普特色学校、国际生态绿旗荣誉学校、全国青少年科学调查体验活动优秀实施单位。

武汉市神龙小学教育集团总校长　韩　瑾

"适性教育"的探索与实践

【人物简介】韩瑾，特级教师。现任武汉市经济技术开发区神龙小学教育集团总校长兼党总支书记。曾获全国写字教学优秀校长、湖北省优秀教师、武汉市"五一劳动奖章"、武汉市"三八"红旗手、武汉市优秀校长、武汉市学科带头人、武汉市教育战线先进党员、武汉市中小学实施素质教育先进个人等荣誉称号。任校长十八年来，带领着全校师生将学校打造成新型省市名校，创建的"适性教育"初见成效和影响。逐渐形成了完整的并具有一定影响力的"适性教育"体系，撰写的专著《适性为美》出版并再版，主编《适性而为》，《小学"适性教育"育人模式探索与实践》荣获2022年湖北省优秀基础教育教学成果一等奖。

上下求索的从教生涯

1999年，大学刚毕业的韩瑾来到当时还是神龙汽车公司子弟学校的神龙小学任英语教师。年仅21岁的她是当时学校最为年轻的教师之一，为快速成长，她认真备好、上好每一堂课，求知若渴地积累教育教学经验；功夫不负有心人，2006年，她荣获武汉市优质课竞赛一等奖，成为开发区本土培养的教师获得市级一等奖的先例。随后她又开始寻求新的专业发展路径。当时国内刚刚兴起信息化，她敏锐地嗅到未来教育智能化发展的方向，积极参与了湖北省和全国英语与信息技术整合课大赛，取得优异成绩。功夫不负有心人，由此她获评湖北省英语学科优秀教师。

专业发展是基础,对教育的热爱也促使她始终在行政管理岗位上磨炼,用自己的行动诠释一名教育者的使命和担当。

2005年,韩瑾作为开发区的优秀教师被派遣到华东师范大学参加了为期一个月的学科教学培训。培训中,她目睹了众多教育前沿的专家和优秀同仁的风采,发现他们有一个共同的特点就是始终秉持着对教育炽热的爱,于是她便更加笃定了自己教书育人的人生追求。与此同时,开发区教育局向她抛来了橄榄枝,希望她能到教育局担任部门负责人的职务。也许在一般人眼中,这可能是一个千载难逢的机会,但是她却拒绝了这个机会。

坚守教育初心的她在教育一线践行了多年。2007年,年仅29岁的韩瑾通过民主选举被提拔为神龙小学校长。2008年,韩瑾引进武汉市教育科学研究院的专家团队入校,在区教育局的支持下签订了《"神龙小学品牌发展"战略合作意向书》。专家团队以"贴近式系统策划"和"田园式深耕指导",为学校量身定做了"挖掘特色内涵—建构学校文化—创建教育品牌"的三年发展规划。随后学校创新性改革行政机构,建立了学生成长中心、课程管理中心、教师发展中心、信息资源中心、行政服务中心"五大"中心管理模式,架设了数字校园管理和数字教学资源两大平台。在她的带领下,神龙小学从一所名不见经传的远城小学逆袭为全市闻名的优质小学。

韩瑾始终坚信,办好教育就必须要走出去,不断学习、拓宽视野。2010年她参加了在北京师范大学举办的全国校长高级研修班,汲取了教育大家、同行精英的教育理论和教育实践经验,思想上受到重大启发,确立重新设计学校课程与教学的想法,构想了在神龙小学开展"适性教育"的雏形框架。

回校后,韩瑾带领学校教师团队以《小学"适性教育"学校课程实践形态研究》为题成功申报市级重点课题,从课程观念、培养目标、课程结构形态、课程实施过程、课程资源开发、课程管理与评价机制六大方面进行深入研究,探寻适性课程的理论基础、建构方式和行为文化。她带领学校智慧教师团队开始课程教学改革,首创全国小学自主选择的走班制社团课程,首创全省首个教育协商委员会,建立小学录播课堂,编制《汽车文化》校本课程

（省级特等奖），并逐步开展国家课程校本化的教研举措。

2011 年，学校改革后的新面貌引来了武汉市教育局组织的 200 多名专家、领导、教育同行的现场审视，并获得高度赞誉，中央电视台、《中国教育报》《长江日报》《湖北教育》等多家媒体争相报道。之后学校陆续接待了来自香港、新疆、黑龙江、广州等地千余人次的参访学习。她被推荐到国家教育行政学院讲学，并录制了"神龙小学课程品牌建设之路"的宣讲视频，该宣讲视频成为全国中小学校长线上培训的选修课程，武汉市中小学校长线上培训的必修课程。

2012 年，神龙小学正式提出"适性教育"的学校教育理念后，面临"怎么解读、怎么完善以及如何回归到国家课程"的理论难题。韩瑾带领学校教师团队攻坚克难，经过 3 年的努力，撰写的专著《适性为美》出版并再版，主编《适性而为》，初步解决了"适性教育"的理论困境。但她和神龙小学并未停止脚步，为提高办学质量和办学特色充分为师生发展赋能，她继续带领学校以中国教育学会教育科研规划课题《神龙小学车育文化体系的构建研究》、省级重点课题《小学"适性教育"视域中教育质量校本管理策略研究》、市级重点课题《小学"适性教育"理念下的教育质量综合评价研究》为抓手，进行办学特色、质量管理和综合评价研究。并与武汉大学教育科学研究院专家共研，逐步优化"适性教育"理论体系。"适性教育"思想在全国的影响力逐渐扩大，其办学经验被列为国家教育行政学院推广实例；学校多次被中央电视台、《中国教育报》等媒体报道；20 多个省市、地区的教育同仁陆续到校参访学习。学校被授予全国综合实践先进实验学校、全国小学教材实验学校、湖北省依法治校示范学校、武汉市有效德育先进单位、武汉市高效课堂先进单位等荣誉称号，学校研发的校本课程《汽车文化》荣获湖北省特等奖。

2017 年，区教育局为了拓展品牌，神龙小学发展为教育集团，着力筹建一所集团新校——湖畔校区。为与新建校区分开来，神龙小学改称为宁康校区。由宁康校区引领湖畔校区和军山小学共同开启集团化办学发展道路。

经过五年的发展，三所学校以"适性"为理念核心，努力打造根植校区特色的理念文化系统，已呈现"花开三朵，瓣瓣不同，却瓣瓣同心"的美好愿景。宁康校区作为牵头校，帮扶区内农村学校军山小学成为武汉市现代化学校，新建校湖畔小学成为湖北省智慧校园百强校。办学成果推广到省内外，如湖北省荆州市枣林小学、云南省曲靖经开区朝阳小学、广东省清远市清新区第四小学等联盟校，分别在课程建设、质量评测体系、教师培养、学生综合评价等以质变的成效赢得当地办学名气。并与英国塔尔伯特西斯小学、美国华盛顿小学等10余所学校结成友好学校，绵延"适性教育"影响力。韩瑾校长也多次受邀赴北京、上海、大连、河南、合肥等地作"适性育人"经验分享。《中国教师报》也邀约韩瑾校长在第十二届中国名校长高峰论坛上作主题报告。学校每年接待来自全国各地的参访者逾千人次。

"适性教育"育人生态圈的形成，充分验证了"适性教育"育人模式建构的成效和可持续发展力。2019年12月，《"适性教育"理论建构与实践创新》获得武汉市首届基础教育教学成果一等奖。2021年，认知智能国家重点实验室专家团队进驻学校，学校深入推进智慧教育实践，对教育数字化转型新环境下的智慧教育实施多轮智慧课堂教学实验，解决学生精准化、个性化学习的问题，并将持续合作研究。

构建"适性教育"的理念体系

在中国，"适性教育"最早可以追溯到孔子的"因材施教"。宋代的朱熹在对《论语》中的上述语段进行注解时，把其总结归纳为"孔子教人，各因其材"，这便是今天我们常说的"因材施教"一词的直接由来。《中庸》开篇曰："天命之谓性，率性之谓道，修道之谓教。"其意思是说：人的自然禀赋叫作"性"，顺着本性行事叫作"道"，按照"道"的原则修养叫作"教"。这里的"教"不是宗教，而是"教化"，是促进"高级动物的人"发展到"具有智慧的人"的活动形式，也就是今天我们所说的"教育"。所谓"道"，便是中国哲学所认为的"客观运动规律，即真理"。也就是说，教育的客观规律就是要适应人的天赋本性。可见，真正的教育之道在于"适性而教"。

"适性教育"在西方大约可以追溯到十七世纪。捷克的一位卓越教育家夸美纽斯，较早提出"教育适应自然"的论述，并作为他整个教育思想体系中的核心思想。夸美纽斯主张研究自然规律并按照自然规律办教育，提出适应自然、遵循自然特性的教育理念。他认为，教育应该在各个方面与自然相适应。这里的"自然"包含两方面的含义：一是自然界及其普遍法则，二是人与生俱来的天赋秉性。

结合中西方教育哲学中相关思想，神龙小学紧紧围绕素质教育的价值理念，不断推动"适性教育"理念的落地，经过五年多的实践探索，最终建构了较为完善的"适性教育"的理论与实践框架。

通过分析理论与联系实践，神龙小学把"适性教育"界定为"适合学生个性发展的教育"。其基本内涵为：一是强调教育要适合学生的个性特征；二是教育要促进每个学生的个性发展。

适性教育既是一种教育思想理念，也是一种教育实践活动；是一种顺应儿童的天性，适合学生的个性，启发个体的灵性，有目的、有计划、有策略、科学有效地促进每个学生都得到合适的个性化发展的活动。

立足于"适性教育"理念，神龙小学对学校教育生态进行系统性的整体变革，重塑学校教育观、学校教育文化、教育内容结构。

（一）形塑"适性教育"的价值理念

教育价值观是人们对于学校教育中各项主要的客观事物(包括学生、教师、德育、课程、教学、管理、环境等)的基本认识和价值判断，是学校开展各项教育教学活动的认识基础。神龙小学基于"适性教育"理念，重新认识学校教育教学的学生观、教师观和家长观。

"适性教育"的学生观。 学生观，是教育工作者对自己的教育对象——

学生的身心特点、发展潜能、素质目标及评价标准等问题的看法和观点。怎样看待学生，把学生看成什么样的人，对学生采取什么态度，是实施"适性教育"所面临的重要理论和实践问题。"一切为了每一位学生的个性发展"是"适性教育"的根本宗旨和核心理念。

第一，学生是发展的人。"适性教育"中，每个学生的身心是不断发展变化的，学生的身心发展是有规律的。学生具有巨大的发展潜能。学生是处于发展过程中的人。第二，学生是独特的人。每个学生都是完整的人。每个学生都有自身的独特性。学生与成人之间存在着巨大的差异。第三，学生是具有独立意义的人。每个学生都是独立的个体，不以教师的意志为转移的客观存在，不可以由教师任意捏塑。每个学生都是学习的主体，并且是同时享有权责的主体。

"适性教育" 的教师观。新时期教师的基本任务不仅仅是教给学生知识，更重要的是要教会学生学习，即从"授之以鱼"变成"授之以渔"。教师应"自知其无知"，以苏格拉底的"产婆"自居，使自己在教育教学中起到一个启发诱导的作用；应充分发挥"平等中的首席"，积极创设自由、安全、和谐、平等、相互尊重的民主气氛，以发挥学生在教学活动中的主体性；应重视与学生对话、沟通和理解，以便了解学生，贯彻因材施教原则，最终发展学生健全的个性、丰富的想象力和多元智能。

首先，教师应充分尊重学生。教师既要尊重所有学生都共有的"儿童特性"，也要尊重每个学生的独立个性。其次，教师应深入研究学生。如果说同一年龄段的学生的共同特点比较容易把握的话，那么研究如何发展每一个学生的不同才体现了"适性教育"的实践性。最后，教师应多元化发展学生。立足不同学生的多样化需求与个性，推动教育多元化发展学生。

另外，新时期教师的任务还包括教育教学以外的任务，如加强与社区、家长和同事的联系与交流，为学生和家长提供辅导和咨询、参与学生的余暇活动等。在整个教育进程中，教师应参照学生个别差异现象，不断提供符合其发展阶段的教育情境；应适时给予学生各种发展机会，使每个学生的潜能得以发挥,让学生在学习活动中获得成功的满足,以增强学生自信心,增进学生继续学习的兴趣,推动学生谋求自我的充分发展。

"适性教育"的家长观。家长在"适性教育"中具有特别重要的地位和作用。从某种意义上讲,家庭教育虽然可以做到个性化教育,但不一定能做得到"适性教育"。好的家庭教育,必定是优质的"适性教育"。对于家长来说,开展"适性教育"应具备以下素质:其一,家长积极发挥表率作用,建立和维护各有特色的家风;其二,家长充分承担陪伴与教育的责任,具备良好的沟通与协调能力,给孩子安全、和谐的成长环境;其三,家长要善于发现和引导孩子的兴趣、爱好与个性,积极鼓励孩子参与学校和社会的各种活动,多多接触和了解大自然。

(二)建构"适性教育"的文化体系

勾画集团统一的适性文化底色。秉承着"适性育人 悦然天成"的集团校训,培养"身心健美 个性灵动"的师生,努力达成"做有影响力的适性教育"办学目标。以"适性教育"的科学理念和方式教育人,其最高境界是"悦然天成",即教育的过程让教育者和受教育者都喜悦欣然,教育的成果自然而然,犹如天生成就。

为此,要形成"教学相长 个性相悦"的校风。即校园里的教学是互相滋长的,它没有明确的教与学的界定,即教师和学生的生命是互相融合、共同生长的。其最高境界是"个性相悦",即师生既能保有自己的个性,又懂得如何相处、相互欣赏着生长。塑造一种"适性而学 童趣为妙"的学风。让学生以"适性"的方式学习,形成"身·心、知·行、智·性"统一而协调的综合素质发展,既拥有独一无二的天真童年,又有趣味无限、妙不可言的学习体验。

随着集团拓展到三个校区,根据校区特色,在"适性教育"的文化底色上,韩校长也帮各校建立了独具特色的文化特色。宁康校区彰显"车育文化",即打造"因车见文、以文化人、以车育人"的特色文化,确立了

"适志笃行　驰骋未来"的办学理念。湖畔校区建构"融慧文化"特色，确立了"智绘童年　适然生长"的办学理念，打造"技术融合、家校融情、课程融智、成长融慧"的教育大生态。军山小学充分发挥背靠大军山的地理特征和山水怡情的教育优势，确立了"怡情教育"的办学品牌和特色文化，以"情润童年　怡养人生"的办学理念，努力把学校办成"怡情养德的家园、启智明理的学园、个性发展的乐园"。

打造家校社协同育人的文化氛围。学校以政府为主导，以家校社企为主体，成立省内首个教育协商委员会，创新家校社企协同共育方式，提升家校共育质量。制订《教育协商委员会章程》，以五章十八条达成管理公约。由学校、家委、企业社区、教育专家、心理专家、法律顾问等11人组成常务委员，具有参与学校重大事项决策、管理工作监管、教育教学评优、年度计划审议、教育学术研讨五大权利，同时具有协助学校开展各项活动、传达工作精神、改善办学条件、宣传办学成效、开发教育资源五大义务。

教育协商委员会主导成立教育共同体、各类义工团、家长学校等组织协力为学校的管理发展建言献策、监督评价。共同体成员适时适度参与商讨学校规划、制定年度计划、进行管理决策等；进课堂讲授汽车设计制造、传统文化解读、旅行摄影、厨艺等专题教育课程；为学生搭建了企业参观、社会实践、自然研学等成长平台。各类义工团一方面组织开展包括交通协管、课后服务、暑期托管、扶贫助弱等方面的公益活动拓宽学生视野，一方面为教师教育教学、班级文化、学校大型活动做志愿服务。家长学校定期举办家长开放日和专题讲坛，提供亲子沟通、家庭教育、生涯规划等方面的知识和技术指导，形成良好的立体育人环境。

凝练"极致为美"的教师进修文化。要培养一支具有"适性而教　极致为美"教风的教师队伍，以"适性"的方式施教，既秉承"适性为美"的教育理想，又追求教育专业极致的工匠精神。我们围绕教师专业设计、教学能力和教育素养三个核心能量因子，以课题研究，引领教师专业设计；以校本教研，提升教师教学能力；以校本培训，提升教师教育素养来进行适性研修。

专业设计是教师对自身职业规划的设计，也是对教育教学情境的再建构。本着尊重自愿、共生发展的原则，学校要求新手教师与导师共同商议三年职业发展规划，鼓励成熟教师和明星教师自主撰写五年生涯发展规划，以认清自己，厘清未来发展方向。

教师们以"三研一体"（研学、研课、研教）模式，打破时空的界限，形成教育教学的研究常态；以"课堂观察"范式，在定制课例观察量表、定点观察学习行为、定量与定性分析相结合的研究氛围中实现教师教育教学能力的二次建构；以专题课例研讨的方式，研究重点课题，解决教学难题，提升科研能力。此外，参与异校教学体验或以"专递课堂、名师课堂、名校课堂"开启网络环境下的"三课堂"，输出适性课堂的教学真谛，也是教师校本教研的外化路径。

以"双智"（睿智专家、智慧教师）讲坛为主轴，涵盖教学前沿、名家眼界、管理撷英、常识经纬等内容，让教师领略专家智慧，让智慧教师成为专家。学校不断开展菜单式"智慧教师讲坛"的创新改革，以学校搜集教师培训需求订单和广泛征集教师申报培训课题为双向路径，以"集中培训+专题微训"及"必修课程+选修课程"的积分形式，将讲授内容从实操性的教育技能技巧拓展到身体素质、生活素养，全方位提升教师的教育素养，提高教师职业幸福感。除校内培训外，学校还设立"特许培训"，鼓励教师参加校外各级跨界研修。

（三）搭建"适性教育"的育人体系

根据"适性教育"的内涵与价值导向，神龙小学教育集团积极推动"适性教育"的落地，在总体规划上搭建了"适性教育"的系统性育人模式，涵盖学生发展、教师进修、教育评价、教育支持等具体实践层面的设计和创新实践。

2007 年以来，学校以适性教育为价值理念，不断探索适性教育实施路径，开展面向教育现代化的小学"适性教育"育人实践。发挥政府主导作用，以家校社企协同共育机制、智慧校园适性育人环境、多校一体教联管理体制为支撑；以"三位一体"校本课程体系为载体；以"五适"教学模式为抓手；以"神气小龙人"综合评价指标体系为导向，借助智能技术开展全要素全过程评价，实现评价结果全场景全方位反馈应用，形成独具特色的小学"适性教育"现代化育人模式，促进学生"身·心、知·行、智·性"的全面发展，实现"身心健美　个性灵动"育人目标。

"适性自主"的个性化培养模式。

为了推动学生"适性自主"发展，神龙小学从课程开发和课堂设计两个方面发力，构建"适性自主"的学生个性化培养模式，多方位保障学生的自由自主的个性发展，提高学生的综合素质，实现"适性教育"的基本目标。

一方面，神龙小学围绕办学理念和培养目标，依托国家课程和地方课程，开发集德育特色课程、个性发展课程、创新实践课程于一体的校本课程体系，以满足学生全面优质发展和个性化培养需求。

德育特色课程形成校级主题课程、年级实践课程、班级品牌课程序列，开展不同场景的德育，组织家长与学生共同进行项目式学习，落实立德树人培养目标，促进学生形成良好习惯、优秀品格和正确价值观。其中，校级主题课程包含小龙人的大世界、红色印记、龙宝新生训练营、毕业启航、锋尚行动等，年级实践课程包含研学实践、社区志愿服务、爱心义卖等，班级品牌课程包含国际班会、独轮车班、"三生"教育、阳光悦心等。

个性发展课程涵盖人文素养、科学博物、运动健康、艺术审美、劳动实践五大类型。人文素养课程包含中国故事秀、龙宝讲坛、小小外交家等课程；科学博物课程包含蝴蝶生态哲学课程、机器人总动员、小龙人造物记、3D 新视界、龙宝航模等课程；运动健康课程包含网坛新星、足球先锋、国球能手、羽坛健将、冰上曲棍球等课程；艺术审美课程包含龙宝爱乐、舞动中国、小龙人音之韵、陶艺空间、跃然纸上等课程；劳动实践课程包含一米阳光种植、舌尖上的美食、居家小能手等课程。实施"全员走班制"教学组织形式，满足学生多样化选择和个性化需求。

创新实践课程具体分为学科拓展课程和车育创客课程。学科拓展课程以培养学生学科核心素养为主要目标，语文学科包含童诗、绘本、民国老课本、唐代文人、浅显文言文等微课；数学学科将十大核心素养融合到数学游戏、解决问题等专题拓展中；英语、科学等学科融合 VR 等技术。车育创客课程不断迭代升级，现已融合全息投影、MR 实践、VR 设计、VEX 机器人、SCRATCH 编程等前沿技术，关联汽车设计、构造、原理、环保、品牌等要素与中小学的各类学科知识，让汽车与教育、体验与创造完美结合。此外，学校自主开发了与课程体系相适应的《汽车文化》《蝴蝶生态》等特色校本教材，助力校本课程的实施。

另一方面，神龙小学以名特优教师为核心成立专项小组，打造"适性教育"理念下的"五适"教学模式，被评为武汉"十佳"教学模式。神龙小学坚持以"学生为中心"，强调教学目标适合学生个体差异，教学资源适合学生认知水平，教学方式适合学生年龄特征，教学评价适合学生发展状况。在长期教学实践中不断升级教学模式，确保教学模式与时俱进，适合教育现代化背景下的个性化教学需求，实现精准教学，全面提升学习效率。

"五适"教学模式将培养学生的自然迁移、自觉参与、自主学习、自由表达和自我提升的能力作为教学目标；包含"适切情境、适宜任务、适当方式、适时反馈、适度拓展"五大基本要素；涵盖"情境启思、自主研学、协作探究、学情反馈、拓展提升"五个教学环节；借助电子白板、平板等硬件教学工具，融入智慧教学工具；采取因材施教、情境教学、支架式教学等"教"的策略和自我导向学习、个性化学习、探究式学习等"学"的策略；实施教学前诊断性评价、教学中过程性评价和教学后终结性评价，提升教师精准教学能力，促进学生个性化学习。

"融合共育"的教育支持体系。

首先，打造开放多元的教育资源。学校建设优质数据库，整合校内外优质数字资源，打通市、区、校三级数据平台，让名师微课、专家报告、教学课例、电子图书等融合互通，形成了共建共享的教育资源大生态，让线上、线下、虚实结合的学习成为现实，促进智慧教育环境、教育资源、教育方法等环节协同运作。

其次，推动教育环境共享共育。学校以智慧平台整合教育大生态。围绕"教、学、管、评、服"五条核心业务主线，以"智慧"服务学校教育教学，建成集管理与展示为一体的大数据监测中心——"神龙小学数据大脑"。以学校本地数据仓为核心，构建"学生"和"教师"两种数字画像模型，搭建智慧教学、智慧管理、智慧服务平台，精准服务学生、教师、家长、学校。

再次，实现教育技术融合创新。通过智能技术汇聚大数据，学校搭建了学生从入校到离校的学习生活全场景数据采集系统(适性生态2.0)，构建以学习者为中心的自定义、自适应、智慧化学生评价体系，通过大数据开展差异化分析、自主性学习和个性化成长，实现人机协同、数据驱动的"适性教育"现代新样态。

最后，通过智慧校园拓展学习时空。在原有的创建成果的基础上，学校积极响应武汉市"星级"智慧校园创建工作，坚持信息技术与教育教学深度融合，坚持应用驱动和机制创新，搭建了多场域全场景智能化的智慧校园，完成了学校智慧教学环境、校本资源数据库、学生全场景数据采集系统和大数据监测中心的整体建构，助力学生实现优质高效学习。学校积极推进智慧教学环境建设，建设智慧教室、智慧美育教室、人工智能教室等现代化的教学场所，配备智能手环、电子班牌、教学平板等智能设备。建成汇集名师微课、专家报告、教学课例、电子图书等多种优质资源的校本资源数据库。围绕"教、学、管、评、服"五条核心业务主线，融入大数据、人工智能等技术，搭建覆盖学生学习生活全场景(如无感知考勤、智能安防、智慧教学、智慧体育等智能系统等)的数据采集系统。建立了集管理与展示为一体的大数据监测中心，实现了学校管理、教学、教研的智慧化，为学生线上线下学习活动提供支持，拓展学生的学习空间。

"智慧多元"的教育评价机制。

学生评价是连接育人方式和育人目标的纽带。学校建立"智慧多元"的教育评价机制，以适性评价迭代对育人标准进行持续性探索，以学生综合评价促进学生全面发展。

一方面，学校研制了包含"身·心、知·行、智·性"三大维度的"神气小龙人"学生综合评价指标体系。该评价指标体系由学校管理者、各学科教师代表以及家委组织群体的专项研究小组共同建立，以强调尊重儿童差异性、发展儿童个性、培养儿童社会适应性的适性教育理念为指导，以培养东方神韵、领袖气质的小小龙的传人为目标，关注学生身心、品德、知识、实践、个性等多方面发展。学生综合评价实施全过程纵向评价，从学生入校起始年级到毕业年级，设置了不同主题的评价内容，如行规养成、自我管理、学业素养等。开展个人、小组、老师、家长等多主体评价，并实施班级、年级、校级逐级评价。

另一方面，学校建立智能评价模型，为学生展开智慧评价。学校基于数据监测大平台，采集学生从入校到离校的全过程日常行为数据，构建伴随性的学生成长数据采集系统，追踪记录学生成长数据。通过数据检测大平台实现智能分析和实时反馈，为每位师生绘制数字画像，建立学生五育成长数字档案和教师专业发展数字档案，并转化为多学科、多维度的学校综合评价报告。基于师生数字画像，实现评价结果全方位应用。学校将评价结果应用于改进教师教学、促进学生学习、完善家校共育和服务区域教育治理。教师通过综合评价报告和学生数字画像，能够正确认识到学生整体发展现状，找准学生的优势点和薄弱点，从而有针对性地开展教学；学生依据评价结果，能够清晰地把握自身长短板，从而弥补自身弱点，发挥特长；家长依据学生成长数字档案，能够及时了解孩子自身发展和能力成长的轨迹，为孩子未来发展赋能。同时，通过有效方式和诚信体系完整记录学生成长数据，形成教师、家庭及时反馈与有效干预的闭环体系，促进学生综合素质的全面提升，并辅助教育主管部门科学决策优质办学。

推进"适性教育"特色实践

"适性教育"开展至今，神龙小学逐渐形成了属于自己的特色实践，尤其是在促进教师和学生双主体个性化发展上效果显著。

（一）"适性管理"创新学校发展

学校发展的核心力量在于教师，教师的发展水平直接决定了学校的发展程度。神龙小学一直秉持"教师适性发展"的理念，创新性改革学校管理体制，成立"五大中心"；开展"教育创客"项目活动，引导教师适性发展；进行"奇葩教师"训练营计划，推动教师多方面发展。

"五大中心"管理制凸显适性价值。

神龙小学秉承"开放、创造、多元、发展"的核心价值观，本着"管理即教育、管理即服务"的理念。学校秉持"成人之美"的管理理念，不断创造性地完善其管理制度和管理策略，开启适性管理的科学之路。学校创新性建设"五大中心"管理体制，将原有的三大处室改为课程管理中心、教师发展中心、学生成长中心、行政服务中心和信息资源中心。2017年下半年，学校在原有"五大中心"的建制下，成立了新的"品牌事业中心"，着力于学校品牌文化的提炼与输出，重点打造集团化办学模式下"适性教育"的发展规划以及各校区的整体架构。

2020年下半年，学校以创新发展为引领，探索适性管理新思路，改革行政中心设置，去中心实现扁平化管理；构建以教育支持中心为基座、以教师发展中心为塔身、以学生学习中心为塔尖的金字塔型架构；全面实行项目式管理，以中心干部绩效和业绩论职级，畅通干部晋升和发展通道。

"教育创客"突出教师适性发展。

2016年开始，为了更好地推动教育适性发展，学校每年陆续开展"小微创新大家创育"活动。该活动用"创客"的理念和方式，尝试让所有教师通过参与一个个微小项目的提出、研究、实践和成果转化，来参与全校管理，最终实现学校的整体优化和师生的个性化发展。学校提出了项目行动的"六要素"原则：（1）做中学（任务驱动，边做边学）；（2）持续分享（说出、写出、做出）；（3）协作学习（相互协作、互相学习）；（4）把创意变成实物（注重实践）；（5）跨学科（不同学科教师可共同参与）；（6）运用信息技术（智能化、信息化）。

"教育创客"项目工作经历了发起、申报、立项、启动、行动、中期考核、年终表彰等阶段，不仅将学校的管理提升到一个新的水平，还产生了较大影响。学校不仅形成了稳定有效的"教育创客"项目的实施模式，拓宽了"适性教育"的实践路径，还提升了教师科研能力和创新素养，扩大了学校发展的品牌效益。在这个过程中，教师研发核心素养的校本化评价体系，让家校的培养目标更明晰，形成更强大的教育合力；众筹整合资源，研究平板教学与自主学习融合策略，让学生更加自主参与课堂学习……教师还关注学生的心理健康、特色活动等，将"有意、有趣"渗透于学生发展的日常；创建教育自媒体、研究微训策略、开发数字资源等，将"有理、有效"渗透于教师的成长足迹；升级管理制度、创新宣传模式、深化党群服务等，将"有序、有品"渗透于管理的每个细节。

"奇葩教师"训练营塑造个性教师。

早在 2016 年，韩瑾校长就曾提出过"天才时间"的教师发展计划，即每个月给老师们至少 2 个小时，让他们去做自己感兴趣的事情，哪怕这些事与工作无关。2018 年，学校专门为教师开设"奇葩教师"训练营，鼓励每一个老师有一项除他教学以外的专长，让老师们寻找自己的兴趣爱好去发展特色，甚至可以语文老师转数学老师，英语老师转语文老师等学科互转，引导教师成为一名具有特质的"奇葩教师"。

"奇葩教师"训练营的宗旨是培育教师"奇葩"的特质，提升教师多方面的素质与能力，实现教育专业发展与个性发展的协调统一和有机结合。

"奇葩教师"训练营主要有两种训练路径：一是将教师的兴趣发展与学生社团课程发展紧密结合起来；二是教师自主选择适合自己发展的个性化道路。在整个过程中，教师具有较大的自主权，可充分带动学生参与其中，也可充分发挥自己的主观能动性，发挥自己的创新性。学校一方面会为"奇葩教师"提供相应的器材、工具和空间，保障他们发展的硬件设施；另一方面也提供宽松的成长环境，积极报道"奇葩教师"的成功案例，给予他们充分的肯定，营造适合教师创新发展的文化氛围。

很多教师在经历过"奇葩教师"训练营后，成了一名"奇葩教师"。如掌握了高超摄影技术的信息技术老师、带领学生上木工课的美术老师、带着学生玩独轮车的行政老师、开创"文迹心坊"工作室的语文老师、带学生编舞的体育老师、给学生发稿费的语文老师、开创"印迹实验室"的美术老师、既能教英语又能教美术的老师、深谙人文典故的数学老师……

（二）"适性课程"引领学生发展

在国家课程的框架之内，学校创新性地开发了个性课程、特色课程、素养课程，丰富了课程的种类，满足了学生的多方面需求，有效推动学生的个性化发展，提高学生的综合素质。

个性课程满足多样选择。多年来，在改革的阵痛中，神龙小学经历了理性思考与螺旋上升的探索历程，以增加学生课程选择权为切入点，在充分论证的基础上，提出了在全校实施"走班制"的个性课程，进行"走班制"尝试，并大胆进行开创性的实践。课程的开设需要从内容、师资、场地等方面进行全面考虑，其中，课程内容是首要解决的问题。神龙小学是一所术科师资配备相对齐全的学校，他们大多是科班出身，不仅具备任教国家课程所必备的学科基础知识，还多才多艺。在"教师即课程"思想引领下，学校从挖掘教师课程资源入手，开始了诞生个性课程的一系列摸索和实践，并获得了成功。目前，学校已逐步开发出73门量身定制的"全员走班制"个性课程，形成了"艺以怡心、动以健体、物以载道、思以明智、言以传情"

的五大序列，满足学生的多样选择，促进学生全面发展和特质塑造。个性课程通过教师自主申报和学生按需申请相结合的方式进行，还逐步引进 50% 以上的校外专业教师资源以提高课程品质。

特色课程彰显"车谷"气质。享誉全国、独具特色的"车育课程"紧扣车谷脉搏发展学生创新素养，融合了全息投影、VEX 机器人、3D 打印、VR 设计、MR 体验、SCRATCH 编程、MINI 赛车等前沿技术课程，关联了汽车设计、构造、原理、环保、品牌等要素与中小学的各类学科知识，让汽车与教育、体验与创造完美结合，是"小龙人"们的高科技互动学习课堂。早在 2011 年，学校就开发了以《汽车文化》为主题的 1~6 册综合实践校本读本，将汽车的历史、发明、设计、发展等科技和人文的相关因素挖掘出来，并根据 1~6 年级学生的认知特点，与其他所有学科有机地整合起来，形成一套非常有意思的校本课程。这套教材在理念上践行当代国际先进的"STS教育"（科学 Science、技术 Technology、社会 Society）思想，汇聚专家、教师、家长的集体智慧，充分挖掘开发区"中国车都"的文化资源。

素养课程拓展学科素养。在学校严格按照国家课程标准，执行计划，实施基础教育的过程中，韩瑾发现，一把尺的教育满足不了学生学习的个性化需求；还发现，对于学生语文、数学等基础学科的学习，学校需要给孩子们提供进一步延伸的平台。基于此，学校首先在语文、数学学科尝试了学科拓展课程。在最初的实践过程中，采取的是"拔高式"的拓展，学校统一购置培优教材，然后由语文、数学教师每周给孩子们上一次拓展课程。在实施的过程中发现，这样的学科拓展，与学校的初心渐行渐远。因为"拔高"，只是满足了少部分孩子学习的需求，对于大多数孩子来说，这样的行为加剧了教育的不公平。在这样的矛盾纠结下，课程管理中心召集教研组长、备课组长及相关任课教师充分讨论沟通，大家普遍认为：学科拓展课程，是学科教学的有力补充。要全面地理解拓展：在这样的课堂上，不仅要考虑学科知识的纵向拓展，还要考虑知识的横向拓展。更为重要的，是思维方式、学习方式的拓展，从某种程度上说，后者的意义更大于前者。最后，老师们达成一致意见：编写一套适合学校生情的学科拓展教材，让学科拓展课程更"适性"。

于是，在语、数教研组长的带领下，老师们积极行动起来，集大家智慧，编写了语文学科阅读拓展教材《快乐读写》、数学学科思维拓展教材《数学好玩》。如《快乐读写》学科拓展教材包含一年级童诗、二年级绘本、三年级民国老课本、四年级唐代文人、五年级宋代词人、六年级浅显文言文，循着"大语文观"的眼光，在链接国家传统文化精髓的同时，拓展语文课程的内涵。《数学好玩》将十大核心素养融合到数学游戏、模型建构、解决问题、创新运用等专题拓展中，注重培养学生思维品质。英语、科学等学科也陆续开启了"e+English"及融合 VR 等技术的学科素养微课程研究，夯实了学科素养要点。

经过十余年的探索与实践，神龙小学的"适性教育"取得显著成效。在理论建构层面，"适性教育"育人模式成为教育现代化发展的一次积极探索，对湖北省乃至全国的小学教育产生了重要影响。在师生主体层面，"适性教育"有效促进了学生素质的全面发展，实现了学生成绩与素质的"双高"；推动了教师素质的显著提高，"适志为师"的理念和实践正持续推进教师专业发展。神龙小学也收获了来自学生、家长、领导和教育同仁的一致好评。

杭州市富春第七小学校长　章振乐

新劳动教育先行者的追梦之路

【人物简介】章振乐，德育二级正高级教师，浙江省特级教师，教育部基础教育劳动教育指导专委会副主任委员，杭州市富阳区教育局党委委员，富阳区新时代劳动教育研究院院长，富春第七小学教育集团书记、校长，杭州市人民代表大会代表。教育部《大中小学劳动教育指导纲要（试行）》编写组成员，教育部发展研究中心实践教育研究所特聘研究员，教育部中学校长培训中心兼职讲座教授，中国教育学会劳动教育分会常任理事、综合实践分会理事，中国劳动关系学院劳动教育中心研究员兼"劳动教育管理"研究生项目实践导师，浙江省《义务教育教科书　劳动》主编，浙江省劳动教育分会副会。《从小热爱劳动：小学生新劳动教育的实践探索》荣获 2022 年基础教育国家级教学成果奖二等奖。

　　章振乐校长从教 29 载，凭着一名共产党员的赤诚与执着，始终耕耘在教育一线。1993 年，他从浙江省严州师范学校毕业，走上讲台。18 岁的他，满怀教育憧憬，只身来到离家 50 公里的富阳县受降镇大树下小学。他曾执教语文、数学、体育、音乐、美术等多学科，同时多年兼任六年级班主任。2000 年，章振乐受学校教师的一致推荐，担任富阳市受降镇双庄小学校长一职，开始了教育教学的管理之路。他带领老师们到杭州优质学校取经学习，改变了农村教师的教学理念与方式方法，学校办学质量迅速提升。2002年，他来到富阳区受降镇二小担任校长，他积极联合社会力量，支持办学，建造了受降二小的新校舍，改善了农村学校的办学条件，受到领导、家长的高度赞扬。2005 年—2008 年，他在富阳市受降镇中心小学担任书记、校长，提出"名师进校指导""团队磨课"等多项举措，以科研引领扭转农村学校陈旧的教学模式。在新课改中，他个人的教学探索与学校管理都展现了非凡的教育智慧，被评为杭州市百名师德优秀教师、杭州市优秀教师、优秀园丁等。15年的农村工作经历，他积累了丰富的教育教学和管理经验。2007年，他获得了浙江省春蚕奖。

2008年，章振乐负责筹建富春第七小学，凭借多年教学经验和深厚的教育情怀，仅用一年的时间，建起了一所新学校。2009年，他担任富春第七小学党支部书记、校长，同时执教品德学科。自2014年起，他一直是富春七小的书记、校长，承担小学德育、劳动教育的教学与研究工作。在这期间，他还兼任教育部基础教育劳动教育指导专委会副主任委员及杭州市富阳区教育局党委委员等职务。

教育理念：打造师生共同成长的幸福乐园

去年教师节，章振乐收到了一份特殊的礼物——一个白煮蛋。那是五年级的小女孩朱同学特意送来的，用的鸡蛋是她孵化的小鸡，养护长大后生的第一个蛋，以感谢学校对她"养鸡"行动的鼓励和支持。

朱同学曾是一个比较内向的小女孩，因为在劳动小能手社团活动课上，听了二年级小朋友汪同学讲述的孵蛋经历，便对孵小鸡产生了浓厚的兴趣。她从网上买来了受精蛋、孵化器，了解了孵小鸡的注意事项后便开始行动起来。在老师的鼓励下，她用小古文记录了自己的孵化过程："五月十九日得一孵蛋器，开启孵蛋之旅。晨暮翻蛋，恒温37.8℃，从不懈怠。第18天开始，可照蛋，见雏形；第19天，喷水松软蛋壳；第20天，小鸡破壳而出。如绒球，或黄或黑或头戴皇冠，有奇异者，爪上黄毛，皆大欢喜"。章振乐在全校晨会上读了她的文章，还特意表扬她会钻研，肯坚持，使她更加信心百倍。因为孵蛋的经历，她登上了劳动小能手的讲台，落落大方地传授孵蛋养鸡的方法；作为校园的小导游，向来访的客人们介绍自己养大的小鸡

"黄毛""余家小姐"。由此，她在热爱动物的路上越走越远，不仅成了"养鸡"专业户，还养了小鹅、小壁虎、鹦鹉、小狗……甚至还爱上了马术，每周都风雨无阻地去杭州参加马术训练。与动物的亲密接触、共同成长使她变得勇敢、开朗、充满自信。

孩子：收获幸福，在劳动中相遇美好童年

在七小，像朱同学这样充满个性，热爱自然与生命的孩子还有很多，如热爱甲虫的骆同学，研究石头的尹同学，养蚕达人李同学，种花能手祝同学，在校园里都有一大群的粉丝，也带动了更多的孩子对自然产生好奇，他们爱探索爱实践，爱动脑也爱动手，他们的学校生活有鸟语花香，有清风明月，有对梦想的追求，还有对生命的珍爱。富春七小，正如校园广场上顾明远先生的题词"乐园"，流动着童心野趣的田园牧歌，而这些自由灵动的孩子们，一直站在学校一切工作的中央，被学校用心呵护。

教育是培养人的活动，"教育的目的应当是向人传送生命的气息"，"让每一个孩子看见野菊花也会怦然心动"，这是章振乐经常对老师们说的话，他希望七小的每一个孩子，能打通与自然的链接，拥有幸福生活的能力。因为他是大山的孩子，知道亲近自然，亲历劳作给予孩子健康成长的意义。

因着这份情怀，从 2009 年办校起，他带领老师们克服种种困难，开辟了"开心农场"，首创了"新劳动教育"品牌，并逐步从"农事劳作""创意劳动""美好生活"三个维度进行了课程群的建设，在实现课程与生活的融通的同时，也努力探索劳动教育全科的融合和延伸。

教师：追梦理想，在团队中投身课程改革

"好的教育是师生彼此成就，共同成长。"这句话在富春七小的新劳动教育的落地中得到了很好的诠释。在七小，劳动教育带给孩子充满泥土芬芳

的快乐童年，带来学校蓬勃发展，同样也带给老师们与众不同的体验与成长。

"幸福不会从天而降，梦想不会自动成真。"其实身边有很多老师，在单调重复的备课和教学过程中，渐渐地步入了倦怠区、舒适区，缺乏积极性、主动性和创造性。这是横亘在学校发展路上的一大障碍，怎样让教师走出舒适区，走进学习区，激发教师发展的内驱力？都说每个学生都是宝藏，蕴藏着无限可能。章振乐觉得，其实每位老师也都是一个宝藏，作为校长，要有一双慧眼去发现这些宝藏，让每个人做最合适的事情，发挥自己的优势能量，就能打造属于自己的有特色的教学品牌，从中获得认同感、价值感。

科学组余利娟老师酷爱植物研究，校园里的花花草草，蔬菜瓜果她都了如指掌，章校长便联系植物方面的专家进行指导，为她争取培训进修的学习机会。每周一次的教师讲坛，是为老师们搭建的交流平台。学校充分鼓励和支持教师发挥自己的特长，在讲坛上交流展示自己的特长与学科特色。在教师讲坛上，余利娟老师介绍了自己的课程开发之路。从一片香樟叶讲起，介绍了带领孩子们探索植物的神奇世界的经历，他们一起观察香樟树一年四季的变化，观察校园里的狗尾巴草及它的亲戚们，写下了一篇篇研究报告，科学小论文。执着地做自己喜欢的事，余利娟老师的热情与刻苦感染了每一个老师，更可贵的是她带动了组内其他老师一起研究，进行课程的开发与实践，科学组被评为区优秀示范教研组。《青青校园课程》被评为浙江省精品课程，《小农夫课程》《跟着节气去劳动》相继定稿印刷，成了国家课程校本化实施的有力载体。

教师是撬动课程改革的支点，成就教师就是成就课程。学校尽一切努力为教师创设良好的学习平台，尽量减轻不必要的负担，大力搭建自由成长的空间，用尊重和关爱去唤醒教师内心和激发潜能，围绕"育人"自觉形成合力，进行课程的开发与实践。

做有价值的事，是充满了期待与幸福的。教师个性特长得到充分释放，做自己喜欢的事，不累。大家一齐朝着自己的教育梦想，努力做有意义的事，更不累。"一个人可以走得很快，一群人才能走得很远"。学校是一个大集体，各学科组、备课组也是一个集体。新劳动教育课程研发小组，各学科名优教师工作室，课题联系团队，新教师师徒团队……每一个和谐的团队都是学校发展的基石，在集体中所产生的向心力、凝聚力更是学校发展的源动力。因为热爱，也因为集体的梦想，七小的教师团队参与了校本教材的编写、省市级及以上课题的研究，17位老师参与国家级、省级劳动教材的编写。教师团队在章振乐的带领下，出版了《孩子们的二十四节气》等成果书籍。可以说，七小的每一寸土地都育人，每一位教师都是研究者与实践者。

家校：协同育人，在参与中见证生命成长

教育从来不是一座孤岛，成长也绝不只是学校一家的责任。家庭、社区、政府以及社会，每个人、每个组织都是教育生态的建成者，更是生命成长的促进者。家校社协同育人是教育的新样态。

开学第一周，为了使新同学快速融入学校新的劳动教育环境，喜爱校园生活，让他们在活动中增长知识，融洽亲子关系，学校在"开心农场"开展有趣的"开学第一垦"活动，这是七小的传统。一年级的新同学和家长在班主任老师的带领下，排着整齐的队伍，进入"开心农场"，接下已经毕业的六年级孩子们的责任地。大手拉小手，大家一起拔草清理、开垦土地，将原本杂草丛生的菜地变成了"幸福的园地"。尽管手上磨出了水泡，但大人小孩仍兴高采烈，围着新开垦的、属于自己的菜园，计划着新学期的农事生产计划。

开学第一垦活动，不仅是一次农场劳动，更是一次破冰拓展训练，新同学、新家长们在劳动中体验齐心协力、合作共建的快乐，在交流互动中彼此了解，增进了友谊，凝聚了团队力量，展现了新集体的新风貌。

类似这样的活动还有很多。孩子健康成长为有朝气有骨气有才气的东吴俊才，不仅是学校的办学愿景，也是家长心中的期盼。家庭和学校有着共同

的育人目标，携手才能共进。学校邀请家长进校门，倾听家长的心声与需求，表达校方开放办学的姿态；家长进课堂做讲座、上课；家长爱心值日岗，斑马线前护送孩子上下学；像十周岁成长礼，主题入队仪式，校园美食节，成长中的三十件事，爱心义卖等各类活动，家长都积极参与，孩子在一次次活动中的成长更是让人欣喜。一位家长在参与了收割高粱活动后，情不自禁地留言："生活是教育的源泉，教育来源于生活。通过本次参与七小的活动——收割高粱，参与这堂紧接地气的大自然公开课，这不仅可以让孩子们在活动中充分享受大自然带来的轻松与惬意，也让孩子们在实践中体验到劳动的乐趣和丰收的喜悦，用真实践促进孩子健康全面发展。"

在实践中促进孩子健康全面发展，这正是富春七小的老师们一直努力在践行的。作为校长，引领一群有爱心、有梦想的老师，给孩子们创造一个自由真实的乐园。师生与乐园共同成长，家庭与学校齐心协力，这是章振乐作为一名教育者的初心和使命。

创新实践：新劳动教育先行者的追梦之路

"天下佳山水，古今推富春"。七百多年前，元代大画家黄公望以富春江为背景，创作了绝世名作《富春山居图》。画中人或钓鱼或砍柴或耕读，在休闲与劳作中与自然融为一体。无论时代如何变迁，作为链接社会与自然界的纽带，劳动始终是人类永恒的主题。七百多年后的今天，一幅现代化的富春山居图正在富阳这片热土上徐徐展开，新劳动教育便是其中浓墨重彩的一笔。

富阳作为"新劳动教育"理念的原创地，全国中小学劳动教育实验区，劳动教育一直走在全国前列，多次受到教育部及省市领导的肯定。这背后，离不开章振乐——一位有着教育情怀的校长十余年的坚守与努力。

2009 年，他担任了富春七小的校长。作为一名从教多年的教育工作者，他对现在的孩子感到担忧。很多孩子生活在校园、公园和虚拟的世界里，看似接触得很多，但真正领悟得却很少，圈养的教育不断产生问题。作为一名从小在山里长大的农家孩子，大自然塑造了他的成长根基。他坚信只有走进自然，崇尚自然，向下扎根，向上生长，孩子们才会拥有田园式的童年。

怎样打通与自然的连接，让孩子们拥有幸福生活的能力？劳动，是人与自然接触的过程，通过劳动让孩子与自然对话，与世界对话，让孩子们从小爱上劳动。带着这样的想法，他提出了"新劳动教育"。"新劳动教育"以"天人合一，人事相趣"为宗旨，把劳动作为载体，通过实践来正心立德，达到"育人"的目的。

经过十三年努力，他带领团队把劳动教育作为树德、增智、强体、育美的教育综合体，为学生们营造了"采菊东篱下，悠然见南山"的校园生活景象，在不断探索与实践中将劳动教育渗透在孩子们每天的学习与生活中。可以说，学校的每一个细节，每一个创意都融入了劳动教育的力量，都在潜移默化中为孩子植入幸福生活的基因。在他的带领下，富春七小逐渐走出了一条"五育融合、家校社协同"的劳动教育创新之路，构建了全国知名的劳动教育"富阳模式"。

引领劳动教育，做劳动育人的排头兵。

经过十余年的坚持实践与不断的理论升级，富春七小的新劳动教育成果得到了社会高度的认可，学校也成为全国唯一的小学劳动教育实验单位。

为了让新劳动教育在实践中落细落实，2019 年 3 月，章振乐在《"新时代劳动教育"指导意见》中，将"家务劳动""校内劳动""农场劳动""志愿服务公益劳动"列为小学生劳动的内容，每个年级都有适合其年龄特征的 75 件劳动事项，为学生量身定制的"劳动清单"，引导学生带着目标去尝试，在劳动进阶中不断进行自我管理，自我提升，不断收获成长。2019 年 4 月，区教育局在此基础上发布《小学生劳动实践清单》，这份清单作为全国 33 个典型案例之一，入选《2019 年中国基础教育年度报告》。《人民教育》点评：该"劳动清单"具有很强的实践价值。富阳区教育局对学校经验进行了提炼和推广，为小学劳动教育明确了抓手，打通了劳动教育在家庭落地的"最后一公里"。

"一花独放不是春，百花齐放方盎然"。让孩子们从小爱劳动、会劳动不仅是个人生命发展的必需，也是利国利民的大事。为了唤醒社会对劳动教育的重视，章振乐把劳动教育从学校带到社会上，带到田野中，"新劳动教育"得到了社会、政府的积极支持，也带动了区域劳动教育的发展。富阳形成了全区中小学校参与的 1+N 模式，完成了从"一枝独秀"到"百花齐放"的发展提升，打开了步调统一、各美其美的劳动教育局面，被教育部认定为全国中小学劳动教育实验区。

2020 年，《光明日报》头版头条、《中国教育报》头版头条以《新劳动教育在富阳为什么这么火》为题，对章振乐校长领衔的新劳动教育研究与实践作了深入报道，引发了社会热议。浙江省委、省政府，浙江省教育厅领导和国内教育界专家学者，中小学校长等，纷纷点赞杭州市富阳区的新劳动教育实践。

为了带动新劳动教育经验的辐射引领，共同发展，章振乐积极促成中国新劳动教育学校联盟、长三角新劳动教育 20 校联盟的成立，发布《新时代劳动教育"富阳共识"》，促进了良好的新劳动教育发展生态环境形成。中央电视台《教育强国》第四集《面向未来》中专门报道了他的事迹。因为他在新时代劳动教育探索与实践中取得成就和对新劳动教育开展作出的卓越贡献，被选入教育部劳动教育指导委员会担任副主任委员，并被聘为浙江省中小学生减负工作专家指导委员会成员、浙江省劳动实践教育专委会主任。

坚持教改兴校，做教育改革的践行者。

从教几十年来，章振乐校长从未离开过教学一线。作为德育正高级教师，浙江省特级教师，他在道德与法治课、劳动实践教育课上有深入的钻研。他主持新劳动教育课题研究，开展基于新劳动教育育人模式转换的实践，参与中国教科院立德树人创新研究项目研究，参与编写《大中小学劳动教育指导纲要（试行）》，主编浙江省《劳动》教材，主讲的劳动教育课程入选国家教育行政学院资源库，用于全国教育干部、教师培训学习。

作为校长，他积极践行课程改革理念，牢牢把握"育人为本、德育为先、能力为重、全面发展"的新时代教育改革精神要义和发展方向，将富春七小打造成学生成长的乐园，教师发展的家园，培养了一批批有朝气有骨气有才气的东吴小俊才。

在他的带领下，学校积极践行教改兴校的观念，唤起了教师参与教科研的积极性，激活了学校教科研工作的兴奋点。在短短十多年的办学历程中，富春七小先后获得全国教育改革创新学校、浙江省教科研孵化基地学校等殊荣。学校的新劳动教育成果《从小热爱劳动：小学生新劳动教育的实践探索》获浙江省 2021 年基础教育教学成果特等奖，实践案例被评为全国党建工作优秀案例、全国德育工作优秀案例、基础教育典型案例等，他本人也被评为"全国教育改革创新校长""浙江省最具影响力校长""浙江省教书育人楷模"，获得了杭州市"五一劳动奖章"。

勇担时代责任，做乡村振兴的助力者。

章振乐始终认为，学校教育的围墙需要破除，农村、企业的广阔天地是学生的课堂，农民和工人同样是学生的老师。以立德树人为原则，以劳动教育为载体，他努力把社会实践体验活动从学校拓展到乡村的广阔天地，着力引导孩子建立与乡村的联系，让广阔的乡村成为孩子们最广大的劳动教育实践基地。

新劳动教育实践，让学生从课堂走向田野、从课本走向自然，为新时代劳动教育的内涵发展提供了样本。新劳动教育不但让田间地头成为滋养学生身体和心灵的新课堂，为学生走向社会、体验生产劳动提供了丰富的实践载体，培养了新时代中小学生的劳动习惯、劳动精神、劳动素养，而且成为大家了解富阳乡村特色的一个窗口，充分挖掘了当地的文化底蕴，提升了乡村建设品位，吸引了大量人才回流，促进了乡村文化发展、非遗传承，也为乡村经济振兴提供了持续动力，成为撬动乡村振兴的支点，取得良好的社会反响。

另外，他还不遗余力地挖掘和培训师资，让非遗传承人、有一技之长的匠人和精专的劳动者成为劳动教育的优质师资和课程开发者，在空间、时间和资源上为劳动教育的广域延伸提供了完备的支撑体系。在区委、区政府的大力支持下，富阳区建立了 2 个国家级劳动教育基地、4 个省级基地、34 个区级基地，1000 个示范农户、100 个示范村正在形成。2019 年以来，每年4.4 万名中小学生走出校园，奔向乡村和企业，拿起锄头、针线和扳手，向农民、民间工匠艺人和车间技术员学习劳动，接受锻炼、磨炼意志。

在东洲街道，孩子在水稻实践基地全程参与从插秧到收割的过程；在洞桥镇，农家老人手把手教孩子们揉捻蒸制"状元馒头"；在里山镇，孩子们会"拜师"茶农，全流程体验采茶、炒茶……孩子们在丰富多彩的劳动实践体验中，在真实的情境中参加劳动，体会劳动，感受劳动的价值意义，提升劳动素养，从而实现爱劳动、会劳动。劳动，点亮了每一个孩子的生命底色，为他们拥有幸福生活的能力打下了基础，也为强国富民筑牢了基石。

在章振乐的带领下，十三年间富春七小的新劳动教育在实践与研究中不断升级，成为全国劳动教育的标杆。新劳动教育育人成效显著，吸引区内外学校共同参与实施，进行成果辐射引领。来自全国各地的几百所中小学、教育部门、劳动教育研究团队，数万人次来校及联盟学校交流。团队多次远赴新疆、西藏、贵州、云南、四川、广东等地送去了教育改革背景下新劳动教育实践经验。学校还承办了北师大国家课题的开题暨新时代劳动教育研讨会，国家级、省级劳动教育大会以及市级课改会议等。作为全国有影响力的劳动教育实验单位，学校为区域内外劳动教育政策推进及制度建设作出积极贡献。

二十九载从教路，十三年新劳动教育探索，章振乐凭着共产党员的赤诚，挚爱着教育事业，心怀教育理想，牢记立德树人使命，不忘教书育人初心，用情怀与智慧深耕教育沃土，为培育时代新人砥砺前行。

社会影响：开创新时代劳动教育新境界

数载寒耕暑播，而今硕果累累，成绩斐然；数载励精图治，而今创新求实，阔步前行。章振乐校长凭借敢为天下先的创新意识和进取精神，掌舵这所年轻、充满活力的学校，布局发展战略，领跑教育发展，致力培育"从小热爱劳动"的时代新人，走出正心立德、劳动树人的育人之路。

创新实践，树新劳动教育品牌。自实践"新劳动教育"以来，章振乐在理论研究和课程改革上下了不少功夫。

紧跟国家步伐。坚持立德树人的教育方针，参与编写教育部《大中小学劳动教育指导纲要（试行）》，主编浙江省《义务教育教科书·劳动》等，被教育部聘为劳动教育指导委员会担任副主任委员，并被聘为浙江省中小学生减负工作专家指导委员会成员、浙江省劳动实践教育专委会主任。代表劳动学科参与由教育部基础教育司主办的《义务教育课程方案和课程标准（2022 年版）》调研座谈会，针对《义务教育劳动课程标准（2022 年版）》的落地与实施，提出专业指导建议，增强富阳在全国劳动教育领域的专业性。

深入科研一线。所负责的课题成果《从小热爱劳动：小学生新劳动教育的实践探索》获浙江省基础教育教学成果特等奖，课题《新时代劳动教育学科融合的实践探究》获国家级教育科研专项课题立项。编撰出版《新劳动教育探索与实践》《小学新劳动教育论稿》《孩子们的二十四节气》《大地上的劳作：24 节气亲子书》四本专著，发表学术论文 40 余篇，进一步挖掘新劳动教育的未来发展方向，为学校劳动教育的开展提炼理论，助力新劳动教育理论研究再上新台阶。

立足教学实践。全国首发小学生劳动清单，提出了"12 岁前应该做的 30 件事"。面对"双减"政策，他创新育人模式，呼吁以劳动教育丰富学生课后实践，实践成果入选教育部第四批学校落实"双减"推广案例。"新劳动教育"实践被评为全国中小学德育工作优秀案例，连续入选 2019 年、

2020 年《中国基础教育年度报告》，成为教育部全面加强新时代大中小学劳动教育 14 个典型做法之一。

协同育人，开辟劳动育人新路径。章振乐始终认为学校教育的围墙需要破除，农村、企业的广阔天地是学生的课堂，农民和工人同样是学生的老师。劳动教育需要社会各界、各个部门支持。在区委、区政府的支持下，章振乐把社会实践体验活动从学校拓展到乡村的广阔天地。根据教育部《关于加强中小学劳动教育的意见》，富阳区加强校外协调，积极借助家庭、社会的力量。区委印发《杭州市富阳区中小学生"新劳动教育"实践体验活动方案》，以学校集体组织模式和家庭亲子组织模式，每年参与 1~2 次劳动周，每次 1~2 天。2019 年以来，在章振乐的推动下，全区 62 所中小学、6.8 万名学生走进乡村、走进田野，参加"新劳动教育"实践体验活动，与农户同吃同住同劳动，了解家乡发展、开阔眼界，感受民俗民风，激发学生家国情怀。

擦亮区域文化名片。"新劳动教育"成为富阳文化新名片，在实践活动中推动传统文化、农耕文化等传承发展。引入张小泉等老字号企业，助力劳动教育，弘扬劳模工匠精神。吸引大规模营地、多样化基地等社会力量加入，形成区域大劳动教育观，共同助推劳动教育发展。富阳区《探索劳动清单制度》入选浙江省深化新时代教育评价改革试点项目。成果入选 2021 年度杭州市精神文明建设十件大事。

点燃乡村振兴引擎。"新劳动教育"吸引全市、全省以及全国的学生来富阳进行实践体验，充分挖掘乡村特色资源，为基地、农户提供专业教学指导和配套设施支持，有效助力农民和村集体实现增收，带动乡村文化产业发展。2020—2021 学年，"新劳动教育"乡村实践体验基地共接待学生 213 206 人，带动经济收入共计 57 345 551 元。章振乐提出的"新劳动教育"实践体验活动充分挖掘了当地的文化底蕴，提升了乡村建设品位，吸引了大量人才回流，促进了乡村文化发展、非遗传承，也为乡村经济振兴提供了持续动力，孕育了乡村文明之风。

吹响教育共富集结号。在章振乐的带领下，富阳全面推进新劳动教育，大大促进了学生的全面发展，实现了从"学有所教"到"学有优教"的成功跨越。"新劳动教育"加快乡村振兴、带动百姓致富，更好地满足人民群众对美好生活的向往。荣获"全国中小学劳动教育实验区""全国创新教育典型案例"等称号，《光明日报》《中国教育报》头版头条关注新劳动教育经验，央视《中国新闻》《中文国际》《人民教育》等近 30 家媒体报道，多次受到教育部表彰，推动教育共富。

构筑联盟，引领劳动教育新发展。近年来，富阳区教育局在富春七小创新发展的基础上，开始探索区域推进劳动教育。章振乐鼓励全区各校"劳动教育"的开展现状和各自特色，通过自主申报、专家评审，成立了以 33 所学校（幼儿园）为首批成员单位的富阳区劳动教育联盟。富阳开启了以联盟为平台，区域"特色"推进劳动教育的模式。

全域联动，各美其美。联盟学校均开展了形式多样的劳动教育主题活动，并取得一定成效与影响，带动全区中小学劳动实践教育的深入开展。富阳形成了全区中小学校参与的 1+N 模式，实现了数量的增加，参与面的扩大，模式、主题的丰富多彩，完成了从"一枝独秀"到"百花齐放"的发展提升，打开了步调统一、各美其美的劳动教育局面。目前，全区已建成 1 所全国劳动教育实验单位，1 个浙江省中小学劳动教育实践基地，4 所浙江省中小学劳动实践教育项目试点学校，34 个区级乡村实践体验基地，35 所区级劳动教育示范学校，推出可实施项目 149 个，开创"新劳动教育"实践体验活动的富阳样板。

辐射带动，全国引领。章振乐多次远赴青海、贵州、四川等地送教指导，宣传推广"新劳动教育"实践经验。面向全国，牵头成立中国新劳动教育学校联盟、长三角新劳动教育 20 校联盟，引领全国劳动教育的发展方向。2019 年 11 月，中国长三角新劳动教育 20 所联盟学校共同发布"富阳共识"，从加强劳动意识与素养、在自然中发展劳动教育、融创劳动教育课程三方面出发，明晰了新时代劳动教育发展的方向与实施愿景，清晰解答了新时代劳动教育的内涵和做法，提出了共同努力的路径。近年来，"新劳动教育"育人成效显著，学校被认定为全国唯一的小学劳动教育实验单位，富阳区被认定为全国中小学劳动教育实验区。章振乐在全国中小学社会主义核心价值观教育经验交流暨德育工作会议、全国县域义务教育优质均衡发展督导评估认定启动现场会等多场国家级会议上发言交流，并代表富阳作为浙江省唯一发言代表参加全国中小学劳动教育现场推进会，新劳动教育多个案例获评全国中小学劳动教育典型案例。全国近百所中小学、数万人次先后来校学习交流，开设国家级、省市级讲座几百场，领衔开发的"新劳动教育"课程在北京、上海、浙江、江苏、广东等省市实践推广，成为全国劳动教育标杆。

福建省泉州市通政中心小学校长　曾凤蓉

以全人教育润泽生命成长

【人物简介】曾凤蓉，高级教师，中共党员，现任泉州市鲤城区通政中心小学党支部书记、校长。先后荣获全国五一巾帼标兵、全国小学骨干校长、福建省三八红旗手、福建省优秀教师、福建省五一劳动奖章、福建省党代表等 15 项国家省市级个人荣誉。任校长以来，带领全校师生艰苦创业、开拓创新，不断完善办学条件，夯实办学内涵，提升办学品质，将学校打造成新型的窗口示范性学校，施行的"全人教育"办学主张初见成效，逐渐形成完整的并具有一定影响力的"全人教育"体系，办学成果 6 次获福建省教学成果奖，其中省特等奖 1 次，省一等奖 1 次，省二等奖 4 次。《"三融三进三评"闽南非遗校园活态传承模式 20 年探索》荣获 2022 年基础教育国家级教学成果奖二等奖。

从教 26 年，"以全人教育润泽生命成长"一直是曾凤蓉从事教育教学和管理工作的真实写照。在师生眼中，兢兢业业的她，是理论为先的专家型校长，是开拓创新的实践型校长，更是坚守奉献的服务型校长。她用爱心和智慧点亮了一届又一届孩子的人生梦想，用实际行动诠释了作为一名党员教育工作者不忘初心、牢记使命、永远奋斗的坚定信仰。

从教生涯：心向三尺讲台，甘愿素履以往

1995 年，刚毕业的曾凤蓉任职于泉州市通政中心小学语文教师。为快速成长，她认真备好、上好每一堂课，求知若渴地积累教育教学经验。功夫

不负有心人，短短 5 年间，她多次参加国家、省、市级学科教学比赛，被评为福建省优秀教师、泉州市首批中小学教学名师、泉州市学科带头人、泉州市骨干教师。她常说："教育之于我，是热爱，可抵岁月漫长，我心向三尺讲台，甘愿素履以往。"随后她又开始寻求新的专业发展路径，着力探索从知识传递到素养发展的"支架式"语文教学路径，通过开发设计多种形式的学习支架，引导学生在积极的语言实践中发展语文学科素养和学习素养。其研究成果《支架式语文教学》收录在《用思想照亮课堂——泉州名师教学主张》一书(余文森主编，福建教育出版社，2016 年 1 月)。她用自己的行动诠释一名教育者的使命和担当。

2015 年，曾凤蓉担任泉州市东门实验小学校长，被选派参加泉州市名校长培养工程，这让她开始思考教育的本质、教师的定位和作用、学校到底该如何培养学生等一系列问题，开启了对全面、自由、自主、和谐的全人教育探索。她认为，"全人教育"并不是要求每个孩子全面发展，而是把孩子看成完整的个体，正视孩子的优缺点，做到因材施教。作为全面发展的教育，"全人教育"是面向全体学生的教育，是强调各育融通的教育，是强调个性与多样性的教育。其后，她带领学校教师团队以《基于"全人教育"理念的办学模式的实践研究》为题成功申报省级专项课题，从校园文化的创建、课程体系建设、教师专业化水平的提升等方面进行深入研究，探寻"全人教育"的理论基础、建构方式和行为文化，为"全人教育"办学思想的落地，奠定坚实的基础。

2016 年 9 月，她担任泉州市通政中心小学校长。在继承优良传统的基础上，她在学校尝试推行"全人教育"办学实践，通过丰富多彩的环境、课程、活动，为学生自由、自主发展搭建平台，培育睿智、阳光、朴实的通政少年。她的办学主张《以全人教育润泽生命成长——自由、自主、全面、和谐的全人教育实践探索》被收录在《根植于实践的办学智慧——泉州名校长办学思考与主张》一书(张美岚、陈江平主编，南京大学出版社，2017 年6 月)。

2017 年 12 月，她带领学校教师团队成功申报福建省首批教育教改示范校，围绕"培养自主、自由、全面、和谐发展的人"这一育人目标，对"全人教育"育人模式进行更深层次的探索与实践。她立足党的教育方针与学校实际，通过"全人文化""全人课程""全人活动""全人教师""全人评价"五个路径，将育人落脚于五育融合的宏观视域下，构建集"校园文化、课程体系、课堂教学、教师队伍、评价机制"五位一体的"全人教育"育人模式，作为解决对"培养什么人、怎样培养人、为谁培养人"这一根本问题的重要回应。

"与成人不同，儿童更喜欢形象、直观的事物，喜欢能与之互动的设备设施。建构校园文化，也是'全人教育'办学理念的关键。"曾凤蓉坦言，学校文化建设，深刻影响着学校的发展，影响着学校的每一个人、每一件事，学校文化建设必须围绕一个核心——促进儿童的发展。为此，她从细节入手，打造"麦穗园""长满书"的大树、"梦想秀"舞台、共享小书屋等"全人"校园文化，为师生提供"多元、包容、和谐"的校园环境。同时，她从学生成长所需要的综合素养切入，打破国家课程、地方课程以及校本课程三级课程的分割，尝试通过学科整合，将国家课程校本化，形成包括"人格课程、智慧课程、艺体课程、实践课程"四大板块的专题化、全面型的"1234"全人课程体系；创设三维共进环状式评价机制，以"家国情怀"拓局的开放性评价、"学业成长"立轴的过程性评价、"专注绽放"树标的展示性评价，有效引导学生树德、增智、强体、育美、践劳。

通过"五育"融合共生的"全人"育人模式的构建，学校逐步形成责任教育、艺术教育两大办学亮点。责任教育：依据对自己、对他人、对集体、对大自然的责任心四个目标指向，通过常态化开展全校性的"生活力测评"、小手护古城、爱心义卖、志愿服务等校内外实践，夯实育人基础。艺术教育：坚持高雅艺术和传统艺术两翼并举，成立泉州市首个少儿交响乐团，创新实行"1+X 梯队接力式"人才培养模式，提升学生人文素养和审美素养；同时致力闽南优秀传统文化传承，开设花灯、南音、梨园戏、提线木偶戏、泉州珠绣等深受学生喜爱的课程，在提升学生美育水平的同时，增强文化自信。

曾凤蓉说，全人教育的理想学生形象是一种美好的生命形象：自由、灵动、明亮、快乐、生命勃发、朝气蓬勃，是每个学生自主的、多元化的发展。在她的引领下，如今的通政校园教育质量逐步攀升，育人生态日益优化，学生的综合素养及教师的专业水平不断提升。因办学成效突出，2021年，鲤城区政府为推进教育均衡，拓展优质教育品牌，让她着力筹建通政小学分校——田中校区。至此，她的肩上又多了一份责任。她多次与上级领导及田中社区相关负责人交流，沟通协调新校区建设前期推进工作，做好建设规划，力求将工作做得尽善尽美。"全人教育"思想也在她孜孜不倦地追求中，无限绽放。

凝练教育理念："以全人教育润泽生命成长"

"全人教育"办学思想是曾凤蓉根据国家教育方针和主体性教育理论，并结合本校实际而形成的治校基本遵循和价值取向，它融进了办学者对教育的理解，体现着学校的办学风貌和发展走向。在曾凤蓉看来，教育的本源就是要回归到人，回归到培养真正的人、自由的人、全面发展的人、和谐发展的人。全人是身心灵的融合，是情理智趣的汇通，而全人教育就是通过丰富多彩的环境、课程、活动，培养自主、自由、全面、和谐发展的人。

就其理念而言，"全人教育"是一种整合以往"以社会为本"与"以人为本"的两种教育观点，形成既重视社会价值，又重视人的价值的教育新理念。

就其内涵而言，"全人教育"首先是人之为人的教育；其次是传授知识的教育；第三就是和谐发展心智，以形成健全人格的教育。从某种意义上讲，"全人教育"就是培养"全人"或"完人"的教育。

就其教育目的而言，"全人教育"把教育目标定位为：在健全人格的基础上，促进学生的全面发展，让个体生命的潜能得到自由、充分、全面、和谐、持续发展。

曾凤蓉认为，"全人教育"它具有以下特点。

一是全面发展的教育。"全人教育"是针对片面强调智育的教育而提出的，它反对教育中的工具理性，主张教育的价值理性。人是全方位发展的人，完整的人，不能人为地把人割裂成一个一个部分。教育应着眼于人的整体发展，应以道德教育为统帅，促进学生身体与心理协调发展。正如教育家约翰·亨利·纽曼所言："教育应当培养具有智力发达，情趣高雅，举止高贵，注重礼节，公正客观等优秀品性的绅士。"

二是面向全体学生的教育。"全人教育"不仅主张培养完整的人，而且主张面向全体学生。"全员、全程、全方位"是"全人教育"的重要理念。在教育过程中应将所有的学生都纳入关注的视野，且从学生入学开始，通过入学教育、课程教学、课外活动、社会实践等途径对学生施加全方位的影响、全程的跟踪教育与服务。

三是强调各育融通的教育。素质教育要求教育促进学生全面发展，而"全人教育"的要求更高。它不仅要求德、智、体、美、劳全面发展，而且要求各育融通，相互渗透，使学生在身体、智力、技能、精神、灵魂、创造力等方面得到充分而和谐的发展。

四是强调个性与多样性的教育。"全人教育"强调把人的发展作为一个整体，但也承认个体差异的客观存在。在推崇"全人教育"的学校里，每个孩子都是重要的。他们权利平等，接受教育的机会平等。学校不应放弃任何一个学生，而应该提供平台让每一个学生都能自由、自主、有个性地发展。因此，"全人教育"强调个体的参与和体验，主张尊重个性和多样性；强调理解和尊重不同个体之间、不同文化之间的差异，并根据自身特点，选择适切的发展道路。

校长办学思想是引领学校教育教学和改革发展的统领性意见，是校长教育观和学校价值取向的表达，是对社会诉求的应对，是全体教师集体智慧的结晶。就一所学校而言，校长办学思想是灵魂，起着导向和凝聚作用。曾凤蓉提出的"全人教育"办学思想就是围绕"怎样培养人""为谁培养人""培养什么样的人"这三个问题展开的。她坚持了社会主义方向，遵循了教育教学规律，为办人民满意学校，为教师专业化成长构建平台，为学生的全面发展夯实了坚实的基础。

一是贯彻党的教育方针政策的需要。2018 年，习近平同志在全国教育大会上强调："要全面贯彻党的教育方针，培养德智体美劳全面发展的社会主义建设者和接班人。"2021 年，党的教育方针提出："教育必须为社会主义现代化建设服务、为人民服务，培养德智体美劳全面发展的社会主义建设者和接班人。"2022 年 10 月，习近平同志在党的二十大报告中强调：全面贯彻党的教育方针，落实立德树人根本任务，培养德智体美劳全面发展的社会主义建设者和接班人。"全人教育"的办学主张与党的教育方针高度契合，体现国家发展和民族振兴对人才培养的要求，展现"为党育人，为国育才"的教育大情怀。

二是素质教育理论的深化和升华。素质教育理念是我国基础教育的基本理念。素质教育主张教育面向全体学生，以培养创新精神和实践能力为重点，促进学生全面发展，促进学生个性的发展。"全人教育"和素质教育有共通性，也有区别。区别在于它把人作为一个整体，不仅重视实用知识和技能的教育与训练，更重视德、智、体、美、劳等方面全面和谐的发展，将外在要求内化和融通，使学生在处理个人与社会、人与自然等方面能自主。素质教育看重的是素质，"全人教育"看重的是人，特别是人的完整性和协调性。"全人教育"使素质教育理念转变为现实的同时得以升华。

三是贯彻落实发展学生核心素养精神的需要。2016 年 9 月公布的《中国学生发展核心素养》指出，"核心素养"以"全面发展"的人为核心，分为文化基础、自主发展、社会参与三个方面，综合表现为人文底蕴、科学精神、学会学习、健康生活、责任担当、实践创新六大素养。"全人教育"就是要为学生自由发展、自主发展搭建好的平台，为学生学习科学文化知识、夯实人文底蕴、养成科学精神、铸就责任意识提供良好的环境，帮助学生成为睿智、朴实、阳光的新时代公民。这是将核心素养落实到课堂、落实到学生的一日生活。

四是教育发展改革的需要。素质教育已经实施了近二十年，取得了一定的成果。但由于教育均衡发展并未真正实现，优质教育资源仍然稀缺，校际、城乡之间的教育差距仍然显著，获得优质教育资源的机会仍具有很大的竞争性。因此，许多小学仍然过分重视学生的成绩，甚至将分数作为评价学生的唯一标准。究其原因，主要是因为学校和教师没有真正树立素质教育的理念，没有把学生的身心健康发展作为教育的根本任务。针对当前应试教育的现状，有必要以"全人教育"的理论指导实践，探索人才培养的新模式，让教师真正成为学生健康成长的领路人。

塑造"全人教育文化"

学校教育的终极使命就是"奠基未来"。在曾凤蓉看来，无论孩子未来需要什么，但教育可以给孩子未来发展准备一切力量和后劲儿，让他们未来有足够的发展能量。这个能量就是"全人教育"。"全人教育"不是要把孩子培养成完美无缺的人，而是充分利用每个孩子的优势，激发每个孩子的潜能，以促使其成为完整的个体和最好的自己。而实现"全人教育"必须有优秀的"全能教师"保驾护航，必须有优质的"全面课程"承载实施，必须有优异的"全息教学"贯彻落实，最终形成二十一世纪人特有的"全人教育文化"。

创建"全人教育"校园文化。一是细节入手，行为文化常抓不懈。行为文化是学校所有文化的集中反映，是师生在校学习、工作和生活的全部行为中所表现出的精神状态、行为风范和文化品位，是学校精神、价值观念和办学思想在每个人身上的动态反映。曾凤蓉以责任教育为抓手，从小事做起，从身边的事做起，抓好生活中的每一个细节，培养学生健康生活，具有良好的行为习惯和责任感。

二是统筹规划，制度文化初具雏形。加强学校制度建设为有效开展"全人教育"提供了重要保证。曾凤蓉始终坚持"以学生为本"，充分调动教师和学生的积极性的改革思路，做好制度的优质生成和制度的高效执行两方面工作，增强学校管理制度的"适切性与针对性"。

三是加大投入，搭建"全人教育"物质平台。育人环境是影响学生发展的重要因素。为给师生创造一个优质的学习工作环境，曾凤蓉长期致力于改善办学条件，加大教学设施设备配备和基础建设、文化环境建设的投入，搭建促进学生全面和谐发展的平台。目前，该校的占地面积由原有的 25 亩扩大到 30.8 亩。该校通过筹集 600 万元资金建设伟福楼；筹措 30 万元资金，建成笼式足球场；对少年宫原有部分教育教学基础设施进行维修和改善；对实验室、图书室、阅览室等配套活动室进行改造；装修了木偶室、器乐室、美术室；购置了音体美器材、智慧校园电教设备、实验设备、图书等，为"全人教育"办学提供了硬件支撑。

四是心理相容，精神文化助力成长。因学校的学生结构多样，有校园周围居民子女，有政府机关子女，还有外来务工人员子女，学生之间的差异显著，且实行双校区管理。为此，曾凤蓉强调创设一个"兼容并包，求新尊异"的精神环境，通过"通政·我们共同的家""同在一片蓝天下""用我的心，温暖你的手"等活动，帮助学生增强"通政"身份的认同，形成心理相容的氛围，产生对学校的认同感和归属感。

创设"全人教育"的课程体系。美国课程专家派纳提出的"课程是一种特别复杂的对话，课程不再是一个产品，而更是一个过程。它已成为一个动词、一种行动、一种社会实践、一种个人意义以及一个公众希望"。"课程"是"学习的轨迹"，也是"学习的履历"。曾凤蓉认为"全人教育"的课程体系是学生的一种生命体验，是学生的学习历程，是学生与历史文化相遇、与社会生活相遇、与他人他物相遇，从而实现与自己更好的相遇，诞生更好的自己。因此，她提出了"1234"全人教育课程体系，即一个核心——围绕培养学生发展核心素养为核心；两个落实——在校园生活中落实隐性课程和显性课程；三个常规——强化人格教育常规、学科教学常规和活动课程常规管理；四个课程——创设人格课程、智慧课程、艺术课程、实践课程。

学校文化、学校活动和日常生活中所习得的内容。隐性课程引导学生追求真善美，遵守和履行现代公民的道德准则和行为规范，有效管理自己的学习和生活，成为有理想信念、敢于担当的人。

开展丰富多彩的全人活动。实现人的全面发展，是马克思主义追求的根本价值目标。曾凤蓉为鼓励学生发挥兴趣和特长，依托学校少年宫，搭建各式各样的舞台，通过丰富多彩的全人活动，推进学生的德智体美劳全面发展。多彩的活动不仅减轻学生过重的作业负担，还使学生有更多时间拥抱自然，提升艺术修养，塑造健全的人格，极大充实了学生的校园文化生活，促进了学生的全面发展。

打造"全人教育"的师资队伍。师资是"全人教育"的关键。为保障课程质量，扎实抓好师资队伍建设，曾凤蓉引导教师从"全人教育"的角度制定职业生涯规划成长目标，鼓励教师在职学习提高，注意从师德、教育理念、课堂教学技能、教科研能力、课程开发等方面进行培训学习。同时聘请泉州师范学院、泉州幼儿师范高等专科学校的专家学者为教师做"全人教育"的讲座，介绍全人教育的核心理念，以及在欧美和港澳台地区的推进情况。同时，以课题促教师科研能力提升，每周开展校本研训活动，聚焦课堂教学，提升教师的专业化水平；通过开展骨干教师示范课、青年教师岗位练兵技能竞赛，发挥骨干教师的引领作用，促进青年教师的能力提升，实施青蓝工程，加快新教师的专业成长。

建构多元化的评价体系。探索基础教育多元评价有效实现形式，深入发掘学生潜质及闪光点，是提升学生综合素养，促进学生全面发展的有效途径。曾凤蓉以核心素养、五育并举为核心，着力构建全人评价体系。通过以"家国情怀"拓局的开放性评价、以"学业成长"立轴的过程性评价、以

"专注绽放"树标的展示性评价三个维度,记录和促进学生学习习惯和学习方式的改变,学习能力和自主意识的提升,增强学生的社会责任感、创新精神,培养其处理实际问题和面对社会的实践能力。

"全人教育"取得丰硕办学成果

担任校长期间,曾凤蓉与全校教职工共同提炼了"全人教育"的办学理念。这是对学校百年"育人密码"的传承,也是对学校内涵建设的精确概括,更是对未来社会人才需求的前瞻性定向。

全人文化:多元、包容、和谐。"全人教育"是全面发展的教育,是面向全体学生的教育,是强调各育融通的教育,是强调个性与多样性的教育。从细节入手,打造"全人文化",为学生学习科学文化知识、夯实人文底蕴、养成科学精神、铸就责任意识提供了良好的环境,形成"多元、包容、和谐"的校园文化。一是高雅艺术进校园。多年来,曾凤蓉加大艺术教育投入,在人人掌握一项小乐器(竖笛)和一项美术技能(速写)的基础上,组织成立泉州市首个少儿交响乐团——通政·海峡少儿交响乐团,实行梯队培养,做到天天有训练、周周有演出、月月有活动,提高学生感受美、鉴赏美、创造美和表现美的能力。二是闽南文化进校园。结合元宵节、重阳节等传统节日,持续开展多彩的闽南文化传承活动;与福建省梨园实验剧团、泉州市木偶剧团共建,推进展演进校园;开发以南音、梨园、木偶三大板块为主的"南戏艺术"校本课程;开辟"闽南文化墙",让通政学子充分感受到文化之美,增强文化自信。三是行为文化常抓不懈。以责任教育为抓手,从小事做起,从身边的事做起,根据不同年级学生的特点,确立不同的责任教育目标,选择不同的教育途径和方法。如一年级的目标是"做好自己的事情,对自己负责",训练学生的独立学习和生活的意识和能力;中年级的目标是"我是家里小主人,对家庭负责",鼓励学生在家里承担力所能及的家务,并通过缝纽扣、叠衣服等活动,训练和考核学生的家务劳动能力;高年级以"对集体负责、对社会负责"作为责任教育的目标，带领学生去孤独症儿童学校、儿童福利院做义工，开展"小手护古城"长期的志愿服务项目，培养通政学子良好的行为习惯和责任感。

全人课程：丰富、全面、个性。课程是学校教育的主要载体，学校的课程结构决定着学生的素质结构。为把学生送进属于自己的"驾驶座"，给他们装上自主的"发动机"，曾凤蓉创造性提出"1234"全人教育课程体系，开发了50多门选修课程，将"全人教育"核心素养落实到课堂，落实到学生的一日生活，让素质教育转变为现实的同时得以升华。同时，在注重课程丰富性的同时，她还关注个体差异，让学生可以根据兴趣、爱好自主选课、走班上课，满足不同发展潜质学生的选择性需要。"全人教育"的课程体系将知、情、意三者整合为一个网络系统，形成以学生发展为核心的完整育人体系，从而促进"整体的人"发展，"在整体的人之中，知、情、意都呈现为真实生活过程的不同方面"。

全人活动：体验、自由、成长。"全人教育"是针对片面强调智育的教育而提出的，它反对教育中的工具理性，主张教育的价值理性。曾凤蓉着眼于人的整体发展，通过创设"全人活动"对学生施加全方位的影响，促进学生身体与心理协调发展。在"人人都参与、个个都表现、天天都成长"的理念指导下，广泛开展学生喜闻乐见、乐于参与的歌咏、乐器、舞蹈、绘画等艺术活动，球类、棋艺、跳绳等体育活动，使文体娱乐活动成为学校少年宫最普遍开展、最基本的活动形式，以乐促智。此外，积极开展力所能及的技能培训活动，立足于师资、场地、设施等条件，开展科技、手工、乐器、书画、礼仪等项目，提高学生的动手能力和实践能力，以技促能。这些活动项目，均配有专门教师和固定的活动教室和场地，由学生根据自己的兴趣爱好，自主选择兴趣团体参加，以此促进学生艺术能力、技术技能的培养，发挥发展特长，为将来的成长发展打下良好基础。

全人教师：责任、开放、灵动。践行"全人教育"，需要有"后盾"，打造一支专业化程度高、责任心强的师资队伍是确保"全人教育"办学思想贯彻落实的重要保障。只有教师生命的成长才有学生真正的成长。为此，曾凤蓉把"让教师的生命生长朝向开放、多元、灵动"作为培养"全人教师"的方向，引导教师从"全人教育"的角度制定职业生涯规划成长目标，鼓励教师在职学习提高，注意从师德、教育理念、课堂教学技能、教科研能力、课程开发等方面进行培训学习，通过自己的学识才情、人格气象、道德涵养来唤醒学生的成长自觉与生命的自觉。

全人评价：自主、多元、向上。"全人教育"的理想的学生形象是一种美好的生命形象：自由、灵动、优雅、明亮、快乐、生命勃发、朝气蓬勃，是每个学生自主的、多元化的发展。按照素质教育规律办教育，学生在学校不仅仅是文化知识的习得，更重要的是人的个性的全面发展。在曾凤蓉看来，评价不是甄选的工具，而是学生"异军突起"的方向标。为促进每一个学生的平衡与个性发展，经过精心的构思，她组织学校教师团队，设计了有意义、有意思的"全人评价"机制，充分关注评价的发展性、过程性、激励性和差异性，引领师生及家长改变以分数作为评价学生唯一标准的观念，树立"立足过程，促进发展"的新理念，鼓励学生有个性地发展，形成健全人格，成为德才兼备的人。

"全人教育"办学思想是从通政小学办学的历史逻辑、理论逻辑、实践逻辑构建起的学校特色发展思想与行动体系；它回答了"办什么样的学校"和"怎么办学校"的问题；它是通政小学办学历史上一次承前启后、继往开来的经验总结和成果提炼；它从顶层设计的视角为通政小学的长远发展提供了路径图；它丰富了通政小学的教育内涵，又强化了其品牌名校的传承力；它为基础教育学校特色发展和品质提升提供了可借鉴的模式和样板。

在"全人教育"办学主张的探索与实践中，学校进一步凝聚了学习发展合力，现代治理水平不断提升，治理能力明显增强，文化建设卓有成效，课程改革走向深入，队伍建设效果明显，教学质量稳步提升，影响力日益扩大。近年来，学校先后被评为全国文明城市·未成年人思想道德建设工作先进集体、全国首批健康促进区先进单位、中美千校携手项目校、全国青少年校园足球特色校、福建省首批义务教育管理标准化学校、福建省文明校园、福建省科技教育基地学校、福建省心理健康教育特色学校、福建省基础教育学科(音乐)教学研究基地校、福建省家庭教育特色校、福建省首批人工智能学校等综合性荣誉 31 余项；学校美名远播，全国各地的教育考察团纷纷前来参观交流。五年来，学校接待省内外 14 批校长跟岗交流，举办省市区级 20 场大型研讨；建立开放灵活的国际资源交流共享平台，参与中美"千校携手"项目，与菲律宾华校结为姊妹校，选派优秀骨干前往印尼华校支教，迎接中国香港、台湾参观团调研，开放式展示通政"全人教育"办学成果。同时，作为福建省泉州市鲤城区的百年老校、窗口示范校，五年来，学校开展组团片区间交流 50 次，送教 30 节；与西藏洛隆县四所学校结为对口帮扶校，12 次迎接西藏洛隆县师资团队莅校参观学习，多方位加强"智力"援藏、"生活"援藏。央视、学习强国、《人民日报》《福建日报》、福建电视台等主流媒体对学校办学成果进行了 150 次报道。

武汉市育才小学校长　晏　莉

"知行合一"理念的践行者

【人物简介】晏莉，现任武汉市育才小学校长。曾任武汉市育才第二小学教师、大队辅导员、德育主任、副校长、国际部副校长；武汉市育才行知小学校长；武汉市育才小学党支部书记。湖北省优秀教师，湖北省师德先进个人，武汉市学科带头人，江岸区区管专家，华中师范大学、湖北大学小学教育专业学位研究生校外导师，中国陶行知研究会常务理事。《基于场学习的实践育人廿年探索》荣获 2022 年湖北省优秀基础教育教学成果特等奖。

悟道："知行合一"的从教生涯

睿智、优雅、质朴，初见晏莉校长，就会被她独特的气质所吸引。在她的身上，感觉不到时下的浮躁，举重若轻的"慢"力量中蕴藏了含而不露、引而不发的定力和坚持。

提到三十多年教育生涯，她说，人生经历的风景越多，越能体会到快乐和痛苦相生相成、互相衬托的美丽。正如冰心先生的译诗：愿你的生命中有够多的云翳，来造成一个美丽的黄昏。

她先后担任武汉市育才行知小学和武汉市育才小学两所学校的校长，将陶行知教育思想理论、生活实践教育理论与学校工作实际相结合，领悟和学习现代教育理论精髓，并勇于因地制宜、知行合一地探索实践成效，推动师生共学、共做、共修养，让学校成为师生共同成长的幸福乐园；紧扣时代脉搏，以课程建设为主要抓手，探索"学科互涉，五育融合"的全面育人新样态。三十多年教育生涯中，她始终践行"实、活、真、创、爱、行"六个字。实——将生活实践作为教育的源泉；活——坚持教活书、读活书；真——崇尚真善美，反对假恶丑，教师要教人求真，学生要学做真人；创——培育有创造力的人生；爱——坚持自爱信条，培育大爱品格，启迪博爱人生；行——提倡教学做合一、知行合一。

启航：投身教育，反哺桑梓

"小时候，我在育才读书，长大后回到育才学校教书。育才既是我读书生涯的起点，也是我教书生涯的出发点。"

在晏莉的记忆中，快乐而充实的小学时光为她编织了校园生活的美好图景。争做百朵红花少年，六一篝火晚会，鼓号队、合唱队外出表演、种植蓖麻、葵花支持经济建设……丰富多彩的校园综合实践活动，既开阔了视野，又促进了全面发展；也为她之后的"育才"路奠定了底色。

基于自身受教育和成长的经验与体会，在武汉市育才第二小学担任大队辅导员时，她就十分注重寓教于乐，充分发挥红领巾陶冶优良思想品质的积极作用，将学校少先队活动组织策划得风风火火。在她的组织领导下，许多具有极强时代特色的主题活动，因效果突出、创新性强，受到了全国省区市少工委和学生、家长的一致好评。

任职副校长后，晏莉承担了学校德育工作规划的制定者、指导者和实践者的重任，在更大的舞台上发挥更大的作用。

她把德育全面渗透各科教学之中。鼓励各科按照本学科的特点，将德育有机渗透教学目标及教学过程中，从单纯的知识教学拓展到学生心理素质、意志品格和良好的学习习惯的全面培养。她大胆尝试，通过增设副班主任等措施，树立"大德育"观，有的放矢地在教学中推行相关教育的新思路，使德育渗透工作落到实处。

她将家庭、社区纳入德育工作一体化，形成教育网络。以"家长学校"

为阵地，对家长进行系统培训，提升家长的育儿素质；开发社会资源，让学生在社会实践活动中受到教育和锻炼，推行"创新素质实践行"活动，形成了300余篇有分量的调查报告；实施全方位分层"家访计划"，积累了大量的学生、家长、教师的第一手资料。

她积极贯彻"以科研为先导"推行素质教育的新思路。牵头承担了德育工作创新教育模式、中国青少年科技活动、心理健康教育、"中华传统美德"等四项科研课题的研究，撰写的论文多次在全国、省、区、市获奖，并被《成才》《教育科研杂志》等刊物转载。

她构建并在实践中推行以"参与、合作、竞争、发展"为基本特征、以"六变"为主要内容的创新德育工作新模式；制定了以《素质报告书》为标志的学生素质目标与评价体系，取代传统的《学生手册》，体现了"合格+创新"的教育特点，为武汉市育才第二小学被评为全国创新教育先进学校作出贡献。

她还十分重视艺术教育，将其视为德育工作的主要活动载体和展示形式。不仅保持了学校的传统特色活动，还不断开辟新领域，在创建"二团"（交响乐团、民乐团）、"六队"的基础上，大胆求新，组建成立了"百人曲艺团"。在她的支持指导下，学校艺术教育活动开展得有声有色，校管乐队、舞蹈队、弦乐队多次在省、市比赛中获一等奖，学生获艺术类奖项达到2000余次，学校也被评为市艺术教育先进单位。

从班主任到少先队大队辅导员、德育主任、校长助理，再到副校长，在工作实践中，她不断拓宽认知与眼界，沉淀了迎接机遇与挑战的底气。她将自己从育才中学学到、感受到、体会到的东西应用于教育教学实践之中，踏踏实实地走出了一条青年教师成长的榜样之路。

开拓：古来创业岂云艰

2005年，晏莉参与创办了武汉市育才第二小学国际部——武汉市第一批公参民试点小学之一。凭着一腔热血和对教育的热爱，她在这里开始了新的"创业"。

育二国际部既是武汉市江岸区优质教育链的布点工程，也是当时教育体制改革的试验点。作为一所教育"双轨制"寄宿学校，既有公办学校的特点，又有民办学校的成分；既有走读生，也有住读生；既有辖区内的义务教育片区内生，也有辖区外的择校生，管理工作特殊性和难度都非常突出。学校建设和发展面临了诸多困难：①校舍满足不了教育服务范围，划片辖区5~6年内至少有910名学生入学，如按原来18个班的校舍规模安排，已远远不能满足需要。②教师配置严重不足，学校没有配置充足的在编教师，90%教职员工属于临时外聘人员。③教育经费严重不足，学校建设和编外教师员工薪酬待遇均需自筹，等等。

晏莉作为国际部牵头副校长，具体负责学校日常全面管理工作，压力巨大。但是她没有退缩，而是树立了坚定的工作信念："一切以事业为重，一切以集体为重，舍弃个人名利，一定要在国际部干出一些实实在在的事情。"

教学质量是她的第一个突破口。晏莉与老师们一起绞尽脑汁采取了多项措施：从规范教学、教学流程管理入手，落实重点环节；发挥骨干教师和年级组长的引领和带动作用；加强毕业年级的质量监控；定期开展质量分析会，发现问题，及时纠正和帮扶等，在教师资源有限的条件下，整体提升了教学工作质量。

努力终有回报。国际部学生先后参加了全国省区市一系列比赛，取得了可喜的成绩，各类教育教学指标在同类型学校中名列前茅。多名同学被省、区、市重点中学提前录取。家长们纷纷送来锦旗和感谢信，感谢学校在提升教学质量上的用心和努力。

在育二国际部的工作实践中，晏莉深深感到，学校文化是学校实现可持续发展的动力源泉。学校文化建设是一段艰辛而幸福的旅程，又是一种知行合一的修行。为了激发教职工队伍的创业激情，学校领导班子提出了"一个目标、二项改革、三支队伍、'四化'建设"的办学思路，即朝着办一所高起点、高质量、高速度的"三高"实验性学校的目标，狠抓教育体制和教育教学改革，建设干部队伍、教师队伍、后勤服务队伍，进行"外环境园林化，内环境现代化，软环境人文化，整体环境精品化"的"四化"建设。

在热火朝天的"创业"氛围中，全校教职员工的荣誉感和责任感得到大幅地提升。经过五年快速发展，学校办学规模从 7 个班 400 余名学生增长至 29 个班 1300 名学生，实现新校创办目标，树立了良好的教学质量口碑，在后湖新区形成竞争优势，为学校持续发展奠定了思想和文化基础。

图变：开启行知教育之路

2011 年底，顺应教育改革的需求，武汉市育才二小国际部从公参民转为公办，学校正式更名为"武汉市育才行知小学"，晏莉出任校长。

当时，她面临的情况是：学校正处于十字路口，管理体制、办学模式、发展定位、思想观念、人员结构等一系列转型难题亟待解决，教职员工处于困惑、彷徨和观望之中。在这样的形势下，她深刻思考与把握学校转型的核心命题，把学校未来发展与师生共同成长两个方面问题紧密结合起来，从容破题，沉着冷静地抓了影响深远的三件大事。

首先是树立信心，勇于转型。晏莉带领全体教职员工一同思考和交流，开展了"学校向何处去？我们向何处去？"的大讨论。从当前教育改革的大形势，从教职员工自身发展的期望，从对一代又一代学生的成长要求等角度，畅所欲言，不回避矛盾，聚焦学校发展与教职员工自身利益核心问题，最终，大家统一思想认识：只有将学校事业发展推向新高度，才能赢得自身事业发展的新机遇。大讨论成功地稳定了学校大局，消除了不稳定情绪、彷徨观望想法、临时工作态度等；通过换位思考、互动交流，增强了全体教职员工的凝聚力和向心力，激发了大家二次创业的激情以及对未来光明前途的憧憬。

其次，对学校进行重新定位，提升办学理念。晏莉认为，贯彻中央教育发展方针政策，结合实际对学校办学思路进行重新定位，这是下一步学校发展的重中之重。她与中国陶行知研究会取得联系，参与陶行知先生诞辰120周年的活动，带领学校骨干团队在一个半月的时间里，先后到上海、南京、杭州、厦门、嘉兴参加了一系列学习交流活动，通过对比差距、思考领悟，大家对素质教育改革与创新的先进经验和前沿问题颇有感触。

在此基础上，晏莉在全校教师中发动了第二波头脑风暴，在教师大会上动情地诠释自己的思考与理念。

我们教育的根本目标是什么？答案是：为了未来的社会更美好！

回顾几千年的历史长河，人类文明进步均来自创造精神；我们今天享受的物质和精神生活，也都来自前辈们一点一滴的创造。可以说，没有创造就没有今日之世界，停止了创造，社会就停止了进步，人类也将走向灭亡。正像陶行知先生提倡的那样——"天天是创造之时，处处是创造之地，人人是创造之人"，我们的教育就是要培养富有创造精神的新一代，让教师和学生在智慧创造中激扬生命、享受成长，让每一个人都拥有创造未来、塑就人生的能力，由此推进社会日新月异的发展。

科技进步创造了美好的现代生活，同时也创造了毁灭一切的利器。若仅有科技没有人文，则社会发展会迷失方向，甚至导致灾难和倒退。博爱的人文精神是医治战争创伤的良药，也是避免重蹈覆辙的疫苗，更是人类社会反省与进步的指针。同时，爱是一切创造和教育之源泉，没有爱就没有创造，也没有教育；爱是和谐社会的核心理念，只有爱祖国、爱社会、爱世界，才能爱事业、爱人民、爱奉献。因此，我们要在每个孩子心里播撒博爱的种子，坚持自爱—施爱—达爱—传爱的准则，让爱代代相传。

当我们每个人都充满爱心地去创造，为社会创造更多更美好的东西，同时用爱心去体验人生的时候，我们的世界该多么美好！

晏莉的激情演讲在广大教师心中引发强烈共鸣，大家集思广益、民主集中,重新制订了学校发展的中长期发展目标,确定了"培育创造之花,启迪博爱人生"这一新办学理念,制定了"教育水平现代化,素质教育特色化,管理运行数字化,文化交流国际化"的"四化"办学目标。

在新的办学理念指引下,学校与时俱进地进行了重新战略定位,不仅把当前教育改革的主攻方向融入办学理念,而且提出了耳目一新、着眼未来的特色化办学目标;更重要的是将学校教育提升到历史使命和社会责任的高度,为学校文化建设奠定了坚实基础。

接下来就是:真抓实干,突出品质,精塑特色。晏莉提出"品质是办学之本,特色是成功法宝"。学校转型期间,突出推进了国学素养、艺术素养、体育素养和外语素养四大特色育人项目的创新与落地,受到了社会各界、学生家长的广泛关注与欢迎,不仅宣传了学校办学特色与理念,也为学校走品质教育、特色教育之路奠定了良好的开端。

当年,正值伟大的教育家陶行知先生诞辰 120 周年。10 月底在杭州举行的"陶行知诞辰 120 周年国际学术研讨会"上,她结识了中国陶行知研究会会长朱小曼、华中师范大学博士生导师周洪宇教授等教育界大咖,结交了南京陶行知纪念馆馆长汤翠英、南京市浦口区行知教育集团总校长杨瑞清、北京黑芝麻胡同小学校长杜军等教育前辈。在与前辈同行的学术研讨和交流中,晏莉领悟到生活教育的博大精深,汲取许多先进办学经验。为了系统性地、前瞻性地提升学校教育理念和办学品质,她组织申请并获得全国首批"中国陶行知研究会实验学校"挂牌。"作为行知路上的新兵,立志成为行知路上的尖兵。"这是晏莉在"陶行知诞辰 120 周年国际学术研讨会"上的表态。

经过半年时间的缜密思考、有序推进,晏莉带领学校成功实现了转型,全体教职员工精神面貌焕然一新。2011 年 12 月 31 日,学校举办了隆重的"武汉市育才行知小学"和"中国陶行知研究会实验基地"的挂牌仪式。全体教职工对未来充满自信与希望的朝气、投身教育的职业尊严与神圣感,深深感染了与会的市区领导、中陶会专家、学生家长代表。学校挂牌仪式既展示着其新定位、新理念，也象征着学校新发展征程的开启。

求索：聆听"陶花"绽放的声音

2012年至2018年，晏莉快速地走在对现代教育理论的学习、实践的求索之路上，同时也带领武汉市育才行知小学进入了全新发展阶段。她将陶行知教育思想与学校实际相结合，在继承发展、改革创新的指导思想下，积极践行"培育创造之花，启迪博爱人生"的办学理念和"教育水平现代化，素质教育特色化，管理运行数字化，文化交流国际化"的办学目标。

在办学实践中积极倡导陶行知"天天是创造之时，处处是创造之地，人人是创造之人"的创造精神，让老师和学生在智慧创造中激扬生命、享受成长，让每一个人都拥有创造未来、塑造人生的能力。创造精神也被她运用到课程设计当中。她带领团队在学校规划和推行了四大系列特色课程：国学素养、艺术素养、外语素养和体育素养。通过四大系列特色课程，可以使孩子们在小学阶段接触到足够的知识面、吸取足够的文化营养，为将来成长为创造型人才、成就幸福人生奠定良好基础。

七年间，晏莉和她的团队探索构建了"行知特色"的实践教育模式，使"生活即教育，社会即学校，教学做合一"的理念深深根植于学校土壤，师生们都尝到了生活实践教育的"甜头"，体会到知与行、书本与实践、动手与动脑、学校与社会有机结合的教育奥妙与成效。

具有"行知特色"的育才行知小学教育事例被大家津津乐道。

建设空中生态科普教育基地——2012年2月，学校在教学楼顶层开发了"空中生态园"一期工程，面积约300平方米，种植了葡萄、橘树、辣椒、丝瓜等三十多个品种。2015年3月，又引进了当归、射干、白芷、白芍等中药材，开发了约900平方米的生态园二期工程。

这个特色项目的初衷是，让孩子了解农田农业农民，普及生态科学知识，培养孩子亲近自然、热爱劳动的良好素养。后来，"百草园"发展成了

"屋顶课堂",不仅成为师生劳动实践基地,还为多学科校本课程开发提供了内容蓝本和拓展空间。学校开设了校级和班级植园社团,让师生全程参与植园的管理与劳动实践之中,并进行定期评比,比种植、比管理、比产量、比产值、比记载等。聘请植物、中药专家进校授课;教师组织编撰了多学科课程《植园》;美术、数学、科学等课堂教学直接搬到了屋顶上。学生综合实践活动从种菜、采摘、卖菜,延伸到了"良心秤"使用、价格换算,等等;家校委员会设立"无公害蔬菜义卖"专项基金,用于帮扶留守、贫困、残疾儿童。生态园不仅让孩子和家长们乐在其中,更让孩子们学到了许多从书本里学不到的东西。

举办"童心生花"学生艺术作品展——晏莉提出"童心生花,爱满天下"的创意,将艺术教育升华为生命教育:"艺术的美不在于完美,而在于闪烁的艺术火花是否让人们感受到美好和真诚,在于它与生俱来的感染力。从孩童的涂鸦到学生作品展览,反映的正是一种对艺术、对生活的美好向往和追求,这种追求正是一座城市、一所学校、一群孩子的生命源泉所在。"她带领团队精心策划举办了两届"童心生花"学生艺术作品展,不仅是展示学生"童心童趣"、汇报学校艺术教育成果的窗口,更是搭建了一个互动交流舞台,让所有参与者感受艺术魅力并受到鼓舞。展示作品中,有孩子成长的脚步,有孩子眼中的世界,有孩子们的希望与梦想;这是孩子们送给自己、家长和老师们的一份特殊的成长礼。展出的学生作品被家长们和社会人士踊跃认购一空,义卖善款通过武汉市残疾人联合会,捐赠给了一个孤独症儿童培训机构,帮助有梦想的残疾儿童学习艺术。活动期间,善款捐助残疾儿童学习艺术,其间发生了一系列励志故事。这种具有特殊意义的学生艺术作品展览活动,体现着"五育融合"的内涵,流淌着真情实感,向每一个家庭、每一个人传递"启迪博爱人生"的学校文化理念。

开展中华优秀传统文化进校园活动——从民族音乐到戏曲,从诗词诵读到书法,积极地将中国文化精粹融入学校日常教学和文体活动中;持之以恒地推进"诵经典 书名篇"日诵日写、亲近母语系列活动;每日晨读经典,午练书法，以 1200 名学生同时写书法创造了吉尼斯纪录；聘请国学大师唐翼民教授给家长和学生授课，谈家风、忆家训，普及和培养文化当从家庭教育做起，树立正派家族的风气与教养，内化为家族每个成员的品行与气质，沉淀为代代流淌的文化基因；学校组织"拜民俗大师，传非遗文化"活动，特别聘请了雕花、剪纸、风筝、灯笼、泥塑等方面的 13 位非遗传承人作为学校客座讲师，每周为各班级学生上一堂"大师级"手艺课，让孩子们了解非物质文化遗产，感受工匠精神，并挖掘传承非遗文化的好苗子，让孩子们的国学素养和艺术素养得到丰富与提升；将传统武术引进校园，所有班级每周一节武术课；每逢传统节日，让孩子们进食堂动手学：包饺子，做月饼，包元宵，包粽子……

开设各类培养学生综合素养的社团活动——学校提供空间、时间、资源，组织各类学生社团活动，从引导学生兴趣爱好，发展至专业训练。科学方面，引进了清华大学卡魅实验室、STAM 课程、台湾元智科学课程；戏剧方面，排练话剧、莎士比亚英语戏剧；音乐方面，组建交响乐团、民乐团、合唱团等；体育方面，推行"阳光大课间"活动，各班级开展各类特色运动项目，如抖空竹、跳绳、踢毽等，其中大自然快乐操，在第三届两岸三地校园大自然快乐操交流活动中获"最佳和谐奖"……这些社团活动不仅成为丰富多彩的校园生活一部分，更为孩子们综合素养发展提供了土壤和阳光。

开办传播"行知故事"的朗读者和大讲堂——晏莉带领组织创办《育才行知报》开放宣传学校教育教学活动，展示学生、教师和家长的作品；她亲自参与开展家校共建、社校共建活动，灵活善用各类教育资源，传播科学教育理念和方法。例如，参加市民大讲堂，校长、教师、学生与食堂师傅同时登上舞台，讲述行知生活教育故事；开办"行知朗读者"播音栏目，广泛动员师生家长积极参与，用声音讲述传播真善美；参加社区《校长读书会》分享，传播现代教育理念，为家长们解答教育问题和疑惑。

倡导国际视野的行知教育——伴随办学品质提升，学校国际交流活动也得到了长足发展。2012 年 11 月，"英国中小学教育国际论坛"课程体验活动在育才行知小学举行。学校英语社团的出色表现，赢得了现场国内外嘉宾的高度赞扬。湖北经视、《长江日报》《武汉晚报》《长江商报》等媒体争相报道。中英双方签订了《武汉市育才行知小学与贝尔教育基金会协议》。2013 年 5 月，英国贝尔学术团队回访学校；10 月，美国田纳西州中小学校长一行 19 人到学校交流访问；同月，比利时驻华使馆来校参观考察；11 月，学校获邀前往比利时布鲁塞尔考察；2014 年 2 月，学校师生代表前往英国进行为期一个月的课程交流和活动融合；同年 9 月引进英国外交专家扎根常规教学与开展特色主题活动。2017 年，英国安妮公主访问武汉，育才行知小学的莎士比亚戏剧社为尊贵的英国安妮公主演绎莎翁名剧《麦克白》，得到了一致赞许。

在育才行知小学的七年，晏莉认真研读、深刻领会陶行知教育思想理论，并灵活应用于学校教育教学管理实践中。在学校定位、办学思想、用人机制等方面进行大胆实践创新，切切实实地兑现了她当初的表态，学校在行知路上取得了一个又一个新突破。学校先后荣获了中国陶行知研究会实验学校、全国校园文化建设实验基地、全国特色教育示范单位、湖北省音乐家协会少儿艺术培训基地、武汉市学校艺术教育先进单位、武汉市书法教育特色学校、武汉市"十佳"书香校园、武汉市"经典诵读·优秀传统文化进校园示范学校"、武汉市"十二五"中小学有效德育建设工程先进单位、武汉市"十二五"教育科研工作业绩突出单位、2012 年国际数学能力测试比赛团体金奖、江岸区素质教育特色学校和江岸区现代化学校等荣誉称号；晏莉个人也被评为中陶会常务理事、全国优秀陶研工作者，同时被聘为华中师范大学教育学院小学教育专业学位研究生校外导师。博爱之花、创造之花开满育才行知校园，学生综合素养发展得到家长们广泛认同，上级领导、社会各界对学校办学成果都给予高度评价。

传承与弘扬：将教育与未来生活幸福结合在一起

2019 年，惜别育才行知的红火、成果和荣誉，晏莉调至母校育才小学任职。

育才小学是一所有着 68 年办学历史和丰厚文化底蕴的学校。1954 年，为了解决南下干部子女入学问题，武汉市人民政府创办了武汉市干部子弟学校。这所有着红色基因的学校随着时代变迁和社会发展历经四次更名，于 1984 年正式更名为武汉市育才小学。学校前 12 位历任校长在不同的时代，顺应社会发展需要，贯彻执行国家教育方针政策，创造了育才的辉煌历史；可以说，武汉市育才小学的发展史就是中华人民共和国基础教育发展的缩影。"给学生最美好的童年，给人生最坚实的起步"的办学理念和"和而不同"的校训不仅打下了深刻的时代烙印，而且体现了深厚的文化底蕴。一代代育才人始终继承和发扬"乐于奉献、卓绝拼搏、不断追求"的精神，将学校打造成为武汉市、湖北省的优质教育名片，在全国范围内拥有较高的知名度。

晏莉为母校育才小学的悠久历史和优秀文化所感染，并对此感到自豪。她一直思考：育才小学以"育才"为名，天生就带有陶行知生活教育思想的基因。面对新时代的挑战，学校的新起点在哪里？新时代中国特色社会主义建设对教育改革提出了更新要求和更高标准，我们如何摆脱"教育与生活脱节、学校与社会脱节、教学与实践脱节"的误区，将教育与每一个学生未来生活幸福结合在一起。

2019 年 6 月 23 日，中共中央国务院下发《关于深化教育教学改革全面提高义务教育质量的意见》（以下简称《意见》）。这是中华人民共和国成立以来，第一次以中共中央、国务院名义出台的聚焦义务教育质量的纲领性文件，意义重大，影响深远。《意见》提出的基本要求是：树立科学的教育质量观，深化改革，构建德智体美劳全面培养的教育体系。

在新时代中央教育改革方针指引下，晏莉结合学校实际，在传承育才以往文化理念和特色的基础上，提出了"六个更加"的工作目标：学校管理更加科学、教育教学更加现代、学生发展更加全面、教师发展更加广阔、师德师风更加规范、学校文化更加兴盛，在全校展开脑力激荡大讨论，以此引导和点燃大家参与学校建设和发展的激情。同时，为了继往开来、与时俱进，提出了"全面发展，知行合一，文化自信，大德大爱"的学校新时代育人目标，进一步丰富完善了育才文化理念体系，以高屋建瓴的视角和大局观，为学校制定了充满新时代色彩的未来发展目标。

2020年1月，面对突如其来的防疫措施，师生、家长焦虑不安、不知所措。"大家都蒙了。不知道'疫情'什么时候是个头，也不知道'封城'什么时候结束，更不知道网课怎么上。"

晏莉认为，对孩子来说，最好的教育往往来自经历和体验，所有危机都是绝佳的教育契机。在她的积极组织策划下，在那个至暗时刻，一个个鲜活的生活教育故事却在育才小学不断上演。

承载教育温度的信——"封城"第一天，她给育才小学全体同学写了一封信，给他们送去温暖，带来希望，同时鼓励孩子们安排好特殊情况下的寒假生活。她给全校师生写了第二封信《对春天的期盼》，鼓励全体师生战胜恐惧和悲痛，投身于生活教育实践中，上好这节人生生活教育课，迎接春天的到来。

"云端"开学典礼——2月10日，"封城"之中，学校借助网络媒体组织"云端"开学典礼，给每个学生上开学第一课。她借'抗疫'生活实践，传播生活教育理念，鼓励孩子们爱国、爱人民、爱家人，自强、自立、自律，树立正确的"三观"。这场线上开学典礼影响巨大，已毕业学生的家长、育才退休老领导、老教师和其他关注育才的社会人士纷纷点赞。

网上的生活教育实践课程——针对居家隔离期间，学生生活规律被打乱，有的沉迷于电子游戏，家庭矛盾凸显，负面情绪困扰等问题，晏莉组织教师团队、家长们一起参与开发和实施系列生活健康课程、生活体验课程，引导学生养成积极阳光的生活态度，活出科学健康的生活方式；倡导知行合一，动手操作，学生们尽情秀出各种劳动成果。

最美的空中陪伴——"封城"期间，本着"停课不停学、成长不延期"的精神，学校运用现代教育技术拓展超级网上课堂，录制"空中课堂"学科课程 490 节，其中片区级共享 112 节；采用"育才笔记"的形式线上答疑 7612 次，互动答疑 3045 次，确保了非常时期学生学习进度和教学质量。

讲好育才'抗疫'小故事——复工复学之后，学校充分挖掘典型人物和事例，推出 72 期"育才动态"，34 篇《育才故事》，用好"生活"这本最鲜活的教科书，上好生活课。师生们积极创作了一大批优秀作品：宣传片《抗击疫情，育才人在行动——致敬医护家长》，原创诗朗诵《我爱你，武汉》《中国力量》、原创歌曲《没有你的陪伴我很乖》《爱因为在心中》、原创快板作品《育才人，好样的》，方言广播剧《对门》等多次被《学习强国》《人民日报》微信公众号等权威媒体转载报道。其中，原创歌曲《我是突然长大的小孩》在《人民日报》微信公众号、央视网、光明网推出，点击量超过 130万，影响广泛。育才故事直抵学生的心灵，不但对他们当下的成长，而且对其未来的成长，都将起到巨大的作用。

育才的教师队伍有 200 多人，"不说个个身怀绝技，也算是卧虎藏龙。"这是一支业务能力突出的队伍，也是一众性格各异、古灵精怪的个体。将育才的教师凝聚和锻造成一个能打胜仗的优秀团队，是学校领导管理水平的"试金石"。

晏莉崇尚"虚己以游世"的人生态度，善于营造无拘无束、春和景明的校园生态环境；她善于听到不同的声音，从而多一份冷静与理性；她不借名势，从不"咄咄逼人"，而是平易近人；虽然不显山不露水，但精明干练、睿智坦诚；她经常走进课堂和办公室，和老师们"聊聊家常、说说冷暖"；工作在谈笑风生中"润物细无声"、渐入佳境。和谐关系凝聚教师们人心，学校发展的共同愿景激发无穷动力，形成了教师与学校共同和谐发展的大好局面。

晏莉鼓励老师们做拥有大情怀、大境界、大学问、大人格的新时代的"大先生"。针对本校教师专业可持续发展，学校坚持"以师为本"这一核心，依托两大路径(专业发展路径及管理提能路径)，实施三大工程(胜任教师青蓝工程、优秀教师强基工程、卓越教师提能工程)，助力四类群体(新手型教师、适应型教师、熟手型教师、专家型教师）的可持续发展。自 2020 年起学校设立了 14 个名师工作室，搭建青年教师成长平台。"育才杯"就是学校为教师成长搭建的舞台。"育才杯"赛事 2004 年首届，2007 年第二届，时隔 15 年，到 2022 年第三届。"育才杯"教学比武大赛中走出了多位教坛名师，他们也得到了社会各界的关注和认可。此届大赛历时 147 天，其间经历了作业设计比武、课堂教学初赛、复赛等环节。老师们以全员参与的阵容、全学科覆盖的底气，贡献了 226 份作业设计、181 节教学课例、20 节公开课展示。总决赛现场答辩涉及核心素养、新课标理念、跨学科融合、作业设计等多个方面。要做新时代的"大先生"，不仅要在学识、能力方面敢为人先，为学生指点迷津、授业解惑，更要在人位、思维等方面提升自我，塑造学生的品格、品行、品位，培养更多能够担当民族复兴大任的"小先生"。

在她的倡导与带领下，争做新时代"大先生"和"小先生"，已在育才小学蔚然成风，人人都是学校的建设者和创造者，师生在自主管理中勇敢做自己，创造性成长。

再出发：建设面向未来的学校新生态

武汉市育才小学即将昂首阔步迎来七十华诞，也进入了全新的发展时期。要继承发扬往日的辉煌，成为一所新时代的名校，必须面向未来交出人民满意的教育答卷。

未来之教育，明日之学校应该是什么样子的？如何建立"面向未来的学校新生态？"晏莉高屋建瓴地将这个课题剖析和提炼为"四大体系"建设：一是开放包容的文化体系。文化理念指导大方向，确保办学目标与时俱进地契合社会发展和文明进步；二是五育融合的课程体系。优秀的学校一定要用先进的课程体系确保培养全面发展、知行合一的学生，为学生终身发展筑基；三是科学规范的管理体系。学校管理要调动各方面积极因素服务办学目标；四是丰富多元的资源体系。陶行知说："不利用社会资源的教育，是无能的教育。"因此，现代学校要坚持开门办学，要充分整合多方面资源为教育教学所用，体现"生活即教育，社会即学校"，实现教育真真切切地与社会发展需求接轨。四大体系相互关联、相互促进，构成"未来学校"的四梁八柱。所谓体系建设，则要求长远规划、系统实施、持之以恒、聚沙成塔，而不能盲人摸象、"你方唱罢我登场"片面赶时髦、"想一出是一出""东一榔头西一棒子"。

围绕面向未来的教育构思，晏莉领导编制了学校"十四五"规划，展开了波澜壮阔的、生机勃勃的育人画卷，去构建一个能够"培养学生学习兴趣，促进学生创造性成长"的面向未来发展的学校新生态，使学生有时间浸润文化、有空间开拓视野、有兴趣综合实践、有快乐满足于心，从而成长为"全面发展，知行合一，文化自信，大德大爱"的新时代中华少年。

在这样的指导思想下，晏莉带领着育才团队再出发：

梳理和重新建构"育才课程"体系——在"国家课程、地方课程、校本课程"的三级课程中，以全面落实国家课程为基础，在"生活·实践"教育理论的指导下，推进校本课程开发，逐步实现从"三级课程"向"三类课程"的迭代，形成具有融合性、互涉性的"学力夯基""学科拓展"与"筑梦延展"课程。在课程开发与建设中，她倡导以知促行、以行践知、知行相互促进，更好地培养孩子们的学习兴趣，为他们开启通往未来之门，帮助他们建立起探索未来的勇气。

聚焦教学科研，探索与实践"五育融合"课程——她带领团队钻研课程开发、编撰出版了专著《场学习——场馆课程的构建》，撰写了《基于"学科互设·五育融合"的场学习——以育才小学的课程建设探索为例》《未来学校的新生态：从拓展空间到场学习革命》等一系列论文。学校基于"场馆·场所·场景"特色课程开发与实践，已获得湖北省第二届基础教育教学成果奖特等奖。

不遗余力地发展、推广特色课程——虽然地处一个南方城市，学校在地域条件受限的前提下，下定决心、排除万难，多年来坚持将创新发展冰雪项目作为重点课题、难点工程，组建了湖北省首支公立学校校园冰球队、花滑队、滑雪队。2021年11月，学校被冬奥会新宣部及教育部中外人文交流中心选定为"共迎未来"全国冰雪姊妹校单位。学校成为武汉市体育局、市教育局授予的首批"冰雪特色学校"。在北京2022冬奥会期间，学校冰雪队被央视媒体、学习强国官网、《人民日报》、湖北电视台、武汉电视台、《长江日报》等多家媒体报道，育才"冰雪项目"品牌俨然已成为学校一张亮丽的名片。又例如，学校头脑奥林匹克项目有辉煌历史，团队连续六年勇夺国赛一等奖，四次名列世界前五名，两次摘取世界桂冠。晏莉把这个金字塔尖的项目，以课程形式推广至全校学生参与。2021年12月迎新嘉年华头脑奥林匹克隆重开赛，数十支参赛队用艺术表演的手法，幽默地、创造性地体现长期题的解题过程。学生们充分利用日常废旧物品，发挥所学知识技能，依靠团队的力量，精心编写剧本、设计服装道具，在舞台上淋漓尽致地表演展示；不仅赛出智慧、赛出风范，更是极大地锻炼了创新思维和自主动手能力。以往只有少数学生参赛的精英训练项目，现在演变为参与者广泛的校园实践活动，无论是作为参赛者还是作为观众，都身处于寓教于乐之中。

着力于风清气正，完善民主管理——她在学校大力推行民主管理，能够保障广大教职工的合法权益，充分发挥教师的积极性、创造性，提高学校各方面工作质量，营造风清气正、和谐健康的校园文化。学校聘用教师人数为130人，占到全校教师总数的50%，为了让老师们有认同感、归属感，2021年9月至2022年3月，学校为了通过一个方案——优绩奖，召开了八次教代会。只为构建"正向激励、创先争优、优绩优酬"的奖励激励机制，对师德特别优秀、业绩特别突出的聘用教师，在资金可行的额度内，使其工资待遇逐步向同工同酬的标准靠近。从而有效稳定并优化聘用教师队伍，促进学校持续优质发展。八次教代会，大家对于测算方案一次又一次地讨论，充分发挥民主、倾听民声、汲取民智、保障民益，畅通表达渠道，营造了风清气正的氛围。

　　统筹整合社会实践教育资源——她身体力行解放思想、开门办学，建立校内外社会实践资源的协同共享机制，实现校内校外教育资源的有效融合，搭建了独具生命力的教育共同体平台，进一步加大学校全面建设的力度。2022年，在武汉美术馆挂牌成立"武汉市育才小学美育实践基地"，与马口窑陶艺实践基地建立美育合作关系，与卓尔书店、武汉革命博物馆、空军预警指挥学院、火箭军指挥学院、长江文明馆、武汉自然博物馆、相关金融企业、武汉市艺术学校等建立研学课程合作关系。定期与知名院校清华大学、中国科学院、华中科技大学、华中师范大学等开展主题项目合作。成为华中师范大学研究生实训基地(湖北省唯一一所小学)。

　　昨天、今天、明天的接力，既是开启，也是延续；既有积淀与传承，更是激发新意的再出发。三十几年来，在一次次的寻根问道中，晏莉的"以知促行、以行践知"理念和行动力成为学校科学发展的动力之源。她始终远离舍本求末的喧嚣，看淡人生旅途的起伏曲折，一如既往地怀揣最真实、最淳朴、最自然的教育初心，怀揣着像陶行知先生一样炽烈真诚的教育激情，奔走在通往未来的征途上，追求教育真知、追梦育才事业！

北京市海淀区万泉小学校长　朱　郁

知行合一，做幸福的传递者

【人物简介】朱郁，女，中共党员，正高级教师。1969 年 6 月出生，毕业于首都师范大学教育学专业。从事教育、教学、管理工作 36 年，2007 年 9 月至 2022 年 1 月担任北京市海淀区培星小学党总支书记、校长，2022 年 1 月至今担任北京市海淀区万泉小学校长。曾被评为北京市中小学优秀德育工作者、北京市小学规范化建设工程先进个人、海淀区教育系统优秀党支部书记、校长，并被推选为海淀区第十一次、第十三次党代会代表。2019 年被聘为中国教育学会小学教育专业委员会第三届理事会学术委员会委员。

作为沂蒙红嫂的后代，拥有浓厚家国情怀的朱郁校长，师范毕业后在海淀这片沃土上辛勤耕耘了 36 年。她感受着千姿百态的生命涌动，构建着自己的思想高地，也逐步形成了以人为本的管理观、知行合一的课程观、自主发展的师生观和协同互助的育人观。她认为：挖掘红色资源，创新大思政教育，筑牢红色根基，是师生自主发展之根；丰富多样可选择的课程资源，新生态的高效课堂，是师生自主发展之本；学校以人为本，营造绿色生态文化，不断激发办学活力，是师生自主发展之源；统筹家校社资源，共创协同育人新模式，共画教育"同心圆"，是师生自主发展不竭的动力。

知行合一，成为更好的自己

2007 年 9 月，朱郁校长成为北京市海淀区培星小学的书记、校长。这所学校成立于 1950 年，位于风景秀丽的玉泉山和西山脚下，诞生在部队摇篮，具有浓郁革命传统。这所小学由原来两所部队子弟小学——培红小学和红星小学合并而成。学生三分之二来自部队大院，父辈血脉中的红色基因、耳濡目染的军营生活，为他们的成长打下了红色的底色。

朱郁校长将传承红色文化，厚植爱党爱国情怀作为落实立德树人育人目标的最重要抓手，从师德师风的建设、校园文化的营造、课程体系的构建、家校社协同合作等方面加强顶层设计，创造性地开展大思政教育，让红色文化的内涵和教育因素有机地融入学校的每一项主题教育，融入每一个社团活动，渗透到学校的管理、课程、文化之中，打造以民族精神为核心的、红色文化鲜明的优质学校。

（一）正己正人，坚持做好师德师风的建设

作为沂蒙精神的传递者，作为一名共产党员，朱郁校长把坚定正确的政治方向放在首位，全面贯彻党的教育方针，忠诚党的教育事业。在担任培星小学书记和校长的十几年时间里，借助三分之二的生源来自军人家庭这一独特的地域资源，通过挖掘校史资源开展红色文化教育的实践研究，不断践行为党育人、为国育才的使命。

朱郁多次带队走进贫困学校送教助学，帮助13所贫困学校的师生获得发展。她参加北京市百姓宣讲活动，讲述海淀故事，传承红色精神。同时，她将党建引领与师德教育相融合，带领干部教师走进红色基地，坚定理想信念，走访离退休教师，用身边人教育激励青年教师爱岗敬业。她始终坚信：教师成长的土壤关键在教研组，因此特别关注教师间的协作效应与提升路径，坚持鼓励同伴互助，坚持十几年的青蓝工程、名师工作室、骨干教师引路课成就了一大批魅力教师，骨干教师比例从最初的两三个到现在占一线教师的30%。

（二）文化浸润，将爱党爱国根植学生心田

为了培养爱党爱国的红孩子，朱郁校长将立德树人的育人目标与学校红

色文化的传承紧密结合，利用红色的校史讲好培星故事、传承优良家风，创造性地开展大思政教育：十五年的"少年军校"培养了学生坚毅的品质；十二年的"军营入队"让学生理解了保家卫国；坚持十年的"清明祭扫"让学生坚信信仰的力量；六年的"志愿服务"让学生体验到奉献的快乐；三年的"红色研学"让孩子们在行走中触摸历史、珍惜幸福。红色教育走进了教材、课堂、活动和家庭，打造了全员、全过程育人的环境，把爱国情、强国志、报国行的爱国主义情怀根植在了每一个培星学子的心中。2003年，学校被评为"首都先进少年军校"，并在海淀区国防教育展示中获得优秀方阵奖。学校还连续10多年被评为"国防示范校"。

（三）课程育人，学生德智体美劳全面发展

陶行知先生认为："全部的课程包括全部的生活，一切课程都是生活，一切生活都是课程"，主张把教育与生活完全融为一体。抓住课程建设，就抓住了与学生对话的载体。从2014年底，朱郁校长带领培星小学的研究团队围绕"厚德博学、知行合一"的育人目标，从五个领域整体规划设计，努力构建知行合一的课程体系，引导学生综合运用多种能力解决真实生活中的真问题，促进了学生知与行的协调发展和综合素养的形成。特别是德育教学的相互融合，打开了协同育人新途径，实现了教育效果的最大化。令人欣喜的是，每位教师作为课程的开发者和实践者，学生观、教学观随着课程的建设日益变革，改进了以教与学的方式为核心的素养培养服务效果。知行课程建设与高效课堂构建相互促进，让学校发生悄然变化，赋能学生发展。

课程落地生根需要有趣高效的学习载体，于是，朱郁带领老师们编写了"知行"课程系列教材《语文阅读1+1》《智慧生活，非你莫"数"》《民族精神代代传》《小学陶艺教学》《她们与森林》《快乐科学》等。2017年她和研究团队共同撰写的《基于学生核心素养的"知行"课程体系建设的实践研究》获得了市区级基础教育课程建设优秀成果一等奖。在由北京市教科院课程中心举办的学科实践活动展示交流研讨会上，她向全市300多名同行分享了课

程建设的经验，还在海淀全区教学大会上做了典型发言。

（四）挖掘资源，家校社协同育人

"生活·实践"教育理论认为学习空间不仅仅局限于物化课堂，还包括校园文化、大自然、社会生活、智能化的云空间等显性和隐性的多维空间。培星小学周边与十几个部队大院和科研院所相邻，长期的军民共建形成了稳定而密切的合作关系，双方血脉相连融合发展，丰富的教育资源也成了学校办学的最大优势：朱郁校长带领老师们携手周边社区资源建立了协同育人机制，确立了六个培星小学红领巾实践教育基地。借助周边资源，每年带领孩子走进社会大课堂：走进李大钊烈士陵园进行扫墓、走进植物园一二九纪念亭祭奠革命烈士、走进西山国家森林公园无名烈士纪念广场缅怀先烈……活动不仅让孩子们有了刻骨铭心的人生体验，也教会了他们奉献爱心，懂得了承担责任，逐步成长为有爱国心、民族魂、报国志的红孩子。与此同时，学校还携手专业的家长资源，建立了培星小学红色教育家长资源库，吸纳了一大批从事国防、装备、生态环保等不同领域的专业精英走进学校，开设家庭教育大讲堂，引导孩子们从小树立起报效祖国的远大志向与理想。

在朱郁校长的带领下，北京市海淀区培星小学先后获得"首都精神文明单位标兵""北京市课改先进单位""北京市健康促进学校""京城最具幸福感领军小学""海淀区首批新优质学校"等多项荣誉称号。

营造绿色教育生态，传递教育幸福

2022年1月，作为北京市海淀区第一批交流轮岗的校长，朱郁来到了万泉小学。这所学校建于1933年11月1日，前身为北平市立坊属万泉庄简易小学。中华人民共和国成立后，命名为万泉庄小学。1995年，学校更名为万泉小学。自1985年以来，在四代书记、校长带领下，万泉小学实现了快速高质量发展，发展成一所拥有一校三址、118个教学班、300多名教职员工、近 5000 名学生的北京市素质教育优质学校、海淀区的大校名校。来到这所全新的学校，作为新校长的朱郁该如何布局谋篇？她选择以学校"十四五"规划（2021—2025）为突破口，邀请原北京开放大学副校长张铁道教授，北京教育学会陶行知教育思想研究专业委员会理事长、首都师范大学杨朝晖教授等专家参与，与学校干部一起开展头脑风暴，进一步学习、梳理、凝练"十四五"规划。

新修订后的"十四五"规划，以品质为核心，以努力建设高品质的万泉小学作为核心任务，将培养具有家国情怀、国际视野、创新精神的担当民族复兴大任的时代新人作为总目标，分目标包含管理育人、课程育人、教学育人、文化育人、活动育人、协同育人、服务育人等 7 个方面："五育融合"的教育体系更加健全；新生态课程体系更具特色；核心素养在教学过程中指向更加明确；课内外学习活动一体化设计更加完善；"家校社"协同育人机制更加健全；全员全过程全方位服务理念更坚实。

朱郁希望通过顶层设计和扎实的实践在学校文化、现代化管理、教师专业发展、课程体系建设、理想课堂样态和高素质学生群体等方面实现新的突破，形成书香万泉、科技万泉、健康万泉、艺术万泉、智享万泉等"品质万泉"发展新格局。蓝图已经绘就，工作方案已经明确，奋斗正当其时。万泉小学干部教师在朱郁校长的带领下砥砺奋进，求是创新，用行动践行郑重诺言。

（一）90 正青春，赓续历史文脉

2023 年，恰逢万泉小学迎来九十年华诞。学校以"90 正青春"为主题，围绕学校日常教育教学工作，设计了一系列的校庆活动，学校的八大节日全部融入了校庆的元素。这一年，万泉小学通过建设校史馆、举办音乐会、校史剧展演、举办老教师座谈会、召开体育论坛和首都"生活·实践"教育共同体首届论坛等多种形式，传承和弘扬万泉文化。

朱郁立足教育强国建设大局，全面认识和把握教育的根本问题，带领干部教师走访老校长、老教师，回顾历史，总结经验，透过学校发展的背景、事件和结果等现象，总结经验，获得智慧启示，凝练办学品质，进一步提高学校的凝聚力和影响力。源远流长的校史成为学校师生爱国爱校最生动的课程资源，实现了用历史教育人、用文化凝聚人、用德育塑造人的目的。

2023年11月1日，万泉小学教育集团庆祝建校九十周年暨《泉映兰心》校史剧展演在国安剧院举行。校史剧《泉映兰心》共有六幕短剧，再现六个历史瞬间，90名万泉学子亲身演绎，历任校长同台献映，回顾演绎了一段跨越90年历史的"年代剧"，展现了万泉小学从特色到优质，从优质到均衡，从均衡到高质量发展的跨越式发展历程。朱郁在展演仪式上讲道："万泉小学走过了漫长的九十年时间，留下了无数动人的故事、无数难忘的瞬间。让我们共同期待，在未来十年，在万泉建校百年之际，再度重聚，共同见证万泉的百年辉煌！"

2023年11月13日，万泉小学举办首都"生活·实践"教育共同体首届论坛。1个主题论坛、16个分论坛、16节"开门课"，京内外数百名教育专家、同仁，与泉娃家长代表齐聚一堂，在这场"教学实践博览会"上，探寻教育的本真，共诉办学的追求。在主题论坛中，朱郁校长介绍了学校在践行"生活·实践"教育理念方面，通过课程建设、学习空间拓展、课堂文化三大路径构建"课程网"。中国陶行知研究会"生活·实践"教育专业委员会理事长、华中师范大学国家教育治理研究院院长周洪宇教授认为，万泉小学关于"生活·实践"教育的尝试起到一个引领示范的作用。全国"生活·实践"教育专业委员会副理事长、首都"生活·实践"教育共同体发起人、首都师范大学杨朝晖教授指出：万泉小学以"立足生活　实践育人"为主题，恰恰代表着学校紧扣当前时代脉搏，继承与发展了先进的教育思想和理念，把握住了教育的根本以及教育的规律，致力于更好地促进学生全面发展。

（二）实行扁平化管理，促进学校内涵发展

在学校高质量发展过程中，管理体系和管理能力的现代化建设是关键，

其中起决定性作用的因素是学校的组织结构。朱郁担任万泉小学校长之初，就聚焦专业发展和质量提升，构建了横向管理与纵向管理并行的扁平化管理组织结构模式，力求通过建设科学完善的学校管理体系和科学合理的组织结构，激发学校教职员工干事创业的积极性和能动性，有效赋能学校管理体系和管理能力现代化建设。

学校在组织结构上设置了"六个中心"，包括课程与质量中心、教师发展中心、学生发展中心、资源保障与统筹中心、家校社协同育人中心以及宣传教育中心。这些中心以业务研究和业务运转为核心，各中心负责人由校级干部担任，以减少管理结构层次，提高工作效率。同时，为了确保教职工权益、保障教育教学质量，促进家校社之间的协同育人体系的形成，并充分发挥家长资源的优势，学校还设立了三个"监督委员会"（工会、学业质量督导委员会、家委会）。

在具体工作的分配和业务推进上，学校采用了"条块结合"的方式，并结合"清单化管理"的模式。纵向由校级干部直接带领业务中心开展研究，减少管理层级。横向采用"学期清单""周清单""期末清单"，便于跨部门沟通协作。

为了推动重点工作的深入研究与高效实施，朱郁又带领干部团队，从学校管理、队伍建设、教育质量、学校文化、智慧校园等五大领域，确立了16个重点项目，每个项目都建立负责人制。通过定期沟通交流、展示汇报、反思改进等措施，不断推进各项工作扎实落地，推动学校整体发展。

（三）以教育家精神为引领，建设高素质教师队伍

教育是国之大计、党之大计，教师是立教之本、兴教之源。朱郁说："校长不能任性，也不能选择，无论如何都要把这手牌打好。作为校长，要相信每个教师身上都有向上向善的力量，相信他们能把事情干好。教师有困难可以找她，教师需要平台还可以找她，要尽量调动他们的积极性，赋予他们相应的权利，提供力所能及的支持和帮助，团结大家一起推动学校的

发展。"

作为万泉小学新任校长，朱郁坚守"以人为本，自主发展"的教育理念，坚持以人为本，尊重、理解、关心、支持每一位教师；通过专业培训，提高教师的学习力；借助校本教研和课题研究引导教师在研究中成长，让教师成长有活力；成果分享，让教师成长有影响力。

朱郁努力去认识每位教师的独特性和价值所在，尊重、理解、关心和支持教师的个人发展。她阅读展现万泉小学成长历程的书籍《营造绿色教育，传递教育幸福》《日常高水平就是好教育》，阅读万泉小学的老师们出版的著作；走进每一间办公室，亲切地和老师们进行沟通交流……多种渠道让朱郁对这所学校、对这所学校的每一位老师有了更全面、更深入的了解，也给予了老师们更多生活与专业上的帮助。针对青年教师，她注重生活上的关怀，从住宿安排、交友圈拓展到工会协助举办婚礼等方方面面，都尽可能提供帮助。对于经验丰富的成熟期教师，她鼓励老教师分享教育心得和成果，通过经验梳理和可视化展示，帮助他们在职业生涯中持续感受幸福，获得成就感。此外，通过举办多样化的活动，如新教工入职典礼、教师节庆典、30年教龄表彰大会、荣休典礼等，全方位展现对教师的关怀与支持，以激发教师的职业荣誉感和敬业精神。

"心有大我、至诚报国"的理想信念要求教师坚持教育"立德树人"的根本任务，具有"为党育人、为国育才"的政治品质。朱郁十分重视对万泉小学全体教师的师德培训，开启以党委统一领导、党政工团齐抓共管、部门年级组共同参与的模式，努力为教师构建全方位、多层次、宽领域的教师"大思政"工作格局。邀请专家、法律工作者等开展师德培训、法制培训、传统文化培训等，精心设计并实施了面向党员教师的党课和面向全体教师的微党课，在提升党员教师的思想政治素养的同时，提高了全体教师的责任感和使命感。对于师德师风建设，朱郁校长提出了自己的观点："必须坚持师德一票否决的管理制度，要完善师德奖惩制度。教师要有敬畏之心，敬畏法律法规，敬畏生命，敬畏网络媒体；心中有规范有师德，对自己的言行负责，对孩子、家长负责，对学校、集体负责。"

"研培一体"是一种以促进教师专业发展为目的，以提高教师教学能力、教育能力和研究能力为重点，采取主题式行动研究的方式，将实践与研究有机结合，培养具有专业素质和实践能力的人才教育模式。2022年8月，在朱郁校长的引领下，万泉小学成立教师发展中心，将校本培训和学校的科研工作进行有效整合，以解决教师工作中的真问题为出发点，统筹规划，为教师学习与培训减"负"增"值"。学校以"未来教育家"成长项目为抓手，构建了"教师生涯规划、小课题项目研究、全员分层分类研训、多路径成长、多元平台支撑、发展性教师评价"六位一体的万泉小学人才培养模式，努力培养一支学养并重、结构合理、充满活力的高素质、专业化、创新型教师队伍。

教师生涯规划为每位教师设定成长目标。学校以"未来教育家"项目为抓手，致力于为教师开展生涯规划、自主学习、研讨交流、实践探索、项目与课题研究等提供各类帮助，帮助教师突破各个成长阶段的瓶颈，力求让每一位教师由初职走向成熟、由成熟走向卓越，逐步成长为教育家型教师。

全员研训更新理念。全员研训突出整体设计，集团统一设计，从高位引领，邀请领域内专家，集团校所有教师一同跟进最新的教育教学改革动向。学校开设了"与大咖对话"的栏目，邀请专家走进万泉小学，对新课标、新课程等最热点的问题与老师们对话。2023年暑期实训，结合师德、新课程、新课标等教师最急需的热点问题，邀请11位大咖走进万泉小学。2023年"90年校庆论坛"，邀请了20位大咖走进万泉小学诊断课堂，指导教学，提炼经验，固化成果。学校将"与大咖对话"打造成万泉小学校本研修的一张名片。在这样的教师队伍建设思路下，发挥部门整体统筹和引领指导作用，将原有的专业培训系列化，全员研修与分层分类研修相结合，注重系统梳理，注重补足短板，注重整体提升。

分层分类研训促进专业提升。针对新任教师，开展了万泉小学新任教师研修课程，从新班主任上路、开学第一课、新教师教学基本要求等多方面开展系列课程。针对骨干教师及专家型教师，万泉小学以"N"项潜能力提升，采用按需自选参与、扬长示范引领、聚焦痛点攻坚、激发潜能提升的思路，成立名师工作室、心理中心、大思政中心，开设教学沙龙、外出交流、项目研究、课题引领等多路径，打造万泉未来名师与未来教育家。通过各级各类教师论坛搭建展示平台。针对班主任，万泉小学与北京市德育研究中心合作的家庭教育指导师项目，第一批50名班主任经过一年的系统培训已经毕业，学校将分三批、用三年时间，实现班主任全覆盖，全部持证上岗。针对组长以上的干部团队，开展了"心怀责任 勇于担当""如何总结与升华工作经验"等系列培训。专业的引领，不仅帮助老师们实现观念转变，更多的是思维方式和工作方式的提升，提高干部的服务意识和管理能力。

小课题、项目研究解决成长困境。课题研究是教师成长的一条重要路径，为了整合教研与培训，教研与科研，学校探索了"学科专业培训+问题聚焦+行动研究+成果孵化"相结合的课题研究培训成长路径，通过课题研究完成相关的研训，通过课题成果固化研训成果。目前学校老师主持的全国、市、区级课题共计52个，呈现了"事事是研究之事，处处是研究之地，时时是研究之时，人人是研究之人，无研究不教学，无研究不管理，无研究不学校"的研修之风。

同时，用项目撬动重大变革，提升教师专业发展速度。万泉小学确立了"十四五"期间的校级重点项目负责人牵头制度，制定重点项目的推进行动方案，培养系统性思考意识，这些项目中与教师专业发展相关联的，除了"未来教育家"成长项目以外，还有11个关联项目同时推进。在这些项目推进过程中，教师工作的实际场景中，同时针对问题开展小课题研究，成立教师的小项目团队，开展研究，推进教师成长。

多路径成长实现专业发展。为了让教师感受职业幸福，万泉小学以"新时代教师成长金字塔"作为抓手，探索"行动研究""浸润式""专家跟进式""众筹式"研修模式的实践与创新，每一位教师都可以在学校搭建的各类平台、各个项目组、每个年级中成为引领者，以深入性、持续性和系统性的创新研究实现各项工作新突破，采用外聘专家与内部分享交流相结合的方式，搭建学校交流平台，实现教师的内涵发展。2023 年初，万泉小学举办了首届教师论坛，搭建了跨学科教研科研成果发布平台。2023 年底，正值 90 年校庆，学校举办 16 个教学论坛，以教育博览会的形式打开校门，邀请专家、同行、家长、校友走进学校，参与课堂研究和家长会。学校长期坚持以"万泉教科研"公众号为依托，持续鼓励教师随时发布研究成果。

在朱郁校长的高位引领下，万泉小学教师发展工作以形成高质量培训成果、科研成果，打造专业化教师队伍为目标；以"唤醒、赋能、共生"为工作准则，唤醒教师的专业自觉，使教师成为自主、自觉的专业学习者、研究者；赋能教师专业发展，改变教师发展的逻辑起点，从"弥补不足"到"发掘特长"。万泉小学的教师在幸福校园里享受着来自学校的关爱，体验着学生成长的幸福。爱教、爱校、爱生的敬业精神，博学、善教、乐研的精业精神，学高、功厚、技长的勤业精神在万泉小学教师群体中蔚然成风。

（四）以课程升级为载体，提升学生的核心素养

课程作为学校育人的规划，是实现教育目的、培养合格人才的重要保证。于是，朱郁校长将学校课程的构建与完善作为工作的重中之重。她邀请专家来学校对课程进行问诊，直面学校课程方案中的真实问题，带领团队齐心协力解决问题。在一遍又一遍地研磨、改进、完善过程中，万泉小学的绿色教育生态课程体系从 3.0 升级到"5.0"版，从道德与修养、人文与社会、科学与创新、体育与健康、艺术与审美、劳动与实践六个维度，开设了基础类、拓展类和提升类课程，指向学生的发展和幸福生活。

丰富的学科拓展课程及百余个特色选修课程，为学生"全面发展且学有所长"提供了保障。万泉小学的拓展课程和选修课程，为学生更多充实自身、提升综合素养和能力提供了更多保障。万泉小学有 8 大节日，语文节、数学节、英语文化节、科技节、艺术节、体育节、彩虹心理周、灯韵，这些节日，有基于学科综合实践的，也有跨学科综合实践的，着眼建立起学

科世界与现实生活世界的联系，提高了万泉学子的生活力、实践力和合作力。

"以学生全人、全校、全天的生活为中心的，才算是活学校"。"润心铸魂"的教育沁润在学校生活中。红领巾广播、升旗仪式、主题教育、重要庆典中，让万泉学子成为活动的策划者、参与者、体验者，他们查找资料、撰写讲稿、制作PPT、寻找音乐，用演讲、朗诵、歌唱、舞蹈等方式展示自己的实践成果，是在潜移默化中求真、寻善、向美的实践过程，以主人翁的姿态创造美好校园生活，是感受幸福和传递幸福的过程。

朱郁校长积极推动课堂方式的变革，在学校原有生态课堂的基础上提出了"新生态课堂"。新生态课堂正是新时代背景下的又一种课堂样态，是落实立德树人根本任务的多样化课堂，是生态课堂的升级版。它是一个着手于"人本"（基于生命，为了生命，发展生命；以生为本，突出学生学习主体性）、着眼于"整体"（突出单元整体构建，凸显课程整体性）、着力于"共生"（精心设计跨学科PBL课程，突出五育并举，实践即育人）、着实于"和谐"（教育即生态，教育即生活，学校即社会）、着意于"发展"（面向核心素养培养及创新人才培育）、着重于"数字化转型"（教育与技术深度融合，向智慧化升级，向数字化转型）的生态场域。

（五）家校社协同，立体化地激发学生活力

朱郁表示，教育一个孩子，带动一个家庭，影响整个社会，这就是教育"同心圆"的魅力所在。"万泉幸福圈"携社会、家庭之手，让"幸福万泉"的理念成为学校全体师生和社区居民的共同追求。在朱郁来到万泉小学后，更加重视学校在协同育人中的主导作用，坚定地扛起立德树人的主要责任，牵头成立了家校社协同育人委员会，建立了三级家委会的定期沟通制度，建设了一支校内外多方合作、快速反应的家校协同育人团队，多方位打造安全和谐的校园环境。

2023年暑假，万泉小学联合街道、园林等部门重新改造校门前空间，

扩大后的校门前小广场更加开放、通透、灵动,增加了喷泉景观和校园文化展示墙,成为社区的一道风景。灯光、流水、座椅,共同营造出一个宁静、舒适、优雅、和谐的活动空间,成为社区居民休闲散步的理想场所。陶行知先生曾说:"学问之道无他,改造环境而已。不能把坏的环境变好,好的环境变得更好,即读百万卷书有何益处?"万泉小学以自己的积极主动和行动,实现了与社区居民的双向幸福奔赴,营造了一个和谐共育的氛围,成为社区中的幸福学校,成为老百姓身边的好学校。

为了拓展学生的学习空间,学校自行开发、完善"体教通"App,尝试借助"AI智能"指导学生的运动训练。在智慧校园平台上线了15项应用,开发了语文数字阅读、电子美术课程、人工智能课程等,实现了三校区数字广播互联。积极构建链条化、过程化、终身化的学生成长数字档案,发挥大数据优势,为学生提供及时、准确的反馈和个性化指导,并探索线上线下相结合的混合式学习方式。

全方位的家庭教育指导与训练,能帮助家长实现智慧教养,形成同心、同向的家校同盟。"互联网+"支撑下的家长学校构建1~6年级全学段、全学年的系统化、实操性强的家庭教育课程体系。隔周一次的家庭教育指导师培训帮助老师更专业地指导家长。2023年12月,万泉小学第一批50名班主任经过一年的系统培训后毕业,他们分成三个小队走进学校附近的八个社区,以"如何进行有效沟通""如何做好有效陪伴""如何培养一个自信的孩子"等为主题,对社区居民开展专题培训和一对一的个性化咨询,用自己的专业指导和服务,回报社会,受到了街道和社区的欢迎,一些家长因此走出了家庭教育的误区,流下了激动的眼泪。

(六) 星火加入,万泉幸福圈再扩容

2023年5月15日,海淀区星火小学以成员校的形式加盟万泉小学教育集团,万泉小学教育集团发挥辐射引领的作用和责任更加凸显,成为一个跨学区、多法人、多校址的混合式教育集团。面对新的挑战,朱郁校长以锐意

进取、励精图治的精神扎实高效地推进集团化办学的落地生根。朱郁校长确立了"集团管理合作共赢原则，队伍建设内涵发展原则，学生发展五育并举原则，智慧校园数字化转型原则"等集团工作的四个原则，从党建联盟、教研联动、课题联研、师资联培、五育并举、智慧联网六大体系出发，努力建构集团化绿色教育生态，让每一个校区都成为社区居民满意的优质学校。通过一系列活动，实现了从干部到教师的大融合，用情、用心、用实际行动建构了坚实的联盟共同体。

目前，万泉小学教育集团通过集团内课程资源的共建、共享与共研，教师资源的协调、发展与流动，集团文化资源的共创、共享与共融，推进集团快速发展。通过成员校之间横向设立名师共同体，利用共同体内各成员的优势，有侧重地完成集团内部学科建设的整体运作。

一个好校长成就一所好学校，在朱郁的不断努力下，她所在的学校获得"中国好老师"公益行动计划基地校、京城百所特色学校、京城最具幸福感领军学校、北京市艺术教育示范校、北京市教育科研先进校、北京市课程改革先进学校、首都文明校园、京城教育集团领军学校、基础教育国际化试点项目实验学校、海淀区新优质学校、融合教育十佳先进集体、全国航天科普基地校、全国青少年足球特色校等100多项荣誉称号。

三十多年的教育生涯，在日复一日看似单调的学校生活中，她感受着千姿百态的生命涌动。教育已然成为她的信仰，教书育人成就她幸福完整的生命。16年的书记校长的教育管理生涯也使她逐步形成了以人为本的管理观、知行合一的课程观、自主发展的师生观和协同互助的育人观。教育管理是一次没有终点的心灵远航，学习实践是她终身成长的动力。

武汉市光谷六小校长　李明菊

教育是一场温暖的远行

【人物简介】李明菊，从教 30 余年，湖北省特级教师，中学高级教师，武汉市光谷第六小学校长，华中师范大学心理学应用研究中心特聘研究员、华中科技大学教育科学研究院研究生校外导师、湖北第二师范学院校外导师，2018 年 11 月参加教育部小学骨干校长高级研修班学习，学校管理案例入编《教师成长与队伍建设》一书。任《自主生长式教师专业发展实践案例》和《教师自主生长式发展个案研究》副主编，已出版个人专著《寻找教育的原点》和《李明菊与名师共成长》。

从青涩到成熟，从教三十余年如一日，李明菊是一个行者，在语文课堂坚定行走；从孝感到光谷，十度春夏秋冬，李明菊是一个歌者，在光谷大地唱出新时代优质教育的赞歌，也有幸见证光谷教育从小到大、从弱到强的光辉历程；从城里到乡下，五载风霜雨雪，李明菊是一个耕者，积极践行光谷教育优质均衡发展，在梁子湖畔香樟园里种下"生活·实践"教育的希望。

18 岁师范毕业后，李明菊如愿走上孝感市实验小学的讲台；38 岁，被评为湖北省特级教师。30 余年来，李明菊不忘初心，忘我耕耘，成为孩子和青年教师的引路人，坚守教育理想和信念，结识正能量，传递正能量，和师生、家长一起幸福成长。

在相当长一段时间内，李明菊身兼光谷规模大、地处中心城区和规模小、地处最偏远农村的两所小学校长，一肩扛两校(光谷六小和升华小学)、一校一策略，期望两所学校都能特色鲜明。她经常白天忙在六小、夜晚住在升华，在城乡之间奔波，路上都在思考，却每天精神饱满、激情燃烧，感染着学校班子成员、激励着青年教师。她长期坚持上课，坚守教学一线，课余笔耕不辍。

"永远在路上"是李明菊的写照，"一心谋育人"是光谷教育人的缩影。升华小学和光谷六小，校情、师情、生情不同，选择的发展路径也不尽相同。李明菊差异定位，坚持内涵发展，力求为教育寻真经、指明灯。在升华小学，她追求小而美、美而雅、雅而优。在光谷六小，她倾力打造体教融合、优质高效。一小一大、一乡一城，在素质特色和现代化两个目标上的建设方式不尽相同，将升华小学"偏""小""弱"的劣势化为"静谧""精致""有潜质"的优势，将光谷六小"幸福理念"融为"微笑人生"，通过机制创新、理念提升、课程设置、活动设计等，诠释学校行为与文化的关系，研究一系列协同育人创新做法，把"生活即学习、生命即成长、生存即共进、世界即课堂、实践即教学、创造即未来"的教育思想落细落小，在基础教育的空白区挥洒丹青。

"教育是一场温暖的远行，这场远行回归生活，根植实践，直达心灵，润泽每一个生命个体健康成长。"这是李明菊一直坚守的教育理念。

树立基于"生活·实践"教育的变革观

学校变革是一个复杂的适应系统，其中观念的转变是这个复杂系统变革的前提条件。

光谷六小践行幸福教育，"幸福是教育的终极目的""让学生在受教育的过程中感到幸福""教育能够带来幸福""教育的过程是幸福的"这些关于幸福的"价值追求"已深入学校，化为学校日常教育教学行为。

当前，我国基础教育正处于一个急剧转型的社会时期，这种独特的环境对学校幸福教育提出更多更高的期待，学校要丰富幸福教育内涵，就必须进行积极的变革，通过变革机制汲取新的能量，增强幸福教育的社会适应力，助推学校在新时代背景下创新发展。建校 15 年来，学校秉承幸福教育，在得到它滋养的同时也受到它的制约。幸福教育终究是一个教育口号，深入推进，变革发展，需要向外借力，不断丰富其内涵和外延。

"教育通过生活与实践创造美好人生。"周洪宇教授的"生活·实践"教育观为学校的幸福教育注入了新的活力。"生活·实践"教育聚焦生活与教育、实践与教育的关系。其"生活"来源于陶行知的生活教育理论，"实践"来源于马克思主义的实践哲学，并紧密结合习近平总书记关于实践育人的重要论述。"生活·实践"教育是适应现代社会育人方式转变、符合当前国情和实际的一种教育。

"双减"背景下，李明菊发挥"生活·实践"教育的优势，传承学校幸福教育，将"生活·实践"教育新的元素融入幸福教育，树立守正创新的学校发展观、共享自治的学校治理观、生活实践的学校育人观、相融共进的课堂教学观等，为学校的变革机制建设赋能。

构建基于"生活·实践"教育可持续的动力结构

推动学校变革的动力是多元的，有社会转型和学校间竞争带来的外部动力，还有学校内部产生的变革内在动力，在这种内外交织的动力影响下，由学校内部成员自发而产生的内生动力是变革的主动力。因而在"生活·实践"教育新理念的引领下，调整学校原有动力结构，建构了基于"生活·实践"教育六大原理的发展模式，激发变革内动力，促进学校变革机制由外延式幸福教育模式向"生活·实践"教育内涵式发展模式迈进，通过这种融合式发展为学校变革的主体提供良好的发展平台，最终提高了学校场域中的每一个人应对变革的能力，从而能在日常教育教学生活中轻松自如地处理、应对变革过程中出现的各种新问题，提升实践智慧。

（一）生活即学习，课程与生活相融

没有亲近过土地的孩子，就没有幸福快乐的童年；没有生活实践的教育，就没有幸福生活的能力；没有在田间挥汗如雨的劳作，就没有"生活

即学习"的体验。

从书本到生活，打破学习边界。2021 年 11 月 5 日，六小·升小牵手举行了劳动节活动，六小新竞聘上岗的 40 位大队委来到升小生态课堂，与升小学生一起下地干活、劳作，耕种后，两校孩子们结伴、合作、即兴描绘了校园文化墙。植树节学校举行了春耕节，栽种蔬菜，栽种火龙果、车厘子、枇杷等果树，还搭建了大棚，将种植进阶为棚里棚外对比种植，引导学生用笔记录大自然，观察分析，不同环境下植物生长习性的不一样，学生在观察、访问、调查、绘画、科技小论文、诗歌创作等活动中经历一次次综合性学习与蜕变。当年 4 月，学校回望了四年"生活·实践"教育历程，与师生、家长一起创编了话剧《劳动，让教育自然发生》，在田间地头历时三个月编排、展演，一遍一遍地呈现劳动场景，以艺术的形式诠释劳动教育的真谛，撑起教育的"长篙"，向孩子们心灵深处"漫溯"，去寻找"生活·实践"教育的"一船星辉"。

学校还开设"US 劳动+"课程，将学习课堂搬到有田劳动教育基地，打破学习边界，将学校与自然、校内与校外、小学与大学互通互联，师生们走在田野间，拿着小菜苗，一个接一个地走上田埂，踏进田间，挖一挖、插一插、填一填、按一按，体验"小菜农"的角色，摈弃传统僵化的课堂教学，在劳动中培育儿童学习新思维。学校组织教师和学生相约到自然环境中开展教学活动。走进大山大河，感悟迥异于课堂的学科魅力。师生们在徐徐清风中共读那饱含上下五千年文明的诗句、在暗香疏影下研究姿态各异的植物与昆虫、在水天一色里哼着动听的歌谣翩翩起舞、在苍翠欲滴间，就地取材，以叶为笔绘成那一页页绝美的画面。

在"生活·实践"教育理念的引领下，学习的边界被打开了，学生在更广阔的"土壤"里扎根、发芽、成长。不经意间，师生在土地里刨出了兴趣、刨出了创新、刨出了未来。"树德、增智、强体、育美"综合育人价值，已融入校园内外的生活实践课堂。

从课堂到生活，丰富服务体系。为推动"双减"政策落地，推进课后延时服务深度开展，李明菊在"生活·实践"教育理念指导下，在尊重学生多样化、个性化需求，保持学校课程改革的延续性中不断探索，挖掘校内外资源优势，构建"1+2+N"课后服务"生活·实践"教育课程体系，打造"三段式"课后服务幸福模式，形成科学的课后服务评价体系，激发学生学习兴趣，发展学生个性特长，促进学生身心健康成长。

构建"1+2+N"课后服务"生活·实践"教育课程体系。"1"即基础课程，"基础课程"主要是开展作业精辅、自习答疑、校本阅读等学科辅助性课程，目的是巩固日常学习基础；"2"是指艺术和体育课程，帮助每个学生掌握 1 至 2 项体育技能和艺术特长，认真贯彻教育部倡导的"2+1"理念，让每个学生至少学习掌握 2 项体育运动技能和 1 项艺术特长，为学生的终身发展奠定良好的基础；"N"指逻辑与思维、语言与人文、科学与探索三大类特色课程，包括围棋、跳棋、积木、数学游戏、魔方、朗诵、写作、书法、演讲、种植、编程、人工智能等 30 多项课程。学校通过问卷调查提供"菜单式"课后服务项目和内容，供学生自愿选择，采取"走班选课"形式满足学生个性化、差异化的学习需求，做到因材施教，充分挖掘学生的学习潜能。

（二）生命即成长，体育与教育相融

"让每一个生命个体健康成长"一直是学校对幸福教育的追求。从此前的"体教结合"到如今的"体教融合"，李明菊十多年来坚守和创新体操特色项目，从全面普及、培育精英到全面融入教育教学的探究历程中，学校始终坚守"生命即成长"原理，着力打造"体教融合"品牌，促进五育融合，期待每个生命都茁壮成长。

开设体操课程，引入冠军精神。2007 年新校落成，学校拥有了武汉市首家快乐体操馆，占地面积有 300 多平方米，体操垫、单杠、双杠、高低杠、吊环、鞍马、平衡木、蹦床等专业器材配备一应俱全。2008 年，开始接收省体操运动管理中心小运动员入校学习，学校自此开启体操项目训练。

2016 年，在东湖高新区教育局和体操冠军杨威领衔的专业师资团队支持下，进一步引入更加专业的体操指导团队。2017 年 5 月开始，根据快乐体操学习内容及多年实践经验，正式将体操课安排进课表，在 1~3 年级开设每周一节的体操必修课，由体操专职教师任教。2019 年 10 月，组织全体学生现场观看第七届世界军人运动会体操比赛，近距离地感受体操的魅力。每学年开学第一课，李明菊都会邀请体操冠军入校，不仅指导体操课，更讲述自己的夺冠故事，充分发挥"冠军精神"的激励和引领作用。每学期学校还隆重举行体操节，特邀体操冠军杨威当裁判等。六年来，李明菊和师生们迎来了杨威、程菲、郑李辉、李大双、李小双、王冠寅、张楠等 9 位世界体操冠军到校指导，学生们与冠军同上一节体操课，冠军精神无声熏陶着他们，冠军榜样悄然永驻学生心间。

创编快乐体操，形成特色文化。 2016 年底，李明菊根据班级体操课程的有序有效实施，结合小学生身心发展特点，组织学校专职体操教师和全体体育组教师进行研讨与设计，创编了一套具有特色的快乐团体操（咖喱咖喱），成了学生每天大课间必修的课程，自此快乐体操大课间渐渐成为学校的一大特色，成为学生们心中最喜欢的运动。借此，李明菊带领老师们进一步以快乐体操大课间为研究切入点，对体育教育教学教研工作一体化、体育与学校校园文化融合等进行行动研究，以案例展示、沙龙研讨、专家指导等形式，着力推进体育校本研修，促进体育课堂的深度变革，将快乐体操育人模式融入多学科，丰富课堂元素，逐步形成特色的校园体操文化。

欢快的旋律，动感的节奏，优美的动作，让大课间充满了欢声笑语，让课堂更加灵动有活力。学生们整齐划一、干脆利落的前滚翻、仰卧成桥等动作，彰显出一个个体操小健将的风采，在规范完成体操动作、自信舒展身心同时，学生中的小胖墩越来越少了，学生体质越来越强了，校园处处洋溢着幸福甜美的微笑。

培植专业队伍，成就微笑人生。 "生活·实践"教育特色课程的持续落地、生根、开花、结果，需要一支思想过硬、业务精湛、勇于拼搏的队伍。

李明菊定期组织体育教师接受专业技术培训,多次邀请奥运体操冠军、省级专业体操教练等到校指导体操教学和实战训练,通过反复训练,不断提高快乐体操任课教师的专业素养。目前,全校共有 17 名体育教师,有 3 人取得了快乐体操教练员证,同时引进 2 名退役体操运动员担任专职课程教师,从整体上提高了师资专业水平。同时,建立健全课程实施机制,要求上课期间根据各学段授课内容及学生体能水平,合理布置场地、搭配器械等,指导学生正确使用教学器材,提高学生自护能力,对特殊学生或身体异常不适合课程学习的学生做好跟踪记录,及时调整学习内容,建立学习成长档案,等等。这些有效的机制保障,促使李明菊校快乐体操得以蓬勃发展。

专业的教师队伍还探索出"体操全员普及和精英竞技相结合的分层学习模式"。近几年,学校体操队先后代表武汉市和东湖高新区,参加湖北省杨威杯快乐体操比赛和武汉市青少年竞技体操比赛,在 2016 年获评湖北省体操传统项目学校。在 2019 年武汉市青少年体操比赛中实现了竞技体操"零"的突破,荣获男子乙组跳马冠军的好成绩。2022 年,学校获评武汉市(田径、啦啦操)体育传统特色学校。同时,也成功地培养了一批国家队、省队后备人才,如刘同学在国家体操队、殷同学入选国家体操集训队,叶同学、杨同学等入选湖北省体操队一队。他们在文化课与体育训练方面展现出的综合素养,都赢得了教练们的夸赞。2021 年 3 月,来自全省的教育局局长、分管学校体育工作副局长、体卫艺科科长和部分学校校长约五十人到校观摩快乐体操融合课程,探寻体教融合的新路径。5 月,学校的 100 名体操队员受湖北省体育局的邀请,以快乐体操团体操展示的形式,迎接中国共产党成立 100 周年。2021 年东京奥运会上,学校优秀毕业生王同学获得了男子跳水双人 3 米板的金牌。自此,学校成了一所拥有冠军的学校,这些成绩的取得极大地鼓舞着师生们继续行进在体教融的合特色发展之路上。

(三) 生存即共进,主体与环境相融

学校要适应外部环境,顺利转型,更好地生存与发展,必须走现代化治

理道路，坚持多元共治，发挥主体与内外环境的交互作用，一同协同共进。

家校社协同育人，打造"双生双校"共进新模式。2022 年 1 月 1 日，《中华人民共和国家庭教育促进法》在全国范围内正式施行并明确指出："家庭教育应当符合家庭教育、学校教育、社会教育紧密结合、协调一致的要求；各级人民政府要指导家庭教育工作，建立健全家庭学校社会协同育人机制。"为深入贯彻落实新法规相关系列要求，武汉市光谷第六小学紧跟社会变革与教育改革前沿的步伐，在"双减"大背景下，立足学生全面发展基本点，构建以学生为中心，学校教育、家庭教育、社会教育为合力的"铁三角"新局面，走出一条学校、家庭、社会三方协同育人的新路子。

以家庭为起点，狠抓源头教育。2021 年 10 月，学校与华大新父母教育研究院共同建成"华大新父母教育示范校"，着力打造"大学+基地+示范校（园）+社区学校"的家庭教育新模式。该模式受到教育界各级教师及领导的高度认可和充分肯定，解决了多年来"家庭教育两张皮"的老问题、老矛盾，让家庭教育真正落到实处，全方位提升了基础教育办学质量，将新时代家庭教育研究和创新工作推向了新的高度。同时，为不断提高家长素质、端正家长教育观念、改进教育方法，武汉市光谷第六小学集中优质办学资源，创新建立"家长学校"，并以此为依托，根植家校共育理念，不断打造"双生双校"共同成长的新模式。一是在每年新生入校时，同步建立新生家长档案，将家长也吸纳为学生，与孩子一起学习成长。在六年的教学过程中三方共同推进学校教育工作。六年后，学生和家长"共同毕业"的那一刻，便能充分感受到"双生共进"的制度优势。二是先后开设家长直播课堂、校长连线课堂、班级连线课堂等系列课程，在课堂上传授新鲜的家庭教学理念，切实提高家长们的家庭教育基本技能。三是邀请专家到校为家长、师生做专题讲座，分享优质线上课程，同时，以月为单位开展专题"家长直播课""家长读书沙龙"等培训活动，精准聚焦家庭教育痛点，明确家庭教育红线，不断推进实现"家长在教育长途中共同参与解决问题"的终极目标。

以社会为重点，拓宽成长路径。为了进一步落实"双减"教育，切实减轻学生课业负担，努力促进学生全面发展，学校秉持着"生活·实践"教育理念，坚持开放办学，整合高等院校、职业院校、研究机构、专业场馆、实践基地、社区活动等区位、项目优势，统筹丰富家、校、社资源，整体规划各项教育教学工作。学校组织儿童书画明星进社区活动，全力支持书法小明星们走进社区开展现场书法展示活动，现场翰墨飘香、人头攒动，书法家和学生们笔走龙蛇，给社区居民送上饱含热情的书画作品，充分构建校、社一体化的学习大社区、大课程。学校启动"新时代普法小先生"项目，邀请华中师范大学陶行知国际研究中心、武汉市生活实践教育中心、华中师范大学北京研究院、华中师范大学法学院及华大新父母教育研究院各位专家莅临学校开展普法教学，敦促孩子们从小树立起正确的法治理念和法治思想。学校邀请非遗传承人莅临学校开展"汉绣走进光谷六小，动手体验非遗之美"的文化传承课堂，孩子们现场聆听精彩的汉绣讲座，沉醉在传统文化的魅力中。课后，孩子们纷纷拿起手中的笔，在便签纸上写下自己的感想，并在老师们的带领下自己动手制作汉绣作品，进一步感受非遗的神奇魅力，争当非遗小小传承者。

学校始终坚持家校社协同育人机制，创新建设高质量教育共同体，共同营造和谐育人新面貌。一是密切家校合作，邀请家长参加运动嘉年华、迎新游园会、动物狂欢会、歌唱节、戏剧节、艺术节等校园活动，通过潜移默化的手段，引导家长参与学校的教学活动，获得了较好的实绩，特别是在歌唱节、戏剧节、六一展演、建队日等活动现场，"孩子未开唱，家长先热场"的场面让人动容。二是组织家庭共读《习近平关于注重家庭家教家风建设论述摘编》，并面向全校师生、家长举办"家长读书沙龙"直播活动。通过学习读本，撰写心得，分享交流，打造优质的家校教育。三是组织家校共同学习《学法赢未来：〈中华人民共和国家庭教育促进法〉家长手册》，让"法"的意识深入人心，让"法"的行动立竿见影，以课程建设的形式来凸显家校共育的创新性。四是优化亲子实践作业，举行家长素养大赛，同时，采用给家长戴红花、赠红旗等形式表彰优秀家长，提高家长的成就感和参与感，起到以先进促先进的激励作用。

（四）世界即课堂，学校与世界相融

如今的光谷聚集着无数外资企业及跨国公司，2.0版的光谷孩子们，更是将与世界同呼吸，共心跳的一代。学校通过理论研究、课程建设、教师培训、国际交流、学科活动等"生活·实践"教育模式的探索，有效地促进了学校学生的国际交流能力与培育家国情怀，孩子们以开放的视野迎来属于国际化光谷的高光时刻。

以规划为目标，顶层设计国际理解教育。学校在学校"十四五"发展规划中提出师生要在课程落实上以"生活·实践"教育为引领，夯实国际理解教育，认同传统文化、弘扬民族精神，尊重差异文化，拓展国际视野，形成开放意识。基于此，学校将国际理解课程体系设为融合型国际理解教育课程。国际理解评价机制构建为：育有中国根——全球责任感；有认同感——全球共同体；有融合性——全球共生力；有发散度——全球竞争力的光谷娃。

国际理解教育推进策略为：以培育目标为先导，树立国际理解教育观念；以教师发展为基础，促进国际理解教育落地；以课程实践为路径，夯实国际理解教育根基；以国际交流为平台，激发国际理解教育活力。

以课程为路径，全面实施国际理解教育。"土洋"结合式教师发展课程，培植国际理解教育师资课程实施的关键环节在教师，只有具有国际视野、观念、能力和知识的教师，才能有效培养学生的国际理解素养。学校探索开展了"专家引领，观摩实践，文化体验，成果展示"等培训模式，帮助学校的教师创建一种理解、和平、共生的价值观念。

用好"洋师"，打开视野。2014年12月，光谷六小申报聘请外籍教师学校资格成功，在评审会上，专家领导给予的评价是"创造了聘外评审的几项前所未有的纪录"。外教聘来了，学校把他们当成自己的老师来培养、来关怀，鼓励他们多同学校的青年交流。同时发挥他们的特长，让其更快更

好地融入学校。学校是省级体操传统学校，于是学校在 2019 年聘请了一名原俄罗斯的体操运动员来校任教。他特别喜欢带着孩子们在操场上上课，喜欢参加学校的体操节、运动会等活动。当 7 位世界冠军齐聚李明菊学校时，他又变成了一枚小迷弟，在他擅长的领域发挥最大价值是学校对于促进民心相通所做的努力。啦啦操的师生主动学习，获得了美国职业啦啦操队员为学校培训的机会。作为市级啦啦操传校，学校的队员参加了国家级、省区市各级比赛，均获得第一名的好成绩。

学校还是国家级国际跳棋特色学校，因此学校也适时邀请国际跳棋、棒垒球等项目的世界级大师来为孩子们授课，让他们接触世界顶级项目，拓宽国际视野。此外，学校还会时时跟进外教的课堂，定期听课评课研课，同时也邀请外教参加学校的教研活动，互学互促共进步。

多元学习式学生发展课程，培养国际理解教育新人。课程一定是达成国际理解教育目的或愿景的重要手段，也是国际理解教育本土建构的重要载体。学校通过三级课程融合与项目式学习的双轨推进，促进师生融入世界观念的形成，同时，国际视野、开放心态、自信开朗的气质得到了培养。

学校的国际理解课程实施方式有以下几种。主题学习式：以国际理解教育为主题，围绕核心素养三个方面、六大素养、十八个基本要点，进行综合性主题学习。学科渗透式：在学科课程和教学中进行国际理解理念的渗透，培养学生的国际理解意识和情感。学科整合式：统整相关学科课程中关于国际理解的内容，使国际理解教育与多学科整合达到有机统一。生活体验式：从学生的生活引入及真实的情境中进行对话、沟通和交流。

从生活看见世界。2021 年 9 月 1 日，光谷六小娃在开学典礼上讲述自己跟着象群游云南的故事，正好贴合了习近平总书记发出的昆明宣言，彰显了中国担当，展现了中国作为，也讲出了人与自然和谐共生的国际生态文明。建队日，学校和西藏乃东乡的同学们一起回顾袁隆平爷爷的"禾下乘凉梦"，杨利伟叔叔的"飞天航天梦"，校友王宗源哥哥的"体育强国梦"，并一起谱画"雪域高原一家亲"的民族团结幸福梦。全球疫情，让学校的六小娃学会关心生成责任。2020 年 1 月至 3 月，学校同苏州、厦门的同学线上牵手，传递画信，同跳一套操、同读一本书、同唱一首歌、同上一节课、同学一位抗疫明星。4 月，学校将此活动延伸到非洲，与非洲斯威士兰国家的孤儿，结成手拉手画信使者，学校邀请他们通过 VR 技术远程看博物馆，得到万里之外的友人啧啧称奇；他们也给学校传来用不太标准的中国话表达的关心，就在这样的来来往往中，学校彼此送去温暖，传递友情，了解世界。

从校园走向世界。2018 年 10 月，英国纽卡斯尔市三位小学校长访问了光谷六小，孩子们用流利的英语介绍着学校的每一处育人之所，展示着落落大方、彬彬有礼的待客之道；食育课堂，中外友人一起画糖画、做糖葫芦，在氤氲的烟火气中不知不觉熟识亲近了起来；搭建课后，学校将亲手搭建的黄鹤楼赠予友人；京剧、扎染作品，更是学校非遗课程的硕果。2019 年，军运会在中国武汉举行，学校的六小娃被邀参加观看，和世界各地的军人一起看比赛，学校的国际礼仪和军人一个标准，学校的国歌唱得特别的嘹亮，展示的是中国人在世界舞台的魅力。

从社团唱响世界。歌唱节上，学校 401 班的同学们用德语唱《小小少年》；戏剧节上学校排演课本剧《皇帝的新装》；大队委竞选时孙同学中英双语演讲；疫情防控期间 207 班张同学用中英文绘制的抗疫健康绘本《预防冠状病毒，你可以这样做》体现着世界小公民的能力和觉悟（视频）；601 班胡同学在央视中秋节晚会黄鹤楼分会场对月吟诗；京剧社团的孩子们连续三年参加武汉市小小戏剧大师的比赛，成绩斐然；607 班肖同学的"她和一枚邮票的故事"在世界邮展上讲述；小小外交家比赛的颁奖晚会上，402 班黄同学担任主持人……

从研学发现世界。2018 年 4 月 27 日—5 月 2 日，学校开展了汉港研学活动。同学们通过研学活动参观了博物馆、科技馆、香港大学、香港文化中心等场所，了解了香港的文化、经济、社会、政治以及民风民俗，拓宽了视野，增长了见识；学生们通过在营地过童军生活，增强了自理生活能力，锻炼了团友相处交往能力，提升了对外交际的能力；在香港姊妹校实地课程中，通过迪士尼"青少年奇妙学习系列计划"如科学行动、物理世界等项目，学生们体验双语教育的多元互动模式；通过出境礼仪的实地感受和体验，学习了文明交际的相关知识，增强了学生核心素养的培育。研学交流之后师生们不仅丰富了见闻，还增强了独立、自理能力，真正在活动中得到了成长。

（五） 实践即教学，学科与实践相融

新修订的《义务教育课程方案》针对现实教学中的问题，在"深化教学改革"部分明确提出：强化学科实践。注重做中学，引导学生参与学科探究活动，经历发现问题、解决问题、建构知识、运用知识的过程，体会学科思想方法。加强知识学习与学生经验、现实生活、社会实践之间的联系，注重真实情境的创设，增强学生认识真实世界、解决真实问题的能力。同样，本次修订的各学科课程标准都把落实立德树人根本任务作为根本，强调学科育人、实践育人，探索与素养目标和课程内容结构化相匹配的学科典型学习方式，推进以学科实践为标志的育人方式变革。

学生亲自参与实践，在实践中亲身经历知识产生的历程，是书本上的命题、理论更好地变成真正被理解、属于自己的知识的重要途径；学习知识又是为了更好地参与实践，通过参与实践又可以进一步反思、重构学科知识。学科实践体现了李明菊课程改革对学科教育理解的进一步深化，呼唤"源于实践、在实践中为了实践"的真正的学科探究。"生活·实践"教育引领素养时代学习方式的变革，为在新时代回答如何落实立德树人根本任务、实现学科实践育人提供了新的方向。

2022年秋季学期，学校融合各学科知识点和能力目标，设计游园闯关的形式，让学生在快乐的活动中，检测能力发展与知识掌握情况，达成从关注学生学科成绩到关注学生学科素养形成的转变。

具体的做法是：以"生活·实践"教育为出发点，依据学科核心素养

和学生年级特点，将趣味情境与知识节点相融合，将测评内容与培养能力相融合，将闯关过程与行为习惯相融合，将体验式游戏与动手实践相融合，创设"小老虎丛林历险"的情境式闯关活动，结合语文、数学、体育、音乐、美术、科学等学科素养目标，考虑到 2022 年是壬寅虎年，设计六个关卡，即"虎口拔牙""如虎添翼""虎虎声威""生龙活虎""虎穴探险""虎头虎脑"。充满童真童趣的情境式闯关活动，不仅考查了小朋友们既有的知识和能力，更开启了对后续学习的美好憧憬，提升学生学习积极性和自主性，也让"双减"政策真正落地。

为使"小老虎"闯关活动情境更有仪式感，学校师生齐动手创设丛林情境。首先设计丛林主题拱门，孩子们进入丛林拱门后即开始奇妙的历险，为使孩子们沉浸式答题，各关卡负责老师还精心制作老虎头、游戏卡、可爱印章、展示货架等装饰，营造具有浓厚情景氛围的"丛林险境"。孩子们戴着自己动手制作的"小老虎"头饰，装扮成"萌虎"，手里还拿着卡通丛林地图闯关卡，在丛林开启一段其乐无穷的探险，一定是一次难忘又特别的"考试"。

学科测评如何变成一个个闯关游戏？其实游戏测评只是一种形式，一、二年级各学科教师都参与了命题，老师们将学科知识点进行梳理，巧妙地将知识点融入各个闯关项目中，每个项目设计了多个板块，在测查时进行随机抽取，体现检测的公平性。

例如语文情境测试"虎口拔牙"。一年级语文设计了三个板块，包括识字读词、认读句子、看图说话，涵盖了语文听说读写能力考查。请学生从"老虎"嘴里抽卡片，如抽到词语或句子，要求快速、准确、响亮地读出。如抽到图画，则要求流利地说出图画上的内容。体验中，老师们认真负责，赏识激励，客观评价，并对每位学生的口语表达情况进行了细致记录。孩子们各个劲头十足，在"集奖章"的过程中展示了自身的语文素养。

又如数学情境测试"如虎添翼"。老师们创设生活数学情境，一年级数学设计了两个板块，包括新年采购和重返时光。抽到新年采购任务的孩子，在货架上任意挑出至少两种商品并快速算出价格;如抽到重返时光,则需要在老师准备的钟表上拨出"老虎"出没的时间。孩子们说原来生活中处处都在"考"数学,比起写卷子,大家更喜欢这种游戏的方式,这样学数学、用数学更有乐趣。

科学情境测试"虎穴探险"。一年级科学设计的量身高,请学生到标尺处站立,测量自己的身高并读出自己的身高。二年级科学设计的指认东南西北。别小看了测读身高和指认东南西北这个环节,孩子们学会了将所学知识运用到生活实际中,寓学于乐,兴致盎然!

美术情境测试"虎头虎脑"。学生们将自己绘制的小老虎头,贴在班级对应的百虎图中,在画画、剪剪、贴贴中,一幅幅生动的图画诞生了,一个个创意无限的小老虎诞生了。这样的测试,既展示了美术功底,又启蒙了孩子们的审美能力。

(六) 创造即未来,科创与思维相融

学校建构了"四段·五层"项目式科创与思维相融教学模式,实践"创造即未来"的"生活·实践"教育主张。

"四段"指"前置自学—基地研学—课堂深学—实践创学"四段式项目式学习活动模式,旨在让学生在前置自学中主动学习、善于质疑,在基地研学中体验感受、发现提问,在课堂深学中内化知识、解决问题,在实践创学中整合延伸、物化成果。"五层"指第三阶段"课堂深学"环节中,围绕问题驱动而衍生的五个学习层次,即"发现问题—聚焦问题—明确思路—解决问题—问题升华",旨在体现"质疑、提问、思辨、延展"的思维过程,提升学生的艺术实践能力和创新思维能力。

KEVA 积木是一款深受学生喜爱的木制玩具,KEVA 积木搭建课程是以培养学生动手实践能力、合作探究能力为目标的活动课程。为探索新时代跨学科融合课堂教学策略,促进学生核心素养的综合提升。学校将 KEVA 积木搭建活动引入美术课堂,指导学生开展美术项目式学习,用 KEVA 积木

搭建"黄鹤楼"项目秉持素养本位的教学理念，让学生在"如何搭建古代建筑"的问题驱动下，通过合作探究进行跨学科学习，在"四段·五层"项目式美术教学模式引领下，形成开放、多元的学习成果。

前置自学——质疑。"前置自学"是将学习起点前移，让学生课前先进行个性化自学。在课堂内外、线上线下的前置自学过程中，教师需引导学生有计划、有目标地自主学习，引导学生质疑、反思所学内容，并做小结，促使学生带着问题和思考进入后续学习。

"用 KEVA 积木搭建'黄鹤楼'"项目是学生基于积木搭建学习中的疑问而确定的项目主题，是学生感兴趣的研究内容。课前，学生自发分成学习小组，有"黄鹤楼故事"组、"黄鹤楼诗词"组、"黄鹤楼图片和视频"组、"黄鹤楼结构"组等，教师指导学生制订各小组任务清单，小组以合作的形式通过网上查阅资料、实地采访等，了解黄鹤楼的相关知识并提出自己的质疑。如"黄鹤楼的'外五内九'结构是如何建造的?""建造黄鹤楼为什么不用木头?"等。后续，教师组织各小组以展板、解说等形式展示前置自学中产生的研究成果和疑问，为展开基地研学做好前期准备。

基地研学——提问。在研学活动中，教师应鼓励学生将课堂上学到的知识在现实生活中加以运用，展开真实的体验式学习。在"黄鹤楼"研学现场，学生聆听了导游讲解的关于黄鹤楼的历史变迁及设计施工的故事；触摸了黄鹤楼的材质，用脚步丈量了黄鹤楼的宽度等。置身于黄鹤楼中，学生有的研究立柱的设计意图，有的像小工程师一样拿起画笔绘制斗拱结构，有的聚在一起讨论黄鹤楼中的壁画，有的围着导游提出"黄鹤楼中的立柱是起支撑作用还是装饰作用""黄鹤楼的主要承重构件是什么"等问题。学生根据各自需求获取新知，经过自主构建形成认知：积木搭建的基本结构在黄鹤楼中均有体现，如螺旋体、之字形、碗形等；课前了解的斗拱、飞檐翘角等建筑形态可以像黄鹤楼的设计一样，以简化的形式呈现。学生用眼睛观察、用耳朵聆听、用心灵感受，这样全方位的学习是生动、有效的。他们自主汲取知识的能力得到提高，并渐渐有了用 KEVA 积木搭建"黄鹤楼"的构想。

课堂深学——思辨。课堂上，在"用 KEVA 积木搭建一个'黄鹤楼'"的任务驱动下，学生自发组成研究小组，各小组聚焦问题，展开"发现问题—聚焦问题—明确思路—解决问题—问题升华"五个层次的学习。这五个层次的学习依托不同性质的子问题及子任务，指引学生经历探索、思考、讨论及创意表现的学习过程。

树立基于"生活·实践"教育的变革观，构建基于"生活·实践"教育可持续的动力结构，这两项学校变革机制的建设激活了学校变革的内动力，开发了学校变革的潜能，展示着学校这个变革的主体因科学的变革而发生的变化，学校在体验中感受到因变革而带来的喜悦。

河北省石家庄市盛世长安小学校长　张　情

做陶园里真爱的"圆心"

【人物简介】张情,女,生于1971年,中学高级教师,现任石家庄市盛世长安小学党支部书记、校长,中国陶行知研究会理事,中国陶行知研究会优秀陶研工作者,全国科教工作先进校长,全国小学教育科研工作先进个人,河北省中小学骨干校长,石家庄市首届中小学骨干校长,石家庄市优秀教育工作者,石家庄市百佳校长,石家庄市优秀家庭教育师等。

1991年7月普师毕业后,张情被分配到石家庄市建明小学任教,年轻羞涩的她来到要开启自己教师生涯的校园,忐忑中又满心地向往着、思索着,自己会有什么样的老师样态呢?墙壁上"千教万教教人求真　千学万学学做真人"陶行知的话语提示着她,要做什么样的老师。

这年9月1日迎来了她教育生命中的第一批学子,作为班主任,任教数学、语文两个学科。面对50多个可爱稚嫩的面孔,童心未泯的她很快与孩子们融为一体,一起学习,一起嬉戏,孩子们犯错了,甚至帮着学生打掩护。周六日还不知天高地厚地带着几个小不点们去植物园、动物园里疯跑。大孩子领着小孩子一起玩着、乐着、成长着……

七年后,踏实肯干的她成为学校的中层——教导处主任,任劳任怨一干就是八年。学校中层岗位的历练捶打,让她有了一些成熟和深刻,尤其是对教育的思考。多年一线的教育及管理工作,使她形成了的一句口头禅:咱们老师,多为学生着想,赢得学生的心才有好的教育效果。

2005年12月,她成为另一所城乡结合部小学的德育副校长。这是一所规模较大的村办小学,可爱的孩子们带着朴实的民风民情,尤其是口头禅上，有着明显的地域特点，初来乍到的她听着很是刺耳。

如何改变现状，课题就是问题，研究课题就是解决问题。

她主动申请了中央教科所规划课题《"家校共育"——礼仪教育》的子课题，到2010年，五年中她在这个学校带着全校师生专注地做了一件事——礼仪教育。形式多样的礼仪班队会、编创礼仪操、礼仪童谣、共唱礼仪歌曲、礼仪经典故事等活动，孩子们悄然变化着。家长们欣喜地发现这些孩子变得大气了、懂事了。同年9月，由于工作需要，她被平调来到市区内一所久负盛名的小学。两年后，2012年6月，一所新建的社区配套小学——石家庄市行知小学要启用。

一直怀揣教育初心，一路教育工作的浸润，各个学校不同岗位的打磨，敢于担当的她应该能够独当一面了。于是，她独自来到这所新学校：空荡的教学楼、长满野草的"操场"、一位看门的保安。就这样，家徒四壁中，她开始了行知小学校长之旅。九年来，她致力于用行知思想发展行知小学，她实现了初心。2021年4月，由于工作需要，转战盛世长安小学，继续着她的教育使命。

张情回忆，第一次踏入石家庄市行知小学时，操场上的杂草有一人多高，空荡荡的教学楼里，随处可见的灯管摇摇欲坠，满地满墙的灰尘静静地累积着，似乎等人将它们唤醒。就如陶行知先生在《古庙敲钟录》中将老钟沐浴在明亮的月光中，描绘自己的教育理想一样。她相信，在这里也一定会创造出属于张情的教育之光。

对于张情来说，如何担起这副担子，在行知路上行稳走好呢？时任长安区主管教育的副区长邓小梅告诉她："一所新学校，就是一个新的生命，你可以陪伴着她一点点长大，你可以赋予她你所希望的一切。""咱们石家庄还没有一所以陶行知先生命名的学校，这是一个空白，如果我们能填补这个空白，将陶行知先生的思想进行挖掘和传承，那将是一件多么美好而有意义的事呀！"

是呀，行知小学，一个多么优雅、独特的名字，一个肩负着使命的名字，多么美好而有意义。

2012年暑假，从外校借用老师帮忙招生，陆陆续续地，行知小学的第一批开拓者聚齐了，虽然这里还有四位交流身份的老师，她也是无比珍惜这群人与行知的缘分。她买来《陶行知教育名篇》《教师要学陶行知》等书籍，人手一本，从阅读开始，每半月集会交流一次。在读书交流中，来自四面八方的老师们拉近了彼此的距离，一起走上了行知之路。

张情作为领头羊，一边恶补着行知教育思想，一边紧锣密鼓地张罗着开学所需的设施设备，各种弱电线路铺设，桌椅板凳、多媒体设备、办公设施的筹备等，晚上还要审核各功能室的装修图纸。那两个月，张情一天当成两天用，经过一个暑假的奋斗，行知小学以全新的面貌迎来了第一批"小陶子"。

2012年9月1日，行知小学开班了，没有声势浩大，没有锣鼓喧天，有的是区委、区政府及省市各位领导的殷殷关怀，有的是家长的无限希望，有的是孩子们的满心期待……行知小学如破土的劲竹，静静地抖落了身上的泥土，向着广阔的天空开始生长。

树立"向海阔天空奔去"教育理念

行知小学占地15亩，建筑面积5300平方米，在市中心属于中等规模的学校。如何崭露头角，那就是必须做出行知特色。

学校名字定位了学校文化的方向——行知文化。陶行知说："做一个现代人必须取得现代的知识，学会现代的技能，感觉现代的问题，并以现代的方法发挥我们的力量。时代是继续不断的前进，我们必得参加现代生活里面，与时俱进，才能做一个长久的现代人。"

"生活即教育，是生活便是教育。过什么生活便是受什么教育；过健康的生活便是受健康的教育；过科学的生活便是受科学的教育；过劳动的生活便是受劳动的教育；过艺术的生活便是受艺术的教育。"……他老人家的教育名句数不胜数,张情带着老师们反复阅读,几经斟酌,最后确定学校走行知特色的"生活·实践"教育之路。

陶行知先生说"任何一项事业的背后,必须存在一中无形的精神力量",张情心想,那就是我们所要追求的学校文化所在,学校发展的精神动力。

建校初期,张校长带着全体教师开始如狼似虎地大量阅读有关陶行知先生的书籍。陶行知在长篇小说《古庙敲钟录》中提到了三种教育:"自然的教育""现实的教育"和"理想的教育"。他说理想的教育就是要"帮助鸟儿啄破鸟笼,鱼儿冲破鱼盆,牛儿咬破棚栏,向那海阔天空投奔而去"。同时他还写道:"在海阔天空中过生活,便是在海阔天空中受教育。"

海阔天空般的生活、海阔天空的教育,一种美好而高远的教育美景,激活了全体教师的教育使命,于是,张情将校训确立为"向海阔天空奔去"。

于学校而言,"向海阔天空奔去"就是创设海阔天空般的学习机会,为孩子提供自由学习的环境,营造健康的、科学的、艺术的生活空间,调动一切能够调动的资源,创造一切可以利用的机会,培养学生在做中学、在行动中创造的习惯。

于教师而言,"向海阔天空奔去"就是要心中有学生,脑中有真知,胸中有情怀。虚心、宽容,向小孩子学习;理解孩童心理,懂得小孩的问题、困难、愿望和脾气;知道小孩的力量,从而让他们发挥出想象力和创造力,激发孩子们行动力。

于学生而言,"向海阔天空奔去"就是向自由的学习和生活奔去。勇于尝试,敢于坚持,小疑必问,大事必闻,用行动发现美好、学习技能、创造生活。

围绕行知特色的"生活·实践——向海阔天空奔去"的核心表达,张情带着全校师生、家长不断地交流探讨,反复地多方征求意见,最终确立了陶园的办学目标、育人目标和课程定位,构成了行知小学生活实践教育的文化纲领。

环境营造：创设生活实践场馆

为了让孩子们在"陶园"过一种完整的、自由、向上的生活，张情要求学校场景、环境布置要坚持以学生为主角。于是，四厅、五馆、六廊道、一广场脱颖而出，学生们浸润其中，开展生活实践体验，充分感受着美好，享受着生命的成长。

根据办学理念，学校沿着"我爱生活"—"我会生活"—"我创生活"的生活教育主线，打造了一个理念厅和三个生活教育体验厅。在"我爱生活"体验厅，孩子们与每一粒小种子对话，例如观察组培瓶里的西红柿，体验生命成长的奇妙；在"我会生活"体验厅，孩子们解放双手，面塑、陶艺作品、纸盘画、手工灯笼、个人书法展、绘画展，成为学生的大作展区；在"我创生活"体验厅，在生活小舞台上，孩子们唱着歌曲，舞动着身姿，讲述最美的陶园故事。生活教育主题空间是对学校生活教育三部曲的重要阐释，很好地诠释了生活教育的重要目标——"生命、生活、生长"。

校园里其实还藏着五个场馆：与中国农科院共同打造的植物生态与生物实验的科技馆，陶园风景线与诗意生活相映的美术馆，洒满阳光、舒适惬意的图书馆，独一无二、校园里的家——一室一厅一厨一卫的生活馆，以及走在科技前沿的种植园。

在这里，孩子们播种、管理、收获、销售、烹饪，真实体味生活实践的主旨。张情坚信，行知陶园的五大馆是学校的巨大财富，坚信在未来的某一天，一定会走出未来的科学家、艺术家、文化学者。

在廊道文化的设计中，努力通过学生的视野，来展示学校的文化。廊道里有孩子、家长、老师亲自手绘的班徽、手绘的"最美陶师"、手绘的"自画像"、手绘的陶园风景线、手绘的"陶园一景一物"黑板墙、亲手制作的朴拙的陶艺作品……"不像廊道"的廊道文化很"亲和"、很"人文"、很

"活泼"、很"生活"。

行知故事广场本着宜和、宜静、宜庄的原则进行设计，淘陶亭、陶行知先生"四块糖"故事雕塑，刻着《行知赋》的影壁墙以及灵秀的石头，乐园里"跳房子""米字格"、爬杆、象棋等游戏，四周错落的花木，让孩子们在自由快乐的童年里，感悟四季变化、体验四季生活的天地。

"我的生活"课程：臻善真实人格

基础教育课程改革倡导学生主动参与、乐于探究、勤于动手，培养分析解决问题的能力，以及交流与合作的能力。课程要向儿童的生活世界回归。张情顺应课改潮流，大胆实施大小课时，根据科目和授课内容需要，设立40分钟、35分钟、30分钟三种课时，由原来的六节课改为一天七节课。在向高效课堂要质量的同时，根据老师的特长及学校的资源条件，增设了陶艺、葫芦丝、阅读、国学、足球、羽毛球、合唱、种植、厨艺、布艺等促进学生全面发展的校本课程。

陶行知先生说："给生活以教育，用生活来教育，为生活向前向上的需要而教育。"由此，学校沿着"生活教育"的主线——"爱生活、会生活、创生活"的生活教育层次，构建行知小学"我的生活"课程体系。

第一层次是爱生活。基于自然生活的教育，首先学生要学会"感受爱"，引领学生走进大自然，体会花草景物带来的视觉美感，体会和家人、同学、老师之间的温暖与爱，用心感受并珍惜这份美好。在欣赏获得这份美好的同时，也要学会"表达爱"。

第二层次是会生活。基于现实生活的教育，根据不同年龄段孩子的特点，让他们掌握基本的生活技能，学会自己处理生活中的小事，循序渐进地学会自理、自立、自强。最终使得学生们能够敢想、敢说、敢做。

第三个层次创生活。基于理想生活的教育，引导孩子们随着知识、见识的增加，逐步形成自己的主见，养成积极向上的生活态度，并培养学生正确的人生观、价值观、世界观，使得学生慢慢懂得规划自己的人生，并为之努力。

爱生活、会生活、创生活。爱生活既是生活实践课程的设置主线，也是"我的生活"课程的目标所在。

课程强调以儿童为主体，以生活为知识的源头和主轴，视生活为整体进行课程设置，包含基础性课程和拓展性课程。基础型课程是规定动作，是保障学校教育教学质量的基础；拓展型课程是体现学校办学理念和育人目标的特色课程，是促进学生个性发展的校本课程。拓展型课程指向的生活，指向的是学生的亲身参与体验。

拓展型课程分为生活技能课程、润泽德育课程和闲暇生活课程三大块。生活技能课程以知识积累、技能的提升为基准开设的学生必修课程。润泽德育课程是基于发展学生核心素养的德育创新与实践开设的社会游学、艺术展演、入学礼和联谊表彰等活动类课程，使学生在参与中锻炼成长，在体验中演绎飞翔。闲暇生活课程在强调实践性、活动性、趣味性、知识性的同时，更多的是注重课程的自主选择性，分为科学妙妙、艺苑悠悠、活力陶陶、生活恰恰四个板块 30 余门课程。如下为课程结构图：

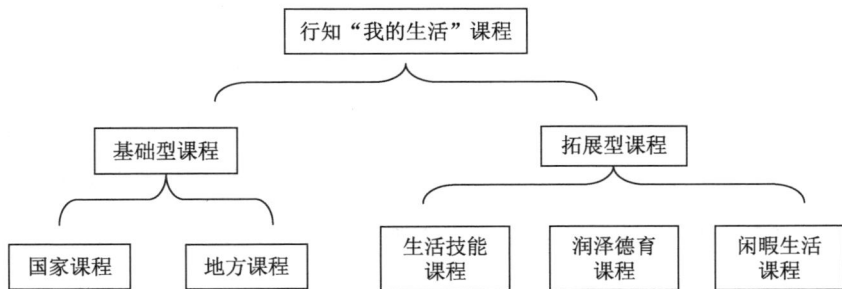

```
                    行知"我的生活"课程
                    ┌──────────┴──────────┐
              基础型课程                      拓展型课程
           ┌─────┴─────┐          ┌─────────┼─────────┐
        国家课程    地方课程     生活技能    润泽德育    闲暇生活
                                  课程        课程        课程
```

"生活馆"让孩子们学会过日子。

生活馆是标准的一室一厅一厨一卫。开放式的厨房，20 平方米的卫生间，家里有的，这里一应齐全；130 平方米的空间，俨然是一个真正的家。凡是需要在这个"家"里上的课，统称为生活馆课程。馆内可同时容纳四个学生小组进行生活技能的学习。在客厅，学收拾鞋柜、茶道、待客礼仪；

在卧室，学换枕套、被罩、叠放衣服、被子、缝扣子、熨烫衣服、布艺等；在厨房，学择菜洗菜炒菜、洗锅洗碗、烤面包、烤饼干；在卫生间，学会使用洗衣机，洗毛巾、洗袜子、刷马桶、擦地……家里的大小家务在这几乎都能学到。

种植课程"玩出大名堂"。

种植课程和闲暇生活课程同样是日常生活化的。每到谷雨这一天，学校便举行"豆，你玩"种植园地启动仪式，孩子们齐声朗诵关于谷雨的农业谚语，从校长手中接收了象征着生命精灵的蔬菜种子。种植课程以"趣味、实验、实践、探究"为原则，以植物的生长为线索，细分为种子、茎、叶、花、果、育种六大主题，在保持课程相对完整的基础上开展学科融合，最终培养全面发展的人。在缺少师资和课程资源的情况下，结合学校"小先生制"的教学特色，成立种植学习小组，培养种植方面的小先生，解决师资问题，并形成学校内的种植骨干。如今，陶园被中国农科院蔬菜研究所挂牌为"实践基地"。

"陶园"里的种植唤醒了孩子们爱与责任的本能，收获了满满的知识、技能和感动，为"向海阔天空奔去"储备着营养。

"陶友讲堂"，小学里的社科课。

每月最后一周的周二下午最后一节课，是学校固定要开展的家长讲堂。家长们结合自己的职业，给学生们讲述自己的工作和职场故事。做记者的，就讲讲一篇稿件从选题到采访再到出版的过程；当消防员的，就给孩子们讲讲消防安全知识；卖服装的，给学生讲解各种布料的不同；做蔬菜生意的，就讲一天进菜、卖菜的经历……家长们非常重视每月的"陶友讲堂"，曾经一位做牙医的家长为了讲课，准备了PPT、口腔模型、刷牙技巧，最后甚至给班里的孩子一一检查了口腔。"陶友讲堂"学校坚持了八年，除了传递给孩子们更多的社会知识、职业知识，家长的责任感也彻底被带动起来。如今，"家长老师"已成了行知小学的重要特色之一。

"生活·实践"教育坚信生命是教育的起点，生活是教育的内容，实践是教育的方式，生命融入生活，生活承载生命，实践构建美好生活，教育让人性更完美、人格更完善、人生更完满。张校长用"我的生活"课程正践行着这一美好信念。

悟性课堂：培养有灵性的学生

张情认为："孩子们应该有灵性，我们老师就应当保护和培植学生们的这种灵性。"课堂是师生、生生之间思维碰撞和交流的舞台，是师生生命成长交融的生命场。

灵性也称悟性，简单说就是思维力，或者叫理性思考的能力。行知小学的悟性课堂秉承陶行知"教学做合一""六大解放"的教育思想，是在课改的土壤里生长起来的，新课程背景下的一种高品质的课堂形态。张校长带着学科老师们不断探讨、实验，"悟性课堂"在行知小学的土壤中逐渐生根、发芽，逐渐成长、成熟。

没有内化，"悟性课堂"必定只是一个新的"称谓"而已。于是，在了解理念的基础上，学校进行了《斯宾塞的快乐教育》《苏霍姆林斯基教育学》等一系列书籍的阅读交流，以及"我心中的课堂""'悟性课堂'精彩瞬间"等多项活动。新的理念润物细无声地植根于每位老师的心中。老师开始重新定位学生、定位自己、定位课堂教学。

坚持一个原则。课堂教学中，凡是学生自己能做的，让他自己做；凡是学生自己能想的，让他自己想；凡是学生自己能说的，让他自己说。

设计一种流程。"自悟—启悟—领悟—开悟"的教学流程。在"自悟"的基础上，做起来有困难的，小组合作解决。实现生生间的相互"启悟"。解决不了的，教师"领悟"、师生互动，最后达到知识的"开悟"，也就是要灵活掌握、综合运用。

明确一种策略。即"悟性课堂2-1-1时间策略"。在每一堂课的教学实施中，学生动手动脑探索、实践交流、自悟启悟不少于20分钟，老师领悟不多于 10 分钟，发散训练、开悟应用不少于 10 分钟。

建立一种机制。即"悟性课堂"小先生制。可以说，"小先生制"是陶行知先生对传统教育思想的革命性颠覆，是对现代教育思想的开创性奠基，是以生为本思想彻底性的标志。在"小先生制"的尝试中，老师们大胆改革，探索出了新方法、新思路。

如今行知小学对教室的座位进行了重新调整。以小组为单位围圈上课。孩子们还自己设计了组徽、组规，小组内按不同任务轮流做先生。真正实现了生生相互监督、相互促进。以学生、学习为中心的课堂，激活了孩子们的内驱力，提升了孩子们的主人翁意识，宽松、民主的场景中，心有所学，心有所期。

成果是显著的。有了悟性课堂的沉淀和积累，孩子们的学习效果提升了，课堂气氛也改变了。老师的职业素养、教学水平也得到了质的发展。张情带领"行知工作室"的老师们，编写了《行知学子诵陶诗》读本及《谁是小陶子》综合实践课本，《行知学子玩数学》《行而思》也陆续出版。

亲情服务理念下的评价体系

亲情是每一个人的生活要素，为了践行陶行知的"爱满天下"的博爱情怀，也为了能让来自四面八方的老师对行知小学有归属感，张情坚持"有尊严的教师才能感受到教育的幸福"，她大胆提出"把爱给够"的工作原则。在日常的管理工作中突出"关爱""服务"理念。学校班子成员关爱、服务老师。她是这样说的，更是这样做的。她身为女性，有着博大的胸襟，无限包容、关爱、尊重着身边的每一位教师员工。她常说，我们做校长的心里首先要有老师，其次眼里要有学生。她把老师们的喜怒哀乐当成她工作中的大事，她要守护教师的尊严。

事实证明，真情换真情从来都是人间至理。当老师们被充分地尊重，被"把爱给够"了，自身满满爱的能量，自然会把爱传递给学生，被真爱包围着的师生亲如一家，孩子们也自然会越来越懂事。

教育评价事关教育发展方向，有什么样的评价指挥棒，就有什么样的办学导向。教育评价是为"立德树人"做保障的。学校内部教育工作直接面对教师、面对学生和家长，我们的评价体系里是孩子们的未来走向及生活质量。尤其我们小学是打根基的时期，无论是学习还是习惯以及能力的历练，甚至人生的价值取向，小学教育六年都起着重要的奠基与导向作用。张情认为，"老师的工作是良心活儿，学校领导少评价，多肯定，多鼓励"。

对教师，低评价，高荣誉。给学生减负，首先得给老师们减负，评价好学生，首先要评价好老师。学校的评价是师生发展的牛鼻子，尤其对教师评价一定要慎之又慎。评价是导向，评价应该激发人的内动力，切记评价不是专门找毛病的，尤其我们是针对"活生生的人"的评价，应该是充满情感、有人情味的评价，否则谈不上"以人为本"。

张情认为："作为老师，教书育人是你自己的事情。"因为教师的职业特性是完全以教师本人为圆心的教育教学活动。教师的人格魅力、情感丰满、知识渊博等都是他完成教育教学工作的内在因素，教师是一本"活的教科书"。我们的评价只能是激活教师的潜力和能量，因此我们陶园制定出简单明了的陶师成长发展要求。

发展目标：做陶行知式的良师(有良心、有良知的教师)。

评价标准：心中有学生，脑中有真知，胸中有情怀。

评价办法：每年年终时，至少有半天时间隆重表彰每一位陶师，每位陶师的荣誉称号是考核小组根据每位老师在这一年的工作样态和突出表现，非常慎重给出的荣誉，并且要征求部分教师意见才能最终确定。比如"最具爱心陶师""最佳教学能手""＊＊学科名师""最具魅力陶师""天使陶师""行知劳动模范""大姐范陶师""最有担当陶师"。在年终的"冬之情"家校联谊表彰大会上，考核小组郑重宣读颁奖词，由家长代表和学生代表一起把荣誉证书颁发给老师们。一年一度的隆重的表彰仪式，是每一位陶师最看重的时刻，一张小小的荣誉证书满载着为人师一年来的心血与辛苦付出。

对学生，低管控，高自律。人心本善，每一位小学生是早晨初升的朝阳，有生命的热情，更有生命的朝向。教育是要帮助他们快乐、健康成长，不断激发并助力学生们前行的动力。理想的教育评价是：善待儿童，使儿童免于恐惧。能增进个人幸福福祉的教育，而不只是片面追求考试和升学。培养具有乐观向上的生活基本素养以及自我发展能力的教育。以分数为本的教育导致人的压抑与焦虑，而不是人的解放。学校评价的最终目的是实现五育并举，实现学生的全面发展与个性发展的统一。为此，行知小学制定出了陶园小真人评价体系。

（1）行知小学流通货币——陶币。

（2）七项小真人（每项集齐十枚）：礼仪小真人、健康小真人、文学小真人、智慧小真人、艺术小真人、实践小真人、爱心小真人。

（3）学生获得"三项小真人卡各满十枚"便获得校长隆重颁发的"行知小真人"荣誉勋章，其笑脸照片可以上学校笑脸墙。

（4）评价标准。

项　　目	评价标准	备　　注
爱　　心	1. 拾金不昧或者主动帮助老师、同学或他人的，一次得一枚陶币。 2. 在校外主动帮助他人的，得一枚陶币。	自己申请或他人（同学、家长、老师）推荐班级考核。
礼　　仪	1. 在校期间，按学校要求佩戴红领巾和穿校服，且服装干净整洁，每月可得一枚陶币。 2. 没有在楼道追逐打闹、打闹喧哗，遇到老师、客人主动问好，每月可得一枚陶币。 3. 参加集体活动，不迟到、不打闹，准时守纪，每月可得两枚陶币。 4. 升旗班级，负责门口迎宾，按照到岗、不缺岗，圆满完成任务的同学，可得一枚陶币。	第 1. 2. 3 项由班级考核。第 4 项由教育处考核。

（续表）

项　目	评价标准	备　注
健　康	1. 按时参加课间操，态度积极认真，全勤者每周得一枚陶币。 2. 代表学校参加各类体育竞赛，参与奖得三枚陶币；获得成绩者，按成绩再进行奖励。	班主任及体育教师考核。
文　学	1. 完成本年级必背古诗词，过级后获得两枚文学陶币。 2. 完成学校推荐的本年级书目的阅读。并认真地高质量地完成读书存折、读书笔记、写绘作品，鼓励创新型读书成果。每完成一本书的阅读任务获得文学两枚陶币。 3. 完成本年级本学期的经典背诵，通过考核后获得两枚陶币。 4. 完成临时性与文学相关的任务，获得一枚陶币。	语文教师负责考核。
智　慧	1. 遵守课堂纪律。做到：（1）做好课前准备；（2）上课遵守纪律，积极参与课堂讨论，乐于善于合作，能在小组中出色地完成自己的任务，争当小先生。 2. 作业认真、独立、及时完成，书写工整，不拖拉欠交，不抄袭，及时订正。 3. 学习成绩优秀、进步显著，可获得相应的陶币奖励。	均由任课教师视情况奖励陶币。
艺　术	1. 喜爱艺术学科，认真上好音乐、美术、陶艺、书法等科目。 2. 学会一种艺术技能，如：演讲、书法、绘画、唱歌、乐器、舞蹈、面塑等。 3. 积极参加学校组织的各项艺术活动。 4. 优秀作品上交到学校获国家、省、市、区、校级奖励的分别奖励6、5、4、3、2枚陶币。	1. 2. 3由相关教师视情况奖励陶币1枚。4. 由教育处和学校教务处考核。
实践体验	1. 每日发现生活中的美好现象，并主动与他人分享。 2. 每学期完成一次游学，且按照要求完成相关准备作业，得一枚陶币。 3. 积极参加志愿者服务工作，并认真完成任务的，经考核按优秀、良、合格、不合格，每周分别奖励5、4、3、2枚陶币。 4. 积极认真地参加种植实践活动，管理到位，经校级负责人或班主任考核分优秀、良、合格、不合格，每周分别奖励5、4、3、2枚陶币。	由班级或者任课教师考核。

陶园小真人评价原则：1. 简单易操作原则。弱化竞争意识。2. 自我管理原则。全程全员性、参与性。3. 过程性原则。注重学生在学习生活过程中的成长与发展。4. 评价主体多元化原则。以学生自我评价为主，家长、教师辅助评价。5. 允许差异，凸显个性原则。学校既是为了学生的全面发展，更是让每一个学生发现自己的爱好、特长，并让自己优上更优。

总之，行知教育时刻以"人"当先，有人性，有温度的评价让每一位师生相信自己的力量，逐渐形成"低竞争、低评价、低管控、高自律"的教育生态环境。

张情常说："我是陶行知先生的忠实粉丝，我是站在巨人的肩膀上前行的。"她做行知小学校长后，决心践行、弘扬陶先生的教育思想。她一边自己实践着，一边影响着周边的学校。同仁们看着张情校长与日俱增的蜕变，看到行知小学日新月异的发展，看到行知师生满脸幸福的样子，不约而同地开始学习陶行知思想。在她的影响下，整个长安区80多所学校掀起了学陶著、做陶师的热潮。为了更好地开展工作，长安区教育局专门成立"陶行知教育学校共同体"，张情为秘书长，经过几年的实践，成熟了一批学校，于是长安区在2016年的十月底承办了主题为"为了向前向上的生活"的中国陶行知研究会实验学校分会年会，迎来了全国22个省市的近500位教育同仁集聚石家庄市长安区，共同见证了一场陶味浓厚的行知教育分享盛宴。与会的吕德雄秘书长、王铁成副会长、陶侃老师、朱建人老师等专家给予高度赞许。

在张校长教育情怀的大力感召下，长安区有十六所学校成为中国陶行知研究会"生活·实践"教育实验学校，并在石家庄设立河北"生活·实践"教育中心。

河南省信阳市羊山实验小学校长　张勇宏

培养"慧学、慧玩、慧生活"的未来公民

【人物简介】张勇宏，男，现年48岁，大学本科学历，1993年参加工作，中共党员，中小学副高级教师。2022年被任命为羊山实验小学校长。自任职以来，他以学校的实际情况为出发点，提出了"文化立校、教研兴校、特色强校"的办学思路。以"让每个孩子都得到发展，让每个孩子在发展中增长智慧"为办学理念，以"慧学、慧玩、慧生活"为办学特色，以"更健康、更快乐、更勤奋、更聪明"为培养目标，坚持"教师以学生发展为本"的教育理念，主张学校既是学园，也是乐园，更是家园，着力构建"校园、乐园、家园"的文化氛围。虽任职时间不长，但是却让羊山实验小学有了很大的变化，受到上级主管部门、学生、家长以及社会各界的一致好评。

坚守——鹤发银丝映日月，丹心热血灌新苗

人们常把教师比作红烛，赞颂他们默默发光、无怨无悔的奉献精神。自参加工作以来，张勇宏同志一直以红烛精神来鞭策自己，在这神圣而清廉的讲台上，他从教三十余年，以一身粉尘两袖清风为荣，以三尺讲坛一生相伴为豪，就像红烛跳动的火焰，照亮别人，燃烧自己。他热爱教育事业，坚持政治理论学习和业务能力学习，立场坚定，旗帜鲜明，始终紧密团结在以习近平同志为核心的党中央周围，与党中央保持高度一致，认真贯彻落实党的教育方针，自觉遵守《教师职业道德规范》，为人师表，以身作则，严于律

己。他为人忠厚，工作任劳任怨，默默耕耘，无私地把自己的一切奉献给他所钟爱的教育事业。

"高调做事，低调做人"是张校长的工作态度，"我不在乎别人怎么说，我只在乎自己怎么做"是他的自我要求。作为一名共产党员，人民教师，他将对党和人民的热爱全部融入工作实际之中。初到羊山实验小学，面对全新的环境和挑战，张校长在开学前就日夜思考着学校面临的种种实际问题及发展前景：要如何实现教育教学质量快速有效提高；如何规范学校后勤管理解决制约学校发展的瓶颈问题；如何全面实施新课改实现课堂高效化；如何提升校园文化品位，引领学校绿色发展；如何加强班子队伍、师资队伍建设以实现学校规范管理；如何加快学校标准化建设等一系列问题，新学期开学前期，羊山实验小学以张勇宏校长为首的新领导班子成员，经过科学、深入的调研，确立了"文化立校、依法治校、科研兴校、质量强校"的总方针和"在快乐中学习，在学习中成长"的办学理念。新的实小一班人在张勇宏同志的带领下，众志成城、克难奋进，为打造"平安、文明、绿色、和谐、特色、高效"校园而努力奋斗。

务实——纸上得来终觉浅，绝知此事要躬行

"事无巨细，都要亲躬"，许多校长都面临着这样的尴尬，"巨"到未来发展目标、筹资用资、教学科研，"细"到吃喝用度，样样都管。校长们因此深陷烦冗，整天应付着蚂蚁式的忙碌，老师和学生们却依然处于近似混沌无章的"游离"状态，而张勇宏校长却不愿这样。从到羊山实验小学任职开始，他仔细研读了学校的各项规章制度，在此基础上精细分工，从校长到学生都有相关的规定要求，使那些挂在墙上的制度真正地起到"引导"的作用。依法治校，规范管理是他的治校方略。秉着以人为本，民主管理的原则，制定了从政教到教学，从党建到少先队，从前勤到后勤等一系列立体纵横交叉的管理制度，实现了制度管人、制度管事、制度治校的精细化管理模

式。他说："没有一套好的制度肯定是办不了好学校的，现在我们学校加上幼儿园大概有 4000 余名学生，200 余位教师，放眼整个新区，这个体量也算得上是名列前茅了，如果不依托科学的管理制度来进行精细化管理，那最终只能导致人浮于事，事浮于表。这样一来，学生还怎么能接受到好的素质教育呢？"

他一心扑在学校的工作上，用心血和汗水书写着自己的工作业绩，张校长无私奉献、艰苦奋斗、为人师表、开拓创新的精神和品质让他在校领导班子中产生出很强的向心力和凝聚力。"办公室的椅子上是有钉子的，一直坐在上面怎么可能舒服"，在全体班子成员会议上，张校长是这样说的，在日常学校工作中，他也是这样做的。在办公室你很少能找得到他，但是在校园中，你总是能看到他步履匆匆的身影。每天清早，大部分老师才刚醒，张校长已经来到学校，先在校园里巡视一圈，到办公室泡杯水，又开始巡楼、巡班，即使三栋教学楼，加起来有十一、二层，将近 60 个教学班，张校长还是会逐班巡视一遍，回到办公室，开始处理公务。中午，跟老师们一起在学校食堂吃午饭，再回到办公室午休，下午上课后，把班级再巡一遍，每日如此。有人问他在办公室坐着多舒服，他不置可否，他说"我不喜欢在工作群里看着你们汇报这汇报那，得看着问题一个个的解决，我这心里才踏实。"在廉政方面，他严格要求自己，从不利用职权为自己或家人谋私利。在公务活动中，做到合理开支，手续清楚。他非常注重加强干部职工队伍建设，努力做好校长的统领和引领作用。每周坚持组织教职工进行政治和业务理论培训，传授新的教学思想和理念，提高教职工的政策水平和业务能力。他经常教育党员干部："工作不能靠别人，只能靠自己""只有自己提拔自己，自己解聘自己""成功就是简单的事情反复地做"。对于班子成员，张校长经常告诫："只有落后的领导，没有落后的群众"。建立干部的述职、评职、议职制度，实行民主监督。建立社会、家长、学生评价教师及"重责任、重贡献、重实绩"的评价激励机制，从而达到了提高教师队伍素质，提高教学质量，提升办学水平，促进了教育教学管理水平和教育教学绩效的显著提高。

在学校管理中，他非常注重"三神四风"建设，即奋斗精神、集体精神、团队精神和党风、师风、校风、学风建设。为学校立足长远，注入凝聚力、战斗力，努力形成具有民族精神共性的学校校魂。他敢为人先，大力推行高效课堂，积极探索高效课堂模式。他常说"要以教师的不轻松，换来学生的轻松"，"教是为了不教"。并以身示范，带头主讲优质研讨课，带头深入课堂，了解课堂，实施推门听课、观课制度。创设一切条件让教师参加各级各类教育教研活动、业务学习和网上远程培训，与大校、名校联谊，相互交流，共同学习，引领教师成长。全面推行立体德育、全员德育，实行"良心教育"和"道德教学"，积极运用创新思维改变德育管理模式，坚持用丰富的德育活动播种和谐平等思想。后勤管理方面，张校长格外注重规范化和民主化管理，建立系列财务、财产及后勤管理的规章制度，努力实现"教师舒心、家长安心、学子开心、社会放心"的庄严承诺。

仁爱——全心全意为师生，俯首甘为孺子牛

一个好校长就是一所好学校，一所出色的学校总是跟一位出色的校长紧密联系在一起的。熟悉张勇宏校长的人，大家都知道他是一个凡事讲原则、处处讲奉献的人，更是一个耿直、善良、热心帮助他人的人。作为一个在教育前线奋斗了三十多年的老教员，张校长非常关心青年教师的成长，常和他们促膝谈心，了解他们的思想，关心他们的生活，倾听他们的烦恼，手把手地教他们如何管理学生，管理班级，把自己从教多年总结的经验毫无保留地分享给青年教师，引领他们的专业成长。在羊山实验小学工作的一大批新入职教师如吴迪、李玥秀、伍慧等，张校长都倾注了大量的心血，推门听课、课下点评，他把老师们上课的优缺点事无巨细地记录在听课本上，手把手地带着他们从刚走上讲台连基本的教学程序都不甚了解的"萌新小白"，一步一步成长为现在实小教育战线上的主力军。

张校长常把教职工的冷暖放在心上，几十年工作生涯中，不知帮助过多少人。去年秋季，学校一位教师的父亲因病辞世，张校长知道后，主动打去电话关心情况，亲自去到当事人教师家里表示哀悼，回来后还不忘细心地嘱咐那位教师同办公室的老师们，多安慰、多照顾，工作方面能帮就多帮帮忙。今年春季，羊山实验小学周老师退休，张校长把周老师请到办公室亲切交谈，字里行间无不表达着对老教师的尊重，张校长还自费为周老师购买了一束鲜花，对周老师几十年来为实验小学教育教学工作付出的辛勤和汗水表示由衷的感谢。

张校长强调，学校要极力丰富教职工的业余活动，成立篮球队、足球队、女子舞蹈队、诵读小组、书法小组等，通过形式多样的活动给老师们"松松弦"，丰富教职工的业余生活，陶冶他们的情操，让他们感受到学校集体生活的温馨。端午、中秋、重阳、元旦等节日，他都带着几名工会、支部成员到困难职工的家里嘘寒问暖，力所能及地为困难职工提供帮助。

这些举措不仅搭建了一个缓解矛盾、释放压力、促进关系和谐的平台，而且让教师们觉得有一种自己被关注、被赏识的感受，让大家觉得学校不再是一个简单的工作单位，更像是一个温馨有爱的大家庭。这样有利于挖掘教师的潜力，有利于学校的和谐发展。

展望——砥砺前行脚下路，风正扬帆再启航

三十余年的从教生涯，三十余年的深耕履践，使得张校长对学校的前进脚步和可持续性发展方面有着自己独到的见解和一套比较完整的阅历。来到羊山实验小学，在第一次全体教师大会上，张校长便旗帜鲜明地指出，我们要创新管理模式，走名师立校的道路。为此，学校实行岗位目标责任制和行政领导帮包制，制定各办公室、年级、班级等《标杆管理细则》，明确职责。效仿一贯制教学模式，将整个小学阶段的教学、德育、教科研工作以及科技、文体等活动都统一起来，进行整体规划，系统地制定六年培养目标，组

织分步实施，分段落实；研究新形势下教师等级工资分配方法，拉大绩效工作分配差距，进一步强化优教优酬；并且完善了教师职评和聘任程序，做到公平、公正、公开，充分发挥职评杠杆的激励导向作用。

在领导班子建设方面，张校长强调要增强行政执行力，校级领导干部做到"五个一"，即在教学上教好一门学科，在教学管理上联系一个年级，在教研活动上作好一次讲座，在业务指导上每年帮扶一名教师，在学生管理上每周座谈一名学生。规范领导班子成员的行政行为和工作行为，做到遵章守纪、民主决策、公开透明。组织广大教职工对领导班子成员的工作实绩进行公正评议。学校还明确处室目标要求，不断加强学习，改进工作方法，提高管理水平，做教育理论和教育理念的先进代表，做各项规章制度的执行人，做各项教学活动的参与者。实行领导干部常规巡查制度，充分发挥服务、管理、指导职能。

张校长还特别注重后备干部的培养。想方设法地提供各种条件，为思想好、业务上进的教师铺就成功之路，使他们成为名师、骨干教师、学科带头人。对省、市、区命名的名师、骨干教师和学科带头人，学校大张旗鼓地宣传，并鼓励他们保持荣誉，不断进取。认真开展"两争两创"活动，即争当优秀教师，创造一流业绩；争当教育育人先进单位，创设人才工作一流环境。努力创造公平、公正、竞争、择优的从教环境。开展好三个层面的理论学习活动。一是组织骨干教师参加省市级课改培训。二是组织全体教师参加区级寒暑假培训。三是组织好学校内部的业务培训。开展好两类"四课"活动。一类是教师全员参与的"听课、评课、说课、悟课"活动；二类是教师执教的"优质课、研讨课、示范课、达标课"活动。

在创新教学模式方面，张校长指出，学校要开展两项研究，确保教学不走弯路。在教师中要开展有效课堂教学模式研究。结合"学、查、纠"活动，学习理论，学习先进单位的典型材料，更新教育教学观念。要学习"学、议、导、练、结五步教学法"，并在日常教学工作中学以致用；开展有效学习研究，根据学生基础、学习习惯、学习方式制定符合各年级、各班实际的《学生学习常规》，最终形成预习、上课、复习、作业的学习流程，对课前小预备、学具准备到课中参与，再到课后作业、笔记整理、及时复习等都要做出明确具体的要求，培养学生良好生活习惯和优秀的学习品质。不仅如此，还要认真落实三项教育，提高学生综合素质。其一，要开足开齐各年级的音、体、美课程，落实两个大课间，一个活动课，把健康还给学生；其二，要增设实践活动课，减少课外作业量，真正把时间还给学生；其三，要开展生活教育，把起床、洗刷、吃饭、洗澡等都列入日常教育教学内容，把各种能力还给学生。

德育方面，他提出了"一体化"的德育模式。既按照小学六年义务教育的德育总体目标和学生心理特点、年龄结构和成长规律，确定相对稳定的德育内容和要求，分学段实施教育，形成目标递进层次，使德育工作纵向有序。结合班团队活动、思品课、社会实践和各学科渗透德育，使之横向结合，形成最佳的教育合力。强化各阶段德育重点，小学狠抓行为习惯养成教育，初中狠抓道德品质教育。学校定期开展"向不文明行为告别""校园无纸片""爱护公物""节约水电"等活动，抓好学生爱校尊师的教育，抓好学生参与学生管理的工作。树立各类标兵，帮助全校学生树立各自的目标，树立正确的人生观、世界观和价值观。

要做优学生心理健康教育，凸显学校德育工作特色。要建立并完善学生心理健康档案，认真做好学生心理咨询和疏导工作。根据不同年级学生的心理特征，有针对性地对不同年级学生开设心理讲座，同时充分利用校园广播和心理健康教育专栏，做好心理健康教育的宣传工作。对于心理健康状况异常的学生，张校长深入学生家庭，与学生父母交流，关心孩子状况并为家长送去家庭教育经验。同时，张校长还邀请到信阳市未成年人心理健康学会会长郭鑫芳老师到学校开展"心向阳光，赋能未来"主题心理健康辅导活动。

不仅如此，他还强调要加强对班主任的培训和管理力度。以年级为单位定期召开班主任例会，交流班级管理经验，探讨班级管理工作的方法，完善班级量化考核和班主任考核制度。用竞争机制激活班主任的管理工作，全力打造一支适应时代、高素质的班主任队伍。

在张勇宏校长的不懈努力和坚强领导下，羊山实验小学先后获得"中国陶行知研究会'生活·实践'教育专业委员会实验学校""'生活·实践'教育优秀实验学校""信阳师范学院炎黄学院教育基地""河南省书法教育示范校""信阳市中小学校党建工作示范校""信阳市优秀少先队集体"等诸多荣誉称号。羊山实验小学教师刘莹洁、陈祥凤在羊山新区第一届少先队辅导员技能展示活动中分别荣获全区单项一、二等奖；陈祥凤、周文琦在羊山新区"强国复兴有我"群众性主题实践活动中荣获一等奖，学生李同学荣获河南省"新时代好少年"荣誉称号；学生王同学、陈同学、胡同学、陈同学、王同学、娄同学、汪同学等在全国青少年科技教育成果展示大赛（青科赛）和全国中小学信息技术创新与实践大赛（NOC大赛）中也取得了优异成绩。张勇宏校长的工作业绩受到学生、家长和社会各界人士的广泛肯定，他的治校成绩也受到上级领导的一致好评。

"捧着一颗心来，不带半根草去"是张勇宏校长献身于教育事业最真实的写照。历经三十余年的风雨沧桑，他依然初心不改。他始终站在教育这一块精神高地上，守望着自己的理想，追求着绿色的梦想，诠释着无悔的人生，谱写出一曲平凡而伟大的乐章。

河南省信阳市羊山新区第三小学校长　程　萌

让幸福的童年在这里发生

【人物简介】程萌，现任羊山新区第三小学校长。曾任信阳市羊山外国语小学教师、教导副主任；信阳市羊山实验小学副校长；信阳市羊山外国语小学常务副校长；信阳市羊山新区第三小学校长。河南省德育先进个人、河南省实践教育工作先进个人、河南省中小学骨干教师、信阳市小学英语名师、信阳市教育局学术技术带头人、信阳市先进工作者、信阳市青年五四奖章获得者。

走进信阳市羊山新区第三小学，放眼望去，绿树成荫，花团锦簇。操场上一群群孩子奋力奔跑。明亮的教室里，琅琅读书声不绝于耳。

谁能想到 2017 年，这里还是黄沙漫天的工地，教学楼还没有装修，操场一片泥泞。眼看着开学季就要来临，附近居民无不忧心忡忡。彼时，程萌临危受命，就任校长，从校园环境优美，师资强大，学生成绩连年提升，获得了四十多项集体荣誉，羊山新区第三小学成为学生喜欢、家长满意、社会认可的信阳市新的品牌学校。

在荒地上建起名校

站在一堆瓦砾面前，程萌也曾有过彷徨，但却从没想过放弃。回望十多年的教育历程，她就像救火队长一般，临危受命，迎难而上，于废墟之中挖掘希望，再开出奇迹的花。

就任羊山新区第三小学校长时，学校附属工程和一期教学楼工程正在施

243

工，机器隆隆，一片泥泞。开学迫在眉睫，除了两栋教学楼，从操场到大门、校园内部道路，都还是山丘荒地。教学楼四周的脚手架突兀地矗立着，完全没有一个学校该有的样子。教师队伍方面，除了组织配来的 1 名副校长，一个教师都没有。

都说"万事开头难"，程萌坚信，只要挺过了这一关，一切都会好起来。她勇挑重担撑起学校建设发展的一片天，可谁又曾知道，由小山丘到学校，这片天不好撑。她夜以继日地坚守在工地上，以沟壑为伴，与尘土共舞。她撇下年迈的父母和年幼的两个孩子，小儿子未曾满月，她便返回学校一心扎在工地上，不是她铁石心肠，是她知道学校建设刻不容缓，小家与大家，她毅然决然地选择了后者。

好在努力有了回报，经过连夜赶工，三小得以按时开学，学校道路、校园绿化、附属工程及运动场、消防水池也分期分批完成。但程萌的步伐却没有因此而慢下来，她还是一次次走进施工现场，认真做好工程报建、协调与周边单位矛盾、监督工程质量等工作，确保各项工程能够按时完成。无论是周末还是寒暑假，她几乎天天都要去工地，每次归来，总是汗水和泥水夹杂在一起。几年下来，随着各项工程陆续完工，如今三小的校园环境，已经是信阳市最漂亮的学校之一，家长们赞不绝口，学生们更是乐学好学。

学校建好了，担子更重了。校园装修、校园环境美化、特色工作内涵彰显……可以说工作千头万绪。但只要是有益于学校发展的，她永远是那个不知疲倦的排头兵。通过查阅大量资料，反复召开班子会和各方座谈会，听取大家的意见。程萌提出"幸福为本，蕴雅达慧"的校园文化主题，按照"幸福"主题逐步打造环境文化、课程文化、制度文化、活动文化。在校园文化的建设中，程萌会对每一个班牌、每一条标语、每一个教室文化进行设计，使班级文化既有共同之处，更有个性特色。

让学生享受幸福教育

苏霍姆林斯基曾说:"理想的教育是培养真正的人,让每一个从自己手里培养出来的人都能幸福地度过一生。"习近平总书记强调:"我们的人民热爱生活,期盼有更好的教育。"怀特认为,"教育应当追求学生的幸福,教育要关注学生的当下幸福"。教育的最终目标是培养幸福的学生,以学生终身幸福为教育的原点,以培养学生的幸福能力为核心。

(一) 幸福教育,引领发展

羊山新区第三小学的"幸福教育"所倡导的办学理念——"让每一个孩子拥有幸福童年",程萌校长致力于营造温馨和谐的幸福文化,培养幸福教师、培养幸福少年,让每一个孩子拥有幸福童年。从这个意义来讲,程萌校长就是一个帮助孩子们走上幸福之路的人,是"生活·实践"教育的践行者。

围绕核心办学理念,程萌提出以打造"精美雅致、海棠盛开、温馨和谐、书声朗朗、翰墨飘香"的幸福校园为目标;以"激扬生命 幸福成长"为办学理念,以"开放、创新、共享、未来"为校训,以"人文之雅,健康之乐,科学之真,思维之活,艺术之美"为育人目标,以"教学相长、心中有爱"为校风,以"勤学好问、立己达人"为学风,以"温情呵护、潜心耕耘"为教风。

不待扬鞭自奋蹄,在程萌的带领下,一所崭新的学校先后获得了"河南省语言文字示范校""河南省多文本阅读教学实践研究实验学校""河南省义务教育标准化管理特色校""河南省德育先进集体""河南省劳动教育特色校"、河南省体育艺术"一校一品"示范校、全国青少年校园足球特色学校等荣誉称号。

（二） 幸福课程，发展特长

课程是师生通向幸福体验和幸福未来的桥梁，从羊山新区第三小学筹办的第一天开始，程萌就将课程体系顶层设计提上了日程。

在办学理念、育人目标顶层设计指引下，程萌确立了"缤纷童年　幸福绽放"的课程理念，积极探索出"幸福之花"课程体系。学校从完整思维、从容品格、美好情感、创新实践四大板块统整课程资源，形成完整的课程体系。

完整思维课程。幸福生活首先是完整的，完整的生活是整体统一的。完整的思维课程主要以国家颁布的文化类课程为纲，以培育学生基本素养为目的，并根据学生发展需要进行适度拓展的课程，使学生掌握适用于学科学习的思维，能统整所学学科知识，建立学科间的关联性。

比如语文拓展课程，学校开设了《四季课程》，分为探春、嬉夏、晒秋、藏冬四个系列。四季课程融合人文、科学、艺术、美学，通过开展丰富多彩的多学科融合活动，进行项目化学习，鼓励孩子们走出教室，走出校园，到大自然中去体验，去生活中实践。从生活中来，到课堂中去；在课堂中学，到生活中用。把孩子们在生活中遇到的问题带到课堂中去讨论，在老师们的指导下通过自主合作探究的学习方式进行思考、内化，并在生活中实践，从而实现"五育融合，知行合一"的教育目标。

在嬉夏课程中，低年级学生走进社会，走上街头，为身边各行各业的劳动者送上一朵小红花，将最美的花献给最美的劳动者，体会普通劳动者的艰辛。

三年级学生巧手改造，变废为宝，亲手完成对身边旧物的改造，在劳动中创新，在实践中探究，在亲历中思辨，用双手点亮生活，装扮生活，为生活添姿添彩。

就在学校举行的嬉夏——"生活·实践"教育活动中，美食小先生们自制水果拼盘为信阳菜代言，从寻根、学艺到烹饪、摆盘历时一个月，提升学生参与实践的热情，锻炼学生的动手能力，从而感受美好的夏日时光。

中药小先生们在学校开办中草药市集，邀请中医院的医生现场讲授药理知识，体验研磨中草药。学生们熬制各种中草药的饮品、中药香水，从而感受劳动的快乐，并在劳动中创造价值。同时，学校在有限的校园里，扩展"生活·实践"教育实施空间。为学生在花箱区域建立"中草药观测站"，采用班级承包制实施养护。播种、浇水、除草，观测中草药的生长过程。中药小先生们在生活中实践，在实践中增长见识，也更深层次地了解中药文化。

财商小先生们把"闲鱼"APP搬到操场，闲置的物品在盛夏的绿茵操场上闪闪发光，小先生们让闲置的物品找到新的主人。学生们在嬉夏课程中学习、合作、探究并在生活中实践。

从容品格课程。幸福生活是从容的，要求儿童有足够的能力去面对生活中的变与不变。从容品格课程主要是培养学生坚定的意志以及合作适应的情商能力。

作为全国青少年足球特色学校，学校在特色体育项目足球的普及和提高方面做出了积极努力。学校每班每周上一节足球课，让孩子们体验到"知足球、会足球、爱足球"的乐趣。足球社团培养足球特长生，他们多次在市、区级足球比赛中取得优异成绩。

程萌提出将仪式纳入课程，进行系统的研究和探索。学校将学生六年的成长分为三个阶段，用三种仪式进行目标引领教育，即一年级"蒙学养正·入学开笔礼：开智启蒙知礼法和开学护照走校园活动"；四年级"悦己力行·十岁少年礼：晓礼仪，重信诺"；六年级"约定启航·毕业小成礼：懂道义，敢担当"。这种阶段性的仪式教育，让学生记住了童年成长的每个节点并赋予成长的意义。

为了让新生能更好地融入小学生活，进一步促进幼小衔接的发展，学校根据一年级课程内容和新生的心理特点，开设了《新生入学绘本》课程和《你好，萌新!》课程，学生们在入学后的前两周依托课程资源进行入学适应性教育。

美好情感课程。幸福生活是美好的，要求儿童善于发现生活中的美，开启个人兴趣爱好。在美好情感课程中，学校创新美育课程。开设了服装设计、书法、美术、乐器，培养学生美好的情感素养，提升学生审美品位，发现美、感受美、创造美；发展以学生的艺术人文特长，在艺术与人文体验中表达个人情感。

创新实践课程。幸福生活是创新的，创新的生活充满创意、创新与创造，能以新的视角看待生活，生活变得新鲜且富有创造性，也是一种幸福。

据此，创新实践课程就是以科技制作、问题探究为主要形态，以培养学生的科学精神、创意想象和创新品质为主要目的的课程。包括编程、小科学实验、科技小发明、戏剧微电影、摄影基础等。学生们在课程与生活中放飞想象、大胆创造，将创新的想法变为创造性的实践。

程萌不遗余力地发展和推广特色课程。信阳地处大别山革命老区，为了提升学生的审美素养，激发他们的创新创造活力。多年来，她坚持将戏剧课程播撒到每一位三小人的心中，让学生在多元的角色与环境中体验、感受、成长，发现更多的可能性与创造力。

2021 年，她指导拍摄的微电影《信》成功入选 2021 "全国中小学电影周"展播影片。此部微电影被《小学生学习报》、河南省教育厅、学习强国官网、《信阳日报》、信阳市教育电视台等多家媒体报道，三小的戏剧课程品牌俨然已成为学校一张亮丽的名片。2022 年，学校拍摄的微电影《少年可期》获河南省中小学微电影作品征集一等奖。2021 年，学校编排的英语剧目《神笔马良》在河南省第一届"中国好故事"英语戏剧项目活动中获得特等奖。2023 年，学校编排的英语剧目《花木兰》在河南省第二届"中国好故事"英语戏剧项目活动中再次蝉联特等奖。

（三）幸福课堂，彰显学力

幸福课堂是富有生命的、是充满活力的、是师生幸福的、是张扬个性的。学校构建课堂新样态，主要突出学生思维品质的培养，以实践幸福教育、发展学科核心素养为目标。课堂上实行"三环节四强调五特征"的教学模式,三环节:课前预学、课中探究、课后固学;四强调:精讲点拨、合作探究、有效训练、展示互评;五特征:层次化教学、整体化教学、主题化教学、问题化教学、情景化教学。继续探索"会思考、会质疑、会倾听、会表达、会欣赏、会合作、会总结、会应用"的"幸福课堂",致力于为每一个孩子创造幸福的童年。

(四)幸福教师,赋能成长

实施幸福教育的必要策略是建立强有力的教师学术团队,充分发挥学术带头人的作用。针对本校教师专业可持续发展,学校在促进教师专业发展中,以培养教育气质阳光型、思维方式智慧型、教育实践研究型、知识结构综合型、工作方式合作型的"五型"幸福教师为目标。

以创建学习型学校为动力,学校采取"1234"培养策略:通过一个讲堂,即幸福讲坛,讲坛坚持每月一次,主讲人有学校骨干教师、优秀家长代表、信阳师院博士、教授等。两个教研,即网络教研和常规教研。三个支持,即支持教师读书、支持教师开展课题研究、支持教师专业成长。四大工程,建立教师成长梯队,即骨干教师成长的"名师工程",同伴互助的"结对工程",师徒共同成长的"青蓝工程",青年教师快速成长的"希望工程",促使全体教师共同进步。

(五)幸福德育,浸润心灵

程萌尤其注重蕴雅达的育人实效,形成了"管理+课程+评价"三位一体的幸福德育实施路径,努力实现全员育人、全科育人、全程育人。

幸福德育分为渗透式德育、浸润式德育、体验式德育和激励式德育。渗透式德育是在完成国家基础课程和学校拓展课程中的学科德育渗透。其中,仅渗透式德育课程包括四大类活动课程:40多门社团课程;4大主题月课程,包括3月体育节、4月读书节、5月劳动节、11月科技节;成立中英电影欣赏、小主持人、戏剧、舞蹈、健美操、篮球等 40 余个社团，丰富的实践体验课程；庄重的仪式典礼课程。

浸润式德育课程开设了道德与法治、主题班队会、心理健康、校长思政课程。

体验式德育课程是以学生参与社会、服务社会、观察社会为主要形式，开设志愿者服务课程、红色研学课程、思政课程、综合实践课程以及劳动教育课程。

激励式德育课程依托幸福能量章评价体系和"幸福成长银行"对学生进行评价。在幸福德育体系中，培养学生拥有幸福的能力，既收获当下幸福，又为未来的幸福做好准备，不断追求幸福。

家校社共育幸福之花

为拓展家校沟通渠道，学校积极探索"家校共育模式"，从"尊重生命、科学家教、和谐关系、家校共育"四个维度，初步探索出"幸福父母"课程群：幸福家教课程、幸福关系课程、幸福习惯课程、幸福阅读课程、幸福讲堂课程、幸福实践课程等，家校社携手共育幸福花。

学校自中国教育学会副会长周洪宇教授揭牌成立幸福家长成长学院以来，通过丰富多彩的课程活动的开展，培养了更多优秀的幸福父母。每年的 4 月为学校家校共育周，通过召开家长委员会，举行学校开放日、亲子读书会、亲子运动会、家长进课堂、家校共育讲座等活动，营造家校共育、共享、共策的良好教育氛围，与家长携手共同见证学生幸福成长。学校的家教课程开设丰富，有帮助孩子适应的入学课程、青春期教育；有《中华人民共和国家庭教育促进法》等家庭教育培训；有亲子关系改善、良好习惯养成等，提升依法带娃、科学育儿的能力，为学生的全面发展助力。

幸福劳动伴成长。学校将幸福劳动教育内容整合为日常生活爱劳动、生产劳动爱学习、服务劳动爱参与、主题项目爱实践等，建立了节气课程、节日课程、民族课程、创意课程、财商课程、感恩课程、毕业课程等多元"课程超市"，让家长参与孩子良好习惯的培养，帮助孩子们养成良好习惯，懂得爱、责任和担当，得到自我提升。

幸福阅读润心灵。为了让孩子们爱阅读、乐阅读、会阅读，幸福家校阅读课应运而生。孩子们成长的足迹里，浸润着翰墨诗书的清香。学校开展"亲子共读 悦享成长"亲子读书会，评选"海棠园书香家庭""海棠园书香班级""海棠园书香娃娃"，让更多的家庭和孩子参与阅读。读书月，学校让书籍漂流，在家长的鼓励下进行 21 天阅读坚持，并逐步形成每日阅读习惯。书香雅致的城市书屋、藏书丰富的百花图书馆是小海棠们延伸的课堂。

幸福讲堂来助力。为了构建和谐的教育环境，开阔学生视野，了解身边担当民族复兴大任的"大国工匠"、科技工作者、创造性人才等各行各业的劳动者，学校开设了"家长讲堂"课程。每月一次，一次一堂课或一小时，由优秀的学生家长主讲，内容涉及方方面面：有医护知识的宣传、有生命安全的防护、有科技知识的学习、有审美情趣的熏陶、有动手编织的快乐……家长讲堂，不仅让孩子们感受到了互动交流的快乐，尊重自己的父母，也促进了家校的携手共育，让学生健康全面发展。

幸福实践树担当。学校本着"立足校园，奉献社会"的宗旨，紧密围绕"幸福少年心向党，志愿服务正当时"的主题，开展了系列的家校携手活动。少先队员们走进公共场所，争当小小志愿者；走进社区，争当小小宣传员；走进革命老区，追寻红色印记，传承红色精神。

通过构建幸福家校教育共同体，程萌致力于让学生享受幸福的教育，让教师享受教育的幸福，让家长品尝教育的幸福芬芳。让幸福的童年在这里发生。长成未来的学校，长成幸福的样子，长成温暖的教育人，做成暖心的教育事……

"生活·实践"教育润童心

"生活·实践"教育是以生活为中心、实践为方式的教育。"生活·实践"

教育还将学生全面发展作为目标,提出以"六力"为培养目标,即生活力、实践力、学习力、自主力、合作力、创造力,发展学生核心素养。生活来源于实践,五育也必须从实践中获得。程萌也一直在积极探索"生活·实践"教育的新方法、新路径。如何让教育通过生活与实践创造幸福人生?

羊山新区第三小学坐落于自然风景优美的羊山公园对面,站在羊山公园,程萌一下子有了思路。依托羊山公园的自然风光、地形地貌、历史文化等,为学校开展"生活·实践"教育提供了天然资源。得益于得天独厚的地理位置优势,学校将羊山公园作为学生社会实践活动基地。以小见大,师生共同在自然环境中学习观察植物、设计微生态园林、采摘果实等课程中树立生态意识,从而形成保护生态自然观、生态道德观和生态价值观。

学校因地制宜,在有限的空间里开辟一块果园基地。果树多以海棠、枇杷、橘子为主,同时开设植物种植课程,课程包括植物种植、植物生长过程、植物与环境和艺术的结合,同时学校还设定了枇杷、橘子采摘节。从而培养学生丰富的兴趣爱好,体验成功的喜悦,体悟劳动的价值。

学校构筑了室内、室外两个立体课堂,培育学生爱护自然的生态文明意识。并将"生活·实践"教育与学校的日常工作和管理紧密联系在一起,让"生活·实践"教育的种子深入孩子们的心灵,内化于心、外化于行。

同时,程萌还统筹整合社会实践教育资源,开放办学。为了建立校内外社会实践资源的协同共享机制,实现校内校外教育资源的有效融合,为学生的综合实践劳动课程提供开阔的空间。学校与"两个更好"书屋、信阳博物馆、信阳青少年活动中心、信阳小米赋能中心、信阳鄂豫皖革命纪念馆、相关金融企业、信阳职业技术学院等建立研学课程合作关系,并成为信阳师范大学教师教育学院研究生实训基地。

学校的一草一木、一角一室,都成为孩子们内心的牵挂,这样的校园孩子们怎么会不喜欢呢?办学短短几年,程萌立足儿童立场、发现儿童、启迪儿童、成就儿童,通过教育创造幸福、通过幸福促进教育,让教育朝向它最本真的方向,让幸福的童年在这里发生!

河南省信阳市羊山新区第二小学校长　李淑珍

躬耕葵园践初心　静水流深教育人

【人物简介】李淑珍，女，中共党员，中小学高级教师。河南省学术技术带头人、河南省骨干教师、河南省名师、河南省文明教师、信阳市拔尖人才、信阳市优秀教师、信阳市五一巾帼标兵。从教三十余年，历任羊山新区第五小学语文教师兼班主任、羊山新区第五小学教导主任、羊山新区第十一小学副校长、羊山新区第二小学校长。变的是岗位，不变的是教育的初心。

逐光，努力成为最亮的一束光

李镇西在《做最好的教师》一书中说："最好"就是"更好"——昨天的自己和今天的自己比，不断地超越自己，便意味着要尽可能在自己的教育教学中达到自己力所能及的最好程度。的确，追寻光、靠近光、成为光，这就是每一个有志向的教育人所必经的成长之路。

1994 年，18 岁的李淑珍走上了语文教师的工作岗位。怀着年轻人特有的激情和教育人憧憬的理想，她迈出了教学之旅中一次次坚实的步履，留下了从教之路上一串串成长的足迹……

李淑珍老师牢记"读书是教师的宿命"，从教之初就踏上了读书之路：从《汉字密码》《人间词话》等文学书籍中积淀了汉语知识，学会了文本解读，提升了鉴赏能力；从《给教师的一百条建议》《教学勇气》等教育经典书籍中汲取了教育的真谛；从《56 号教室的奇迹》《做一个专业的班主任》等优秀班主任故事中领悟了孩子的本性，管理的真谛。广泛的阅读、不断的积累有力促进了她的专业发展，为她成长为优秀的语文教师奠定了坚实的基础。

一踏上那方小小的讲台，李淑珍老师就神采飞扬，精神抖擞。她主动向老教师学，虚心请教，盘根问底；她主动向名家大师学，仔细观看，细细揣摩。一节课就是一个脚印，一节课就是一次成长。从校到县，从区到市，她越来越品味到课堂教学的乐趣，越来越触摸到课堂教学的真谛。在她的课堂上，老师自信从容，学生轻松自在，"激情、干练、从容"的教学风格让她的课堂成为孩子向往的地方。

作为老师，李淑珍绝不愿仅仅做一个执行者，个性好强、思维敏捷的她更愿意做一个思者、研者、行者。她在行动中思索，在思索中行动，以研究带动教学，以教学促进研究，一路走来，她先后参与和主持《青蓝工程有效式推进模式研究》《浅谈教材外群文的组织策略》等省、市课题的研究。此外，她还撰写了大量教学随笔，形成了多篇教学论文，分别在省、市论文评选中获奖。思与研的结合、研与行的同步，她收获很多很多。

2015 年 2 月，李淑珍走上了业务副校长的工作岗位。她深深地知道：一花独放不是春。第一次担起一个学校教学管理这个沉甸甸的责任，个性鲜明的她很快理清思路，将责任转化为行动的动力。

以课题带动发展。李淑珍校长紧紧抓住课题研究这个关键点，以群文阅读为切入点，将群文阅读教学引入学校语文教学，全面围绕群文阅读开展主题教学研讨、深化课题研究。从 2015 年开始，她先后组织指导《群文阅读教学中课内阅读与课外阅读结合策略的研究》《让群文阅读开出灿烂之花》等多个省市级群文课题立项、研究、结题，初步摸索出适合学校实情的群文阅读教学模式。2018 年，她又着力铺开"汉之星"课题研究，先后完成《合理利用"汉之星"，识字教学变轻松》《运用"汉之星"增强小学生识字趣味性的研究》等"汉之星"课题研究。多个课题的有效开展，为学校培养了一支能研会教、善思善行的教师队伍。

以活动彰显特色。学生的成长在课堂中，也在活动里。李淑珍校长牢牢抓住活动这个创新点，以活动为亮点，将教学关联的各种活动整合为系统性的主题活动：延续十一小学美文诵读传统，几年来先后组织了"经典美诗文、时代新少年""阳光下成长""华彩诗文扬、出彩少年郎"等主题美文诵读活动；配合群文阅读主题教研，先后推出了"青春作伴好读书""一路读书、一路优美""春风里的书香"等系列读书活动。学校组织部分优秀语文教师编著一套《梧桐花园》群文读本，还推出《梧桐树下》校报，成立了"梧桐花开"文学社，组织学生外出采风、体验生活，在与社会的接触中锻炼成长；结合学校实际情况，2017年6月隆重举行了"蒲公英的告别"毕业季活动，获得一致好评，2018年6月，学校又举行了"梧桐树下的告别"毕业季活动，展示了学生风采、锤炼了学生综合实践能力。

2020年7月，李淑珍接过了羊山新区第二小学校长的重担，成了名副其实的"管理者""当家人"。面对新区教育飞速发展的大好形势和领导、社会的殷切关注。她一遍遍思考着：什么是符合教育本真本源的理想和信念？什么是贴近学生生活生长的主张和理念？

打造书香校园，给人生以广度。 全力营造书香校园，通过绘本阅读、亲子阅读、主题阅读、研讨阅读等多种形式，让每一位师生悦读、会读，享受阅读的快乐，让每一位师生爱书、亲书，培植人生的广度。

打造和谐校园，给管理以温度。 树立学校教育理念，用心打造教师团队。尊重教师人格的尊严，尊重教师专业的尊严，让教师们体验工作的充实、体会成长的快乐、体味师者的荣耀。

打造生命校园，给生命以厚度。 教育的本质就是生命教育。李校长和她的团队希望用心关注每一个孩子，观照每一个生命，用心挖掘每一个孩子的兴趣，用心呵护每一个孩子的天性，用心陶冶每一个孩子的心灵。伴着时光慢慢长大，让"健康""阳光""乐学"内化为每一个孩子身上令人惊喜的成长。

岁月不居，时节如流。回望来路，身为河南省骨干教师、信阳市拔尖人才的李淑珍一路勤勉走来；展望前路，情怀依旧的她仍将默默耕耘。正如爱默森评价梭罗之诗："黄金是有了，可是并不是纯金，里面还有渣淀。鲜花是采来了，可是还没有酿成蜜。"教育于她而言，何尝不是如此？因为不完美，所以始终有向美之心，并且从不敢停下脚步……

问路，用心办一所充满美好的学校

教育，是一项向美而生的事业，美好的教育是一位平淡温和、优雅睿智的校长，一群活力与情怀满满的教育者，一个精致如艺术品的校园，一种无处不在洋溢着的青春成长的快乐。

羊山新区第二小学作为羊山外国语小学教育集团的实体校之一，传承总校的优秀传统，在教育管理、教育科研、师资培训、学生发展上沿袭总校的管理模式，在资源共享上享有得天独厚的条件。在建校之初，李淑珍校长就一直在思考，如何去探寻一种真正关注人的教育。

2021年羊山新区第二小学与上海市静安区第一中心小学结为友好学校。此次结对标志着羊山新区第二小学的发展走上新的台阶，办学理念更加完善，教育团队将长足提升。同时，李淑珍校长在认真研读信阳市"1335"工作布局的基础上，积极谋划学校发展新思路，在借鉴的同时，结合本地、本校特点，制定出打造基础教育优质学校发展规划：用美好教育培育美好的人。

人民日益增长的对美好生活的向往，自然包括对美好教育的向往。"美好"和"教育"的合体，体现了人们的教育愿景：既达成个体身心和谐发展之目标，又促进民族兴盛愿望的实现，推动人类文明的发展。在"美好生活看信阳，美好教育浸葵园"的目标引领下，李淑珍校长致力于让每一个孩子美好地生活，使每个学生的人生因教育而美好。

建校伊始，美好教育理论体系贯穿于学校办学的方方面面，为学校品质发展提供了强大的精神动力和文化支撑。

学校以"至善至美"为校训，以"向上、向善、向美"为学校精神，以"葵花向阳开　朵朵放光彩"为主题文化，让学生受教育的过程成为与美好同行的生命历程。学校以"做美好的人"为育人目标，以"办一所让学生有美好记忆的学校"为发展愿景，让每一位学子都有追求美好和实现美好的能力。

"以文化经营学校，以内涵提升品牌"，经过一年半的思考探索，李淑珍校长提出并实践"葵花向阳开　朵朵放光彩"的主题文化，倡导"向上、向善、向美"的行动追求，在德育为首，创新为核的基础上，为师生创建积极阳光向上的学习和生活氛围，成就"每一个"，朵朵放光彩。

环境之美，让空间有温度。教育是灵魂影响灵魂的事业，作为教育主阵地的校园，也不是冷冰冰的樊笼，而是鲜活、灵动，充满生命力与感染力的乐园。

李淑珍校长在羊山新区第二小学建校之初就致力于打造书香校园，树立转角遇到书的理念，学校的每一个角落精心设计读书角；学校进门处的主题文化的字体、排版是精心设计的；孩子和老师的照片、作品充溢着整个校园；各功能室的材料、色彩、质感、图案经过精心挑选并搭配；知行楼、行知楼、敏行楼告诫孩子知行合一；在校园里散步，在栏杆上、花坛上、班牌上、地面上、宣传栏上等细节中，都能看见葵花和葵宝的图案。

在校园环境的建设中，她深刻体会到环境是一门隐形的课程，有爱与美，才有了温度。

课程之美，让育人有效度。为了让学校的办学愿景和育人目标落地，李淑珍校长以五育并举的视角构建育人标准，统领德智体美劳五大课程群，让每个孩子都如向日葵一样向阳而生，与美好同行。

品德与社会：学校八礼课程、跟着老师"行走"课程、开学季课程、毕业季课程、新年生肖课程。

阅读与表达：学校开展全学科阅读，让孩子学会学习。

艺术与审美：学校开设葵园摄影社团、一间美术社社团、青葵之声社团、足间点点舞蹈社团、葵之韵合唱团、巴乌(乐器)社团。

体育与健康：学校开设青葵足球社团、葵园跆拳道社团、花之葵啦啦操社团、凌速篮球社、田径社团，心理辅导中心建设已经接近尾声。

劳动与创造：劳动与技术课程、劳动+项目化学习、小葵花课程。

好的课程如何落实？靠教学。李淑珍校长遵循"五I"美好教学法，聚焦信息（Information）、兴趣（Interest）、质疑（Inquiry）、方法（Idea）、智慧（Intelligence）五个核心要素，打造真正以学生为主体、以思维训练为核心、以学习体验为主线的"吾爱课堂"。

活动之美，让记忆有长度。坚守"活动育人"是德育工作的重要途径，活动中有价值的体验和收获更容易在学生的记忆中留下美好的痕迹，成为学生生命的一部分。

每学期开学的迎新活动，激发学生对于未知的向往和好奇，从而激发他们对生活、对生命的热爱，对时光深深地珍惜；结合特定年份开展主题式活动，如在建党百年之际开展童心向党纪念活动；一年之内，几乎每个月都有活动主题，如三月雷锋月、四月读书节、五月劳动月等；每周利用班队会和升旗仪式开展少先队活动；特定节日开展演练活动，如消防演练、抗震救援演练等。最炫民族风，葵宝闹新年，新年读诗会，盲盒派对，葵宝百日纪念，满满的仪式感让孩子们的精神情感和身体身心得到双重体验。学校还联合周边社区，以书籍为切入口，以文化活动为载体，社区搭台，校社联动。组织带动班级同学和家长利用周末、节假日时间，在社区内开展读书活动，让读书学习蔚然成风，让书香气息满溢社区。

教师之美，让美好有宽度。只有美好的老师才能成就美好的学生。没有美好的教师，美好教育将变成无源之水、无本之木。

制定规划，搭建平台。李淑珍校长引领学校制定"三梯两群落"教师专业发展成长规划，以羊山新区方媛媛语文名师工作室为载体，另成立校级名师工作坊——葵园青修苑（综合楼五楼），使老师们相互学习，相互探讨，共同成长。

立足课堂，落实"双减"。充分发挥公开课、示范课、竞赛课、研讨课的示范引领作用。

书香相伴，遇见美好。读中促进教师成长："阅书籍"——教师的专业发展是一条没有终点的征途，朱永新教授说过："没有阅读，就没有真正的教育；没有专业阅读，就无法造就真正的名师。""阅名师"——学校要帮助新任教师寻找和把握专业成长过程中的关键人物。"关键人物"可以从教育经典名著中获得，可以是教育名家，羊山新区第二小学已有8位教师与静安一中的教育专家结为师徒，同时，也在本校中为他们寻觅身正、学高的老师作为他们的领路人，开展"青蓝"工程，助力书香教师走上专业成长之路。

协同之美，让携手有力度。李校长深知护佑孩子们健康成长，离不开学校主导、家长尽责和社会支持。学校通过多种途径，秉承"学校尊重—教师指导—家校社合作—学生在场"四位一体的家校社共育理念，努力营造美好教育氛围，助力学生美好成长。

创新机制，形成育人新格局。在校内建立家校社协同共育体系，设立跨部门的家校社协同共育联合工作小组，建立协调机制。学校德育部门牵头，各部门、年级联动开展家校社协同教育工作。我们分别从教师成长、家长成长、学生成长三个维度建立支持体系，通过创新的机制，建立"家校社三位一体教育实践共同体"，营造良性的家校社共育新样态。

课程创新，助力成长进阶。在李校长的统筹下，我校深化馆校活动课程开发，与信阳市青少年活动馆、科技馆、博物馆、图书馆、体育馆展开合作，将场馆课程与教材内容深度融合，打造出链接线上线下、校内校外的深受孩子们喜爱的馆校活动课程。

家长工作坊，打造心灵家园学校社，形成三个"一"系列家庭教育活动，每月开设一次家庭教育讲座，每周组织一次家长工作坊，每天开展家庭教育咨询。每一期家长工作坊都是家、校、社从温暖相遇到情感交融，再到心灵默契的进阶课堂。

家访创新，建立沟通新样态。在落实家访过程中，李校长除了带领教师进行常规家访模式外，还尝试让家庭走进家庭，孩子变换成长环境，加强家与家教育的合力，形成成长与成长碰撞的引力。通过这样的家访工作深入开展，校与家、师与生、生与生等关系更加融洽，家校社合力育人呈现良好的状态。

活动创新，延伸协同育人路径。李校长一直把活动作为家校联动的重要载体，她认为活动是家校合作的黏合剂和纽带，是深入对话的桥梁，各种实践活动都能让学校和家庭的教育观念同频共振，同气连枝。

劳动实践，拓展协同育人场域。学校贯彻党的教育方针，坚持立德树人，坚持培育和践行社会主义核心价值观，把劳动教育纳入人才培养全过程。学校充分利用地域资源，组织家长和学生走进茶山、茶学院、红色纪念馆等具有家乡符号的地方，开展采茶、制作宋代茶点、行走英雄路等活动，通过社会的力量让家长和孩子在乡情、乡音里共同成长。

耕耘，让美好在生活·实践中熠熠闪光

生活为源，实践为径。自开展"生活·实践"教育以来，李校长带领学校精心塑造校园文化、不断优化课程体系、借力家校社协同，以"真"启智，以"美"塑心，在"生活·实践"教育的持续展开中培育"美好的人"。

身处蓉园，春夏秋冬，一年四季花常开。春之桃李芬芳，夏之蔷薇怒放，秋之丹桂飘香，冬之蜡梅傲霜。李校长常说，文化的力量是润泽的力量，是"润物细无声"的影响。每一株草木会说话，每一面墙壁可育人不是一句空话，她在影响、在熏陶、在浸润、在生发，传递出满满的正能量。在这样的理念影响下，学校的校园把自然的美和艺术的美融为一体，使学生时刻都能受到美的熏陶，唤起学生对美的追求。陶冶情操、美化心灵、环境育人成了学校的重要特色。

又是清明，茶香四溢、绿意氤氲。学校开展了"寻毛尖茶、育家乡情"的项目式"生活·实践"教育活动。全校上下以班级为单位，在茶山绿水

之间书写羊山新区第二小学师生的寻美故事……

在葵园，丰富多彩、维度多样的生活实践活动许许多多。三月，开展了"葵园小先生追锋好少年"系列活动，践行雷锋精神，争做雷锋式葵园小先生；春天里，开展了"我和春天有个约"美好实践系列活动，寻春、绘春、探春、种春，亲近自然、感受美好；四月，组织了"葵园之约、共话成长"家校主题沙龙活动，在交流分享中增进感情，在共商共议中汇聚合力；五月，又策划了"追光劳动者"主题生活实践教育，孩子们走进企业、银行、法院、商超、消防队去体验不同职业，去用心观察生活，在真实的体验中受到良好的劳动教育……

李淑珍校长深知，要让每一个葵宝都润泽生活实践教育的光辉，离不开课程的整合和优化。为此，她不断研究、不断优化，力图构建以"国家课程校本化改造，校本课程精品化设计，拓展活动系列化开展，实践教育生活化铺展"为课程策略的多元领域、多元层级的与葵园文化相合益的葵园生活实践课程——小葵花课程体系。

泥土课程，基础课程校本化。李校长带领学校老师将国家课程进行整合、重组，构建了"知识为基础、健康为支持、审美为提高、生活为补充"的课程体系，改变传统意识中主课副课的狭隘观念，将所有学科都定位为指向"生活·实践"综合能力培养的重要学科，通过培训、教研、观摩等各种教学形式，要求教师将学科知识的教授、学科素养的培育贯穿于"生活·实践"教育实验之中，将知识引向实践掌握，将能力引向生活应用。

花瓣课程，"六美"特色课程精品化。"小葵花"课程体系的核心是培育"美好的人"，中心是学校的育人目标"三会"（会智慧求知、会优雅生活、会友好相处），外围生长出六个花瓣——美思、美和、美雅、美健、美德、美慧。每个花瓣都对应一个课程群，中间是国家课程，外围是校本拓展课程。

美雅课程群：以文化熏陶为出发点，打造——"豫风楚韵"民俗课。信阳地处豫南，属于中原文化和荆楚文化的交接带，有"江南之北国，北国之江南"之称，有着丰富的民俗文化和地方特色。学校依托信阳独特区域优势，围绕"探秘民俗文化，传承工匠精神"这一主题，开展了一系列研学活动。

美德课程群：以精神塑造为出发点，打造——"红色精神"铸魂课。信阳是有名的革命老区，拥有着传奇的"将军县"——新县，传唱着著名的革命歌曲——《八月桂花遍地开》。红色精神在信阳这片沃土上代代传承。李校长充分挖掘红色资源，带领师生开展生动丰富的红色课程。

美和课程群：以社会参与为出发点，打造——"走进社区"义工课。自信阳市创建全国文明城市工作开展以来，未成年人思想道德建设不断完善和提升，日渐丰富的社会教育活动广泛开展。李校长着眼社会参与的核心素养理念和立德树人的培养目标，将研学课程与社会实践结合，让广大小学生走出校门，步入社会，参与实践，突出公益属性，强化服务功能，大大提升了学生的综合能力和道德素养。

硕果课程，家校社育人多元化。为了让"生活·实践"教育走深走实，惠及每一个家庭、每一个孩子，让"生活·实践"教育的效用将家校社有机整合起来，李校长重新整理了工作思路，围绕"生活·实践"教育落实五育并举，提升教育质量。在梳理理论框架的基础上，挖掘形式多样、内容丰富的实践课程，开展体验式、对话式的实践活动，系统构建实施《亲子共游戏》《亲子共服务》《亲子共劳动》《亲子共创造》《亲子共阅读》等全时空的亲子特色实践课程体系。

亲子共游戏：根植中华传统游戏，通过亲子游戏涵养孩子成长和品格锻造，在玩乐中实现能力和素养双提升，实现家庭温馨亲子关系构建。

亲子共服务：亲子共同参与社会服务，涵养品德形成，实现道德价值引领，在活动中立德树人，实现完善人格的形成。

亲子共劳动：以养成教育为基础，以劳动教育为载体，让孩子与家长在劳动中品味生活、习得本领。

亲子共创造：通过亲子共创造的形式感受美的韵味，体会成功的意义，提升家庭凝聚力、创造力。

亲子共阅读：鼓励父母与孩子共同阅读，共同参与，撬动家校共育新杠杆，以授之以渔的方式指导家长营造良好的阅读氛围，提升孩子阅读能力，构建更多"书香家庭"。

她一直致力于让"生活·实践"教育促进学生自然生命、社会生命、精神生命和谐统一，从而达到"让教育通过生活与实践创造美好人生"的理想境界。

领航，为羊山教育高质量发展贡献葵园力量

近年来，李淑珍校长带领学校认真按照《中共中央国务院关于深化教育教学改革全面提高义务教育质量的意见》、教育部《义务教育学校管理标准》和《河南省义务教育标准化管理特色校评估认定工作的通知》等文件精神，以促进学生健康成长、全面发展为目标，坚持以"至善至美"为校训，以"葵花向阳开，朵朵放光彩"为主题文化，认真落实"用美好教育培育美好的人"这一育人目标，明确提出了"创特色、求和谐、争一流、铸名校"的行动目标，在这个过程中将小葵花"六美"课程作为学校谋求持续性发展的抓手，坚持以学生为中心，立足课堂，坚持边思考、边研究、边实践、边探索、边总结、边创新，取得了一定的成绩。

恰逢信阳市羊山新区成立二十周年，在新时代，新区教育事业取得历史性成就、发生格局性变化。乘着教育事业发展的东风，李校长带领学校在各项工作中取得不断进步。建校以来，学校先后获得"河南省科技活动特色学校""河南省中小学数字校园标杆校""河南省五育并举实验区和实验学校""河南省中小学劳动教育特色学校""河南省第十六届青少年科学素质大赛优秀组织奖"、河南省第六届中小学"最美大课间"评选三等奖、"豫"见最美读书人书香河南全民阅读系列赛事活动一等奖、"河南省中小学灿烂花儿向阳开，童心向党筑未来微电影征集活动一等奖""信阳市教育信息化

工作先进单位""信阳市青少年网络素养教育基地"、信阳市"十四五"时期深化教师队伍建设改革调研点、信阳市青少年科技创新实验室、信阳市"美好生活看信阳"群众文化活动一等奖、羊山新区"书香校园""先进学校""先进集体"等荣誉称号。先后有教师 164 人次，学生 99 人次在省、市、区级竞赛评比中获奖。共创美好教育，共享教育美好。三年来，学校在李校长美好教育理念的引领下，师生协力，家校携手，初显成效。如今的羊山新区第二小学，已成为一所家长满意、同行认可、社会美誉度高的区域性品牌学校。学校的美好教育正在散发无穷的活力，未来必将绽放无限的精彩。

作为教育工作者，作为新区一员，李校长深感骄傲和自豪。她将继续深入贯彻落实信阳市"1335"工作布局提出的"美好生活看信阳、基础教育树立信阳品牌"的思路，将美好教育作为学校发展的核心理念并贯穿于办学的方方面面，致力于让每一个孩子美好地生活，使每个学生的人生因教育而美好，为羊山教育高质量发展贡献葵园力量。

教育，是一场美好的修行，拥抱美好，既是教育的归宿，也是教育的最高境界。初心在方寸，咫尺在匠心。继往开来，她将继续用心在葵园这片教育的沃土上耕耘着，奉献着，谱写着一个为师者平凡又动人的篇章！

湖北省省直机关第三幼儿园党委书记　袁　芒

视幼儿为江山的"园长妈妈"

【人物简介】袁芒，1973年12月生，中共党员，中小学正高级教师，华中师范大学教育管理学士学位。湖北省省直机关第三幼儿园党委书记，国家特约教育督导员、幼教学段唯一的省政协常委、首届湖北省学前教育学科指导委员会主任。深耕幼教三十年，荣获湖北省"三八红旗手"、湖北省"最美巾帼奋斗者"、湖北省"优秀政协委员"、首批武汉市教师"学科带头人"等荣誉称号。作为首批省市两级示范园"园长妈妈"，她"视幼儿为江山"，率先提出"有教养的自由"育人理念，创建"红绿合和"育人模式。2022年荣获湖北省优秀基础教育教学成果特等奖，实现幼教学段省级特等奖为零的历史突破。引领省三幼斩获全国文明单位、全国巾帼文明岗、国家能效领跑者等600余项集体荣誉。

16岁，做梦的年龄，她成为80年代中师生的佼佼者；18岁，逐梦的青春，她是娃娃们喜爱的"孩子王"；31岁，筑梦的年华，她被专家同行誉为"幼教精灵"；49岁，圆梦的春秋，她带领300余名幼教"红色娘子军"，培育出一批批中国心的现代娃，书写湖北幼教高质量发展新篇章……

深耕幼教三十载，她用勤学实干和专业厚度赢得了一个个殊荣：国家特约教育督导员、幼教学段唯一的省政协常委、首届湖北省学前教育学科指导委员会主任，获评湖北省优秀共产党员、湖北省优秀政协委员、湖北省三八红旗手、湖北省最美巾帼奋斗者、湖北省优秀基础教育教学成果特等奖（项目主持人）、首批武汉市教师学科带头人……

她是湖北省省直机关第三幼儿园党委书记袁芒。

省三幼坐落在东湖之畔，首府重地，是湖北最大规模的单体幼儿园，现有 40 个教学班、1600 余名幼儿，被业内称为"红墙航母型公办园"。作为该园掌舵人，袁芒不仅把园办好了，还办成了全国名园：近年来，带领省三幼荣获全国文明单位、全国五一巾帼文明岗、全国后勤先进集体、国家能效领跑单位、国家节约型公共机构示范单位等 600 余项集体荣誉，开创全国幼教标准化建设先河，首次补齐全国教育援疆全链条，获评湖北省优秀基础教育教学成果特等奖，实现幼教学段省级特等奖为零的历史突破。

"园长妈妈"把生命融入幼教事业

20 世纪 80 年代，袁芒积极响应国家号召，以出类拔萃的优异成绩毅然选择上中师，成为全国第三批中师生。1992 年初出茅庐的袁芒光荣地成为一名幼儿教师，从那天起，在她心里埋下一颗种子，那就是"用爱托起明天的太阳"。踏入幼教岗位的第一天，她就暗下决心："要让每一节活动课，成为影响孩子生命质量的那节课。"

90 年代初，信息技术不发达，教学学具极度匮乏。记得袁芒执教的第一节课《海陆空三军》，为了让孩子深入了解中国人民解放军，袁芒拿出在学校所学的"三学六法"，自费购买布料、针线、棉花等手工材料，手绘设计出"海陆空"三军和军舰、坦克、飞机的卡通图案，缝制出拉线可互动式的抓绒玩具。为了保证幼儿人手一份学具，她借着微弱的烛光赶工至凌晨四点，徒手制作出 200 多个拉线玩具，当她抬头时，天空已泛白。看到奋战一夜的成果，联想到孩子们拥有学具时的笑脸，她一扫疲惫，白天仍以饱满的激情和热度为孩子们带来了一堂别开生面的教学活动。当"海陆空三军"搬进课堂的那一刹那，孩子的兴奋点一次次被点燃，200 多个拉线玩具在孩子们的指尖上鲜活灵动起来，在身临其境中体验游戏操作的乐趣，得到视觉、听觉、触觉等全方位感知。至今看来，这节重幼儿体验操作、游戏化的教学活动依旧没有过时。

看到孩子们全身心沉浸在活动中的喜悦，袁芒对执教的热爱再一次升华。靠着这么一股与生俱来"要练就练出绝活"的韧劲，袁芒执教的活动由园内示范逐渐成为全省各地学习的标杆。她先后代表湖北在百年幼教盛典上执教《竹竿舞》《泥土和石头》，在全省优质活动中展示《数数蛋宝宝》《保护母亲河》，引领全省幼教专业水平不断提升。在一次次热爱中挑战，在一次次挑战中蜕变，袁芒也变得更加自信、更加懂孩子，对于幼教事业的热爱也从单纯的喜欢孩子到有了专业能力的支撑。这时的她在业界被称为"幼教精灵"。

2004年，袁芒转型走向管理岗位，正所谓"一枝独秀不是春，百花齐放春满园"，袁芒此刻的目标便是带领省三幼实现专业突围。彼时的省三幼已被业内称为"航母型幼儿园"，在袁芒看来，规范管理只是立园之本，唯有专业崛起才是强园之基。5年教学园长时间，她带领教师团队钻教学研究，破课程建设难题，高产研发11类118本幼儿园实用性教辅教材，出版《幼儿礼仪》《幼儿食谱使用指南》《幼儿水墨画》等论著，撰写60余篇教育教学论文在《湖北教育》等核心期刊刊发，带动教师们既当教书匠又当研究型学者，实现幼教专业化，闯出一条创新发展之路。

2009年，袁芒历练成长为新一代园长，坚定走文化引领发展的强园之路。她带领团队历经5年破冰行动，塑文化、立制度、优环境。将新时代三幼精神进行全新诠释：匠心培根，纯朴求真。重构了以"保纯真童心，育健全人格"为办园理念的完整园所文化体系，率先确立了"培育中国心的现代娃"育人目标，率先提出"有教养的自由"育人理念，带领省三幼走上了一条"中国式现代化幼儿园"的康庄大道。

让环境和儿童"对话"。2013年6月27日，孕育多年的"湖北省学前教育示范基地"项目工程正式启动。袁芒发出"硬件崛起日，软件凸显时"的号令，凭着一股子热爱和倔劲，自组文化核心团队跨行专业、挑灯夜战365天，在1.2万平方米的园区内，一点一滴塑文化，一处一景注内涵，将文化浸润到冰冷的建筑物中。

"白天要维持园所的正常运转，夜晚才是我们智慧输出的黄金时间"，星光点点的灯火映照着袁芒和她的"铁人团"文化的结晶，换来一处处"没有最好只有更好"的环境细节。

她10岁的女儿乖巧懂事，默默地做她的"小尾巴"。一次加班，女儿画了3只飞舞的蝴蝶，袁芒的灵感瞬间迸发，又让女儿尝试着画了3个小娃娃，看着眼前充满童稚的画面，她创作出"善观察、会交往、乐表现"3个憨态可掬又灵动飞舞的宝贝，破了三幼LOGO的瓶颈，并向全园家长征集冠名，最终"新希望"从2000多个征名中脱颖而出。如今，"新希望"贯穿于园所文化之中，整个园区内，小到一个标识、一个玩具箱，大到户外大型玩具、办公家具，无不蕴含着"新希望"，代表着孩子的希望、家庭的希望、祖国的希望，期冀每一个三幼宝贝都成为拥有健全人格的国家栋梁。

走进三幼，满园"红绿"映入眼帘。她将中华人民共和国原国家主席李先念夫人林佳楣女士赠送的三角钢琴移位陈列至接待大厅，让这架镇园之宝时刻激励着三幼人守好红色之根。袁芒润物无声地向孩子们传递着爱国主义情怀，把一颗颗美好的种子种进孩子心中。园区内随处可见的文明公约、蜿蜒巍峨的长城背景升旗台、植被式中国地图、传统文化故事墙，萌发幼儿爱祖国、爱家乡、爱家人的情感。她将"新希望"演变成24个节气互动娃娃，散落在园区各个角落和孩子们捉迷藏，让幼儿在趣味游戏中自然习得传统节气民俗文化。变废为宝的材料平台、16个自然观察柱、26个流浪书屋、智慧树屋、注入生态水循环系统的西游记乐园、哈哈镜魔幻森林……

她打造的多元化游戏环境满足了幼儿个性化发展的需求，让"三幼味道"更具儿童味道。此外，基于"生活启蒙，游戏激趣"的课程理念，她在每一间活动室设置了男女分厕、每一处展板高度符合幼儿视线标准、每一层楼梯踏步设置在13cm符合幼儿迈步幅度、每一个桌椅量身定做符合不同年龄幼儿身高，就连椅背设计也与儿童脊柱曲度相贴合。点滴富有启发、利于成长的环境细节，滋养着幼儿的心智和健康。

本着"三位一体、三全育人"的理念，她将"三幼爱"的触角向园外延伸、向社会延伸。每当看到 3000 余名幼儿和家长上下学时的拥堵场景，看着家长眼中焦虑的眼神，她决定破除万难，一定要建成一条集安全、教育、童趣于一体的护学通道。历经 7 年坚持不懈的奔走呼吁，她争取到省三幼护学通道改造利民项目，有效缓解超大体量幼儿园入离园高峰的安全拥堵问题。如今被绿植环绕并设有闯关游戏跑道、攀爬架、滑滑梯的新通道，已然成为幼儿、老人们的快乐新天地，孩子们走上通道，就爱上幼儿园。

"一点一滴显教育、一处一景皆文化"，她让环境和儿童"对话"，让儿童在环境中发掘自己的创造和潜能，让环境由内到外都散发教育的光芒。

躬身实践：在先进理念引领下科学发展

让课程激发"生命力"。袁芒始终秉承"为国家之栋梁培育幼苗"的教育情怀，以"做人、做中国人、做现代中国人"为治学座右铭，传承延安时期保育院"好好保育儿童"六字精神，践行"扎根中国大地办幼教"的办园定位，护佑着她的三幼娃。她在十年的课程建设之路中不断优化积淀适合自己的园本课程，让三幼的课程文化不断焕发专业发展的"生命力"。

在各类教育思潮的影响下，袁芒不跟风、不盲目，始终保持教育定力，以中国本土大师陶行知"生活教育"理论和陈鹤琴"活教育"理论思想为根，专设"陶陈"读书学习角，指导省三幼课程文化建设。

在长达十年的实践探究中，她倡导"有教养的自由"育人理念，即让幼儿拥有无处不在的自由精神，同时建立对秩序的尊重与敬畏，实现自由与规则的互通、野趣和文趣的共融、放手与牵手的平衡，最大限度满足幼儿全面发展需要，培养其有心智的自由。她善于保护教师的创造性思维，把游戏精神作为贯穿课程实施的关键，评判课程水平的灵魂。她说"有自由生长的教师，才会有自由生长的儿童"，鼓励给教师松绑，支持他们做"懒"老师，以等待和观察为主导，站稳三分钟，及时辨别和捕捉幼儿游戏中的兴趣点和兴奋点，适时生成或构建新的课程。她创新课程模式低结构化、生活进区融入化、材料平台开放化,不断拓展户外游戏空间并向空中生长、实行户外混龄游戏,引导教师给予幼儿充分的关注和接纳、充分的支持和引导,在研思并行中,探索出以幼儿游戏中的生长点,将游戏和教学灵活切换、高效串联的"室内外游戏一体化"适宜性课程发展之路。她将游戏精神作为课程建设的灵魂融入幼儿园的一日活动,让省三幼成为游戏精神恣意张扬的快乐园。2022年,在湖北省第一届全国幼教课程建设论坛上引发新思潮,她率先提出的"有教养的自由"育人理念,被独家报道《湖北有这样一所幼儿园》,直播热度达170余万人次,为全国幼教人提供有益借鉴。

在专业破冰的当下,她不是带领团队实地"战斗",就是在谋划专业发展的思考路上。

当听闻教育业界最高专业奖申报之时,她的"牛劲"又犯了,她说"三幼走过67年不容易,攀登一个个高峰靠的就是团结一心,敢想敢拼。这一次,我想带着三幼人为湖北幼教做点事,将省三幼积淀近十年的专业成果——'红绿合和'育人模式进行凝练总结,实现专业发展上的新突破,发挥我们省市两级示范园的示范辐射作用。"

说干就干,干就干到最好!她带领核心团队卷起铺盖扎根三幼,连续奋战22个日夜,一行6人同吃同住,既是并肩作战的战友,也是亲密无间的姐妹。在不断地学习、复盘、再学习的螺旋提升过程中,让省三幼"红绿合和"的育人模式呼之欲出,"红"是立德培根之本,"绿"是树人成长之核。"红绿合和"同向同行、融合共生,促进幼儿德智体美劳全面发展。

早在2012年,袁芒就提出"从红色文化中走来,向绿色发展中走去"。她利用湖北丰富的红色资源及生态三幼绿色领跑效能,传承创新红色教育和绿色教育,让红色教育向下扎根促"绿色"叶茂,绿色教育向上生长促"红色"根深,构建了"红绿"相互渗透、融合促进的课程文化体系。在以"红"为基色的中华优秀传统文化教育、革命传统教育、社会主义先进文化教育"三大抓手"中注入绿色发展理念;在以"绿"为基色的自然教育、环保教育、生命教育"三大抓手"中植入红色基因。

"红绿合和"育中国心、铸民族魂、润家乡情，让幼儿学会生存、学会生活、学会生长，彰显了新时代幼儿教育的育人要求，回应了"为谁培养人、培养什么人、怎样培养人"的教育三问。

"扎根中国大地办幼教，是我们这代人的使命！"袁芒坚定地说。历经十年孵化沉淀的《"红绿合和"幼儿园品德启蒙教育育人模式的探索与实践》从全省200余项入围成果中脱颖而出，荣获湖北省优秀基础教育教学成果特等奖，实现了幼教学段专业最高奖的历史性突破。在党的二十大提出"中国式现代化"精神后，袁芒更加坚定了自己十多年来践行的以"红绿合和"培育中国心的现代娃育人目标。她在课程建设上取得的成果以"一域之光"为"全域添彩"，缔造了湖北幼教在全国的专业地位。

以制度护航园所发展。如何保障如此大规模、大体量的省三幼行稳致远向来是袁芒时时牵挂的问题。她以自己管理的智慧和敏感性，自担任园长起便启动了省三幼制度文化建设。

她带领管理团队深入一线调查、研究、梳理，制定了贴合并指导一线实践工作的园本核心制度"六案一细则33制"。特别是后疫期，带领省三幼以"大安全观"思想作为统领，不断查找疫情防控、安保、卫保、综保、财务等风险领域的安全隐患，持续优化修订了《省三幼疫情防控制度》《省三幼新冠疫情应急预案》《省三幼膳食部食品安全管理制度》《省三幼幼儿健康监测日报告》等18个"省三幼安全闭关管理责任"系列制度，形成轨道式、规范化的园所安全制度管理体系。

多年来积淀形成的制度文化，为省三幼开创标准化建设打下了坚实的基础。2018年湖北省多家有关部门联合选中省三幼为幼儿园管理服务标准化试点单位，随后袁芒便带领团队将红色教育非遗文化"娃娃莲香"、水墨画、二十四节气和中国武术进行研究与梳理，找到了传统文化课程建设的经验与规律，制定了省级地方标准《幼儿园传统文化教育活动指南》，开创了幼教标准化建设的先河，为幼儿园传统文化教育的实施提供了操作蓝本，打造了省三幼红色教育的名片。与此同时，袁芒以标准化工作思维建构了省三幼公共节能管理制度规范，图文并茂的幼儿版标准化节能标识：垃圾分类、节约水电、光盘行动、爱绿护绿、利废利旧，形象直观地向幼儿倡导绿色环保行为理念，培育新时代生态小公民。2020 年，省三幼收获了"国家公共机构能效领跑者"称号；2021 年，省三幼再次被确立为国家级标准化试点单位；2022 年，省三幼标准化创新成果《幼儿园生活活动"7+4"保育模式的应用研究》荣获全国机关事务理论研究成果二等奖。袁芒以制度文化助力幼儿园治理效能不断提升，让省三幼迈向了高质量发展的快车道。

用"大爱"挑起使命担当。 "幼苗不正难以参天，幼儿教育是国民教育的起点，很多人不重视幼儿教育或对它有误解，我一定要发出幼教人的声音。"袁芒为幼儿、为三幼的发展殚精竭虑，履行园长之责，但她也不忘自己的社会责任，她用生命歌唱幼教，主动担起助推湖北幼教事业发展的新使命，积极建言献策，为幼教事业、为人民期盼鼓与呼。

作为湖北省政协常委，她先后围绕幼教事业的根基作用呼吁依法保障教师权益；在全国政协调研湖北学前教育专题会中，为公办普惠性幼儿园的发展建言；在湖北省两会全体会议上进行主旨发言《关注幼教就是关注未来》，提升幼儿教师"三个地位"；走进"委员直播"，答疑育儿困惑千余条，引领新时代家长做智慧父母，被 60 万网民称为"神仙姐姐"；代表幼教座谈湖北省庆祝第 36 个教师节，呼吁恢复省属免费师范生政策，从源头吸引优秀教师选择幼儿教育；在习近平总书记要求政协委员带动全民阅读的当下，向全省 17 个地市州专题交流"选中国绘本，讲好中国故事，育时代新人"……她先后为幼教发声 70 余次，许多观点登上热搜，引发共鸣，在她的奔走呼吁下，幼儿教师的政治地位、职业地位、社会地位得到提升。

作为第一届湖北省"学前教育"学科指导委员会主任委员，她根据省三幼在多年实践中探索的成功经验，主持专业指导委员会研制出台《湖北省幼儿园教育教学指南》，研发了具有湖北学前教育特色的《湖北省幼儿园保教工作实施指导意见》。这两部教材的印制发行，不仅成为本园一线老师实践操作的蓝本，更是推动了全省乃至全国学前教育专业的发展，使其由自我探索到有章可鉴。2020 战"疫"年，她带领三幼技术部门、教师团队线上创建了全国幼教系统的第一个防疫专题云平台——省三幼"疫情网校"，访问量突破 150 万，其中 65% 来自省外和海外，被学习强国等 30 余家主流媒体报道推送 178 篇，荣获省教育厅"停课不停学"线上教育评选一等奖，扛起了线上传师爱的师者责任，履行了大园的教育担当。在她的"大爱"感召下，援疆一声号令，省三幼 30 多名老师报名出征，7 名热血青年"以青春之名，立鸿鹄之志"主动请愿，其中两名 50 多岁的教师满怀幼教梦想启航，首次补齐全国援疆全链条，将三幼爱挥洒到祖国的边疆。

别人常说"袁芒，袁忙，越来越忙，总是在忙"。虽然常常忙至凌晨还不能休息，但她身上始终焕发着对幼教爱的光芒。"我就是喜欢幼教，喜欢孩子反哺给我的滋养，他们的一个拥抱、一个微笑都让我享受到生命的愉悦。"袁芒说。正如中共湖北省委原副秘书长吕东升教授在《用奋斗的青春托起明天的太阳》一文中写道："懂是一种大爱，大爱必将产生大能量。"袁芒就是这样一个懂孩子、懂家长、懂幼教，心中装着"幼教大爱"的人。

使命担当：培养幼儿"有教养的自由"

十年来，省三幼坚持"理念先行 文化强园"的发展思路，历经了"室内外游戏一体化"思与行的三个阶段，即文化引领发展阶段、理念先于行为阶段和一体化实施策略阶段。

文化引领发展。省三幼一直坚定"文化是三幼发展的生命力"，在追寻"三幼味道""三幼娃味道"的过程中，形成了具有三幼特色的园所文化体系。

构建"保纯真童心，育健全人格"文化体系。省三幼是一所规模大、底色正的"航母型公办园"，一直传承着延安保育院时期毛主席提出的"好好保育儿童"六字精神。2014 年，省三幼跨入新发展时期，学生规模从办园初期的 100 余名幼儿扩容为 40 个班 1600 余名，教职工人数从 40 余人增长至 300 余人。60 年栉风沐雨，三幼人始终秉承"为国家之栋梁培育幼苗"的教育情怀，牢记习近平总书记教育"三问"，以"做人、做中国人、做现代中国人"为治学座右铭，培育中国心的现代娃。

2013 年以来，省三幼构建了"保纯真童心 育健全人格"理念的整体文化体系，坚守"幼儿第一 爱心至上"的园训。课程文化是园所文化的内核。依据教育部《3—6 岁儿童学习与发展指南》(以下简称《指南》)和《幼儿园教育指导纲要》(以下简称《纲要》)中游戏化、生活化、经验化"三化"精神，三幼确立以"生活启蒙，游戏激趣"为课程理念，培养"善观察、会交往、乐表现"的三幼娃。

三幼文化强园的思想受到各级认可。2014 年，在武昌区园所文化经验交流会上作了《文化的力量》专题交流；2016 年，在武汉市学前教育内涵建设推进会上进行《无声的教育》经验交流。省三幼的环境文化、制度文化、课程文化，在武汉市连续三期学前教育三年行动计划中，收获"优美环境、优秀团队、优质活动"三个"三优"一等奖，获评武汉市学前教育先进集体。

截至 2022 年，历经 67 年传承与创新，三幼收获了 600 余项集体荣誉。其中，2020 年斩获国字号综合大奖"全国文明单位"殊荣，省三幼被业内誉为"爱心之园、名师之园、快乐之园"。

探索"室内外游戏一体化"，寻求游戏和课程深度融合之道。在长达十多年的特色课程建设过程中，省三幼始终保持教育定力，坚持扎根中国大地，融通中外教育理论，做适合省三幼的课程文化。近十年来，省三幼在实践中探索"室内外游戏一体化"，落实好《指南》中"以幼儿为本"这一精神。课程发展历经三个阶段：1. 模仿阶段(2002—2012 年)，从五大领域分科教学到主题教育课程大拼盘；2. 探索阶段(2012—2022 年)，对室内区域游戏、户外自主游戏、室内室外游戏一体化三个阶段的探索，由少量生成活动过渡到 30%~40% 生成；3. 优化阶段(2022 以来)，探索游戏和课程深度融合、双向交互，以幼儿为本的生成课程发展至 50%，逐渐减少教师预设的"脚手架"。

遵循理念先于行为，探寻科学教育关系。

一是厘清教与玩的关系，把握适宜幼儿发展的教学方式。一日活动皆课程。游戏是教学的延伸，教学是游戏的升华，只有实现游戏与教学的深度融合，才能双向作用于幼儿的成长。长期以来，幼儿游戏的价值得不到应有的重视，是中国学前教育发展的一个误区。只有充分认识游戏价值，教育行为才会基于其价值、发挥其价值、关注其价值，游戏才能得到应有的重视，《规程》和《指南》中所指的"游戏是幼儿园基本活动"的精神才能得到落实。游戏精神就是在教育过程中自始至终对幼儿精神状态予以充分关注、充分呵护、充分善意、充分接纳和充分支持与引导。教师始终关注游戏精神，才能走出一条适合本园幼儿的适宜性课程发展之路。这就要求教师以"教得对"为底线，以"教得好"为目标。"教得对"就是要把握住总书记提出的"教育三问"，办扎根中国大地的幼儿教育，培养社会主义建设者和接班人。"教得好"就是科学保教，让幼儿的情感和能力都得到发展。正如侯莉敏教授提出的"无论是教学活动，还是游戏活动、生活活动，都是幼儿园课程的有机组成部分，始终应以游戏作为基本活动。"

二是厘清预设和生成的关系，生发适宜幼儿需要的学习内容。《指南》指出，"五大领域学习与发展目标的达成需要教师进行预设，游戏要以等待和观察为主"。省三幼教师以儿童为本，针对《指南》中的 32 个目标逐条列举观察案例，将目标谙熟于心，灵活运用。教师根据幼儿成长需要调整游戏材料、创设有准备教育环境的过程就是教师"心中有目标"的表现。所以预设与生成的关系不是非此即彼的问题，而是基于教师专业水平和幼儿需要达成一种平衡。它是循环往复、不断生成的螺旋式上升的过程。只有厘清预设和生成的关系，才能因地制宜地生发出适宜幼儿需要和有益于幼儿发展的学习内容。

三是厘清高低结构材料的关系，营造促进幼儿自主探索的环境。材料的高低结构没有绝对的"多与少""好与坏"，高结构材料目标指向性较强，蕴含着已建构好的知识体系供幼儿获得。对于游戏经验丰富、自主性强的幼儿来说,低结构材料变化性强,富有无穷想象的创造可能,可以促进幼儿在游戏中的想象力和发散性思维力。低结构材料和高结构材料在不同的情境中都有其价值与作用,能满足幼儿不同发展需要。在以物代物的游戏行为中,高低结构材料的结构性发生转化也是常有的。教师需要做的是:鼓励幼儿在结构性程度不同的材料之间自发建立联系,营造促进幼儿自主探索的环境。

"室内外游戏一体化"实施策略。激活环境资源,奠定实践基础。这里所说的"环境",是指园所周边各类自然资源、社会资源、人力资源的总和,是"三位一体 三全育人"的大资源观。通过近十年探索和实践,环境创设与幼儿深度学习发生高密度的联结,幼儿园建立起基于环境的游戏观、课程观,为孩子们的成长创造"一处一景一教育、一点一滴一课程"的环境文化。

解放教师队伍,抓住课改要点。教师是课程改革的关键,有自由生长的教师,才会有自由生长的儿童。在游戏中,我们注重给教师松绑,支持他们做"懒"老师。在游戏过程中,我们要求教师要注意等待和观察,及时辨别和捕捉游戏中的兴趣点和兴奋点,适时生成或构建新的课程。通过一周一次的回溯性研讨,激发教师共学反思的内驱力,看见幼儿、读懂幼儿的能力一次次提升。课程建设成就了教师,教师也让课程更加丰满生动。

坚持动态探索,遵循适宜原则。我们立足中心城区幼儿视角,从好课程的标准审视,架构了生长课程体系下"室内外一体化"游戏活动。所谓"室内外游戏一体化"就是充分调动园所可利用的时空资源,将室内外资源深度整合、合理串联,开展多元性、挑战性和创造性的一体化游戏。在"室内外一体化"游戏课程中,幼儿应该具备什么样的游戏品质?省三幼倡导的游戏品质是"有教养的自由",这是对孩子建立的一种合理期望。在省三幼,自由精神是一种师生共同遵守的价值观,同时表现出对游戏内在秩序的尊重,自由与规则牵手、野趣和文趣结合、放手与牵手平衡,从而实现最大限度地满足中心城区幼儿的发展需要。

　　一体化的前提是环境。一是继续创造并发挥室内环境的教育性；二是充分挖掘室外教育空间。利用宽走廊，错峰开展室内室外游戏，让幼儿的体验感更加饱满；利用公共空间，一室多用，使现有空间发挥更大的价值；利用角落，360度皆是教育体，即使是一个雨棚、一个拐角，都赋予游戏功能；考虑留白空间，鼓励幼儿自由支配，给幼儿更大的自主权。使室内室外交相呼应，让幼儿园真正成为一座室内外一体化游戏的乐园。

　　一体化的关键是观察。观察是提升师幼互动水平的基础。观察幼儿是认识幼儿、改变教师儿童观和游戏观的唯一最有实效的捷径。做法"有四"：一是园长和引领者的专业水平要高于教师，才可以给予教师支持，需要实时把观察装在心中。二是教师每天至少需要观察一名幼儿，每天三次，每次三分钟，让教师从无序观察走向有效观察。三是以《指南》目标为"脚手架"，以园本研究提炼出的游戏关键经验以及自主性要素为观察点，观察了解幼儿行为。四是需要仔细观察和辨别幼儿游戏中的兴趣点、兴奋点，灵活切换预设与生成、教学与游戏，做忠实的记录者和积极的赞美者，做课程生成的转换者和生发者。

　　一体化的核心是融合。游戏的最终目的是儿童充分生长，能力充分实现，引导儿童从已有水平向更高水平前进。省三幼以幼儿游戏中的兴趣为生长点，采取回溯性备课，通过链接幼儿园课程目标及课程内容生成教学活动，生发班本课程。让游戏和课程跟随幼儿，支持幼儿发展。教师在倾听幼儿声音的过程中发现切入点，把握游戏与课程建立对话的时机，运用回溯性备课生成班本课程，在预设与生成的互通中，实现幼儿的生长。

晶晶国际教育集团董事长　马克荣

用爱践行对教育事业的承诺

【人物简介】马克荣，北京师范大学管理学博士、全国民办杰出园长、中国百名杰出女企业家、中国民办幼儿园卓越举办者、中国企业文化建设功勋人物、中国教育报刊社中教传媒智库专家、中国教育学会学前教育专业委员会理事、广东省三八红旗手、湖北省幼教机构联合会副会长、深圳市十大杰出女企业家、深圳市学前教育协会副会长、深圳市企业联合会副会长、全国政协深圳市福田区委员会委员，现任晶晶国际教育集团董事长。

晶晶国际教育集团成立于 1992 年，历经 30 余年的发展，现在华中、华南、华西等地拥有近 60 所直营幼儿园。深耕学前教育 30 余年，晶晶国际教育集团形成了初具规模的教育生态体系，涵盖"幼儿园、艺术教育、托育"三大业务板块。在专家的引领下，组织教育科研、进行课程研发。用"研究与创新"的思想指导教育科研，建立了产、学、研一体的科研管理体系，拥有 50 多个国家级、省、市、区级科研课题，拥有 500 余项教学及课程研发成果，形成了"艺术教育"特色品牌，5 万名从"晶晶"毕业的孩子带着综合艺术素养走进小学，受到家长、社会的广泛认可。

马克荣的校长从教生涯

1988 年，马克荣辞去公职，决然地放弃了稳定的工作，在湖北兴办了全国第一所民办幼儿园。1992 年，她带着自己的理想和抱负踏上了深圳这片热土，这个时候的她已经先后被评为"湖北省先进教育工作者""湖北省

"优秀青年"，应该说有了事业的初步成功，但在深圳，真正属于她的一切才刚刚开始。

1993年初，马克荣终于在深圳罗湖区布心附近找到了属于自己的第一块阵地。面对巨大的投资和生存的压力，她坚持"一切为了孩子，为了孩子的一切"的办园宗旨，加大教育投入，努力提高教育质量，经过不懈的努力，终于获得了家长的认可、社会的接纳、各级领导的信任和支持。其所开办的第一所晶晶幼儿园在开办的第二年就取得了"罗湖区良好幼儿园"的称号。不久，她本人也被深圳市教育局授予了"深圳市优秀园长"。1996年，又开办了第二所幼儿园——深圳市城建景东幼儿园，随后逐步发展壮大，较好地搭建了能使自己施展才干的幼教事业的平台。

随着幼儿园的不断增多，为了适应集团化教育管理的需要，1998年马克荣组织成立了晶晶幼教中心，并且自筹资金1000万元兴建了占地面积5000多平方米的中华商贸城晶晶幼儿园，拥有了完全属于自己的教育研究基地。为了适应规模办园的需要，加强资源共享，2002年经深圳市教育局批准，成立了晶晶教育机构，2008年正式注册并更名为晶晶国际教育集团，下设战略发展中心、保教运营中心、人力资源中心、财务管理中心、后勤保障中心等，展开了集团式的有效管理，并结合ISO国际标准化管理体系与"五常"企业管理经验整合全国首创。企业研发出一套管理体系对目前所拥有的国内外42所幼儿园（分布在深圳、东莞、惠州、郴州、长沙、武汉、美国加州等地），1万余名幼儿及1500名员工进行规范化、流程化的培训与管理，为品牌的质量与健康发展铺好基石。

良好的师资是办好幼儿园的决定性因素，是夯实基础的重要保障。"晶晶"的师资来自全国各地，100%师范毕业，其中20%为教育管理本科学历，60%为学前教育大专学历。每年，马克荣都要组织员工"走出去"，到广州、上海、北京等地参观取经，去美国、英国、法国、加拿大、意大利、澳大利亚、马来西亚、新加坡等地考察幼教动态、开展互动交流，获取经验和信息，引导他们成长，为他们铺好跑道，让他们施展才能。为了留住人才，创造更适合发展的人文氛围，完善用人制度，健全激励措施，创新分配制度、并面向员工提出了树立"道德""安全""危机""形象"四种意识和"艰苦创业""高度负责""无私奉献""开拓创新""团结协作"等五大精神，形成了"晶晶"独具特色的管理品牌。她把员工视作姐妹兄弟，视作"晶晶"最宝贵的财富，用宽容、尊重、和谐、关爱的管理理念，给了"晶晶"员工以无比信心，让每个人都能发挥出自己的创业激情。

"晶晶"将爱心和智慧传播给每一个孩子，培养未来所需要的世界小公民，办成"管理有特色、教育有特点、培养孩子有特长"的幼儿园。

马克荣的教育教学管理团队自 1993 年起，就致力于"晶晶课程"的研究探索与开发，随着"晶晶"的成熟和发展，让艺术带领孩子们走上人生的大舞台。"晶晶"吸纳全国顶尖幼儿艺术教育人才，成立了晶晶幼儿艺术团。孩子们借着艺术舞台的延伸，贯彻从小就见大世面的理念，一路走出深圳、走向全国——深圳体育馆、深圳会堂、深圳莲花山公园、深圳世界之窗、深圳大剧院、人民大会堂等大型展示场所，都留下过"晶晶"小演员登台亮相的身影，还先后出访韩国、日本、美国等，将中国的幼儿艺术教育成果推向国际舞台。多年来，"晶晶"的艺术团先后策划了"花儿向太阳""同一片蓝天""童真稚爱献鹏城""金猴贺春""同一片蓝天""让世界充满爱""我爱你，金色大鹏""爱，从这里起飞""亲亲祖国"等大规模、高规格的幼儿艺术精品晚会；并多次赴北京人民大会堂参加"中国首届儿童艺术节""全国少年儿童歌舞电视大赛""花儿朵朵全国少年儿童歌舞大赛"等活动，分获特别奖及金、银奖。为了更大面积地普及艺术教育，让孩子们的个性得到张扬，"晶晶"除了坚持办好现有的舞蹈艺术教育外，还逐步开办说唱艺术、乐器弹奏艺术、书画艺术等教育，培养小主持、小乐手、小小美术家和小翻译，让孩子们在更广泛的艺术交流中，获得更加全面的艺术素养。

2012 年 5 月 16 日，第十届全国人大常委会副委员长、中国关心下一代工作委员会主任顾秀莲专程来深圳考察晶晶国际教育集团，了解我国当前民办学前教育的发展情况。在考察中，晶晶国际教育集团就理念创新、优质办园、师资培训、艺术教育等方面做了专题汇报，顾秀莲主任对此给予了充分肯定和高度评价，并希望晶晶国际教育集团不负厚爱，勇于创新发展，努力成为我国民办学前教育行业的典范，为更多的孩子提供优质的教育服务。

晶晶国际的办园理念与实践

在创业 30 周年的庆典大会上，马克荣英姿勃发，系统地阐述了晶晶国际教育集团的办园理念——在 30 多年的教育实践中，晶晶国际教育集团幼儿园确立了"爱与责任"的核心价值观。"爱与责任"既体现了"晶晶"人独有的特质，又阐释了"晶晶"人一直以来的信仰。"爱"，让每个人唤起自己最基本的爱心，爱孩子、爱大自然、爱同事、爱晶晶、爱社会、爱国家；"责任"，是"晶晶"人对孩子、对幼教事业、对社会的庄严承诺。

"晶晶，对孩子传承爱的教育，对社会履行爱的责任。"同时确立了"将爱心和智慧传播给每一个孩子"的使命。真正的教育在于唤醒人性中本有的爱与智慧，肩负唤醒、传播的使命，积极推进我国幼儿教育事业发展，将积累多年的宝贵办学经验、教育经验与方法推向全球，为更多孩子拥有美好的童年和幸福的人生贡献我们的力量。

"研究创新，不忘初心"成为"晶晶"精神，没有研究创新就没有发展，晶晶国际教育集团 30 余载，取得了骄人的成绩。但是路走得再远，也不能忘记走过的路，不能忘记"晶晶"艰苦奋斗的创业精神，不能忘记"晶晶"为什么出发。面向未来，面对挑战，我们一定不忘初心，专注研究，勇于创新，继续砥砺前行！办园之初，"晶晶"确立了"给孩子更好的教育，办孩子喜欢的幼儿园"的办学宗旨，给孩子最好的教育，办最好的幼儿园，源于我们对孩子们最真挚的爱。

在这样的办园理念指导下，围绕"管理有特色，教育有特点，培养孩子有特长"办学目标，经过多年的不断探索实践，"晶晶"逐步形成了自己独特的管理体系——KI2SM 管理体系，为集团的健康发展提供了重要保障。也逐步形成了主题融合课程、艺术教育等核心教育教学特色。每个孩子都是独特的，都有自己的天赋，老师就是发现、培养他们的天赋。在三十余年过程中，晶晶国际教育集团不断积累沉淀，三次升级课程，并确定了以爱的教育为灵魂，以主题活动为载体，以创意艺术为特色，以生活实践为学习方式，培养阳光、健康、自信、智慧具有中国心、世界观的现代儿童的课程理念。课程从爱人、爱自然、爱社会三个维度设计内容，以主题探究的方式开展教育实践，在实践中突出创意艺术，特别是主题戏剧成为课程的最大特色。课程立足儿童、立足生活、立足实践、立足中国文化……

30 多年来，晶晶国际教育集团筚路蓝缕启山林，栉风沐雨砥砺行，在教育的路上不断探索与发展，源自"办孩子喜欢的幼儿园，给孩子更好的教育"的办园宗旨，为了这一句话，马克荣用爱践行对教育事业的承诺。

（一）用文化书写教育传奇

在党的十九大报告中，习近平总书记谈到，要"优先发展教育事业"，且特别强调要办好学前教育，努力让每个孩子都能享受到公平而有质量的教育。作为民营教育集团，马克荣肩负着企业与教育的双重角色，既要考虑企业的经营与发展，又要把目标着眼于培养人，我们肩负着时代的重任。

30 年来，马克荣和她的"晶晶"教育专注做一件事——"给孩子最好的教育，办孩子最喜欢的幼儿园"。做教育和做产品不一样，教育需要文化的滋养，文化本身也是一种教育。在"晶晶"的幼儿园，角角落落都是教育，一草一木、一花一树、一墙一壁都会"说话"，教育无处不在，同样，文化也无处不在。

良心工作，爱心培育，奠基"晶晶文化"。

"晶晶"人的使命是"将爱心和智慧传播给每一个孩子"，它刻在了"晶晶"人的骨子里，流淌在了"晶晶"人的血液中。在创办之初，"晶晶"就提出"用良心工作，用爱心培育，用诚信让社会、家长满意"。朴实的理念、务实的行动，让"晶晶"的每一步都走得温暖。

2022年，国家最新颁布《中华人民共和国民办教育促进法》，强调加强民办教育的党建工作，而早在15年前，"晶晶"就已经成立了党支部，设立工会，领导各幼儿园开展民主管理、组织各类文化活动，让"晶晶"精神直达员工内心。

特色打造，创新驱动，建构"晶晶自信"。

企业文化从另一个层面来看，它映衬了企业家的个性品格，在"晶晶"领导人的骨子里，一直有一股敢闯敢拼、不服输的精神，无形中这个"基因"也植入"晶晶"的文化中。

"人无我有，人有我优。"这是"晶晶"团队在塑造品牌优势时所一贯坚持的原则。全国的幼儿园都在做艺术，但"晶晶"艺术与众不同。早在2002年，"晶晶"就成立了儿童艺术团，形成了自己独特的幼儿艺术教育模式和课程体系，并成为"晶晶"的金字招牌。

在内涵打造上，"晶晶"坚持"管理有特色，教育有特点，培养孩子有特长"，大手笔投入研发"晶晶"自己的课程——融合课程、英语戏剧、运动健康、中国传统文化系列特色课程，独创KI2SM幼儿园标准化管理体系。在教育行业中成为大家学习的标杆。

这一系列的举措，反映了"晶晶"团队的创新精神，走别人没有走过的路，而且走出了"晶晶自信""晶晶骄傲"。

专业研究，匠心引领，实现"晶晶梦想"。

企业发展到一定的阶段，需要经常回过头来，审视自己最开始的那份"初心"，总结自己所走过的路。正所谓"不忘初心，方得始终"。

"晶晶"目前已经发展成为中国最大的直营幼教集团之一，取得了丰硕的成果和荣誉，受到了行业的追捧。到了这个阶段，马克荣认为，大家更应该冷静，应该沉下心来，思考教育的初衷，还原教育的本真，用专业研究引领团队，实现如何"给孩子最好的教育"。

教育需要专业精神，需要有创造力，需要深耕研磨，精益求精。最近社会频发"虐童"事件，舆论不断发酵，全国都在声讨幼师，对马克荣来说，这是一件痛心愤恨的事，她相信，行业中 99.99% 的幼师都是善良的人。马克荣除了从师德和管理上去规避和杜绝类似的事情，还带着团队从专业层面，去剖析、研究怎么样才能让课程激发孩子兴趣，让孩子更有规则意识、更投入学习、更享受学习的过程，唯有这样，孩子才不浮躁，老师才不带情绪。

执着坚守、服务孩子；乘风而上、顺势而为。"晶晶"的成功源于敢于创新的企业家精神；源于聚焦战略的精耕细作；源于自主创新的课程内涵；源于精细化运营与标准化管理；源于稳定而优秀的员工团队；源于以孩子为中心的企业文化。用马克荣自己的话说："真正做好一项事业，绝不是利益最大化，而是社会效益最大化！"

（二）用艺术润泽教育管理之灵

30 余年来，晶晶教育一直在探寻更加适宜发展的管理方法和教育思路。用什么样的方法能够最有效提升工作能效、让各层面配合融会贯通？用什么样的思路能够迅速整合有利资源、调动一切积极因素，达到相互作用的最佳状态？

马克荣想，艺术的思维能使然！

艺术的思维是一种情感的思维方式，这种思维方式无论投入感性还是理性的应用，都传达着主导者正面积极的思想情感，是用主动的姿态来改变常规状态的一种扬弃方式。30 余年来，马克荣尝试将艺术的思维贯穿到晶晶管理与教育的每个角落，获得了不菲的价值与收获。

将艺术融入管理，让每个细节都开花。

真正的管理艺术，绝不是待在办公室里翻阅各种数据和报告，而是到员工、家长中间进行面对面的交流，管理者扮演好观察与倾听的角色，一方面，在各类面对面交流、现场接待和阐述中，将集团的文化与价值观传递给员工、家长和供应商，促使他们认同和接受集团的价值理念；另一方面，基于第一手准确信息，提出管理问题并周密地策划工作的改进策略，给予员工直接的帮助、解决员工工作中的困难，提升员工的自信心和自治力。可以说，"晶晶"的管理艺术，就是将90%的管理都定位在了现场。

为了让现场的每个工作环节得到有效控制，"晶晶"持续坚守与开发自己的管理标准与评估体系，至今已出品了6代成果。其中，1~3代成果名为K1-K3，分别为：《标准化管理手册》《五常管理手册》以及《ISO质量体系》。主要应用于帮助幼儿园强化管理流程、明确质量目标、建立基础的管理规范，为幼儿园现场管理提供视觉标准，加强员工自律性，以规避安全隐患等。

4~6代成果即K4-K6于2017年暑期修编完成，其内容涵盖上至集团各业务部门、下至幼儿园10余个岗位，从架构、职责、制度、流程、操作标准、培训管理、绩效考核及常用表单在内的全套操作标准推陈出新，最终成功出品了约160万字，全套26本；更系统、更全面、更细致、更精准地指导各岗位规范作业，促使员工做到自我检视、自我完善，为管理的每个环节扫清盲点，让现场工作的每个细节都开花。

将艺术融入环境，打造孩子探索的秘境。

对环境艺术强烈的感知觉和对前沿教育思想的敏锐捕捉，始终是"晶晶"思考教育环境的建设与打造的灵感来源。

在环境设计理念的建构上，"行万里路"是晶晶教育与世界融合的一种方式。现代的、真正国际化的幼儿教育应该是个多种族、多元文化交融的地方，所有的学习都应该基于与多元文化沟通融合的兴趣。"晶晶"办学的硬件环境设计，必须重视空间对儿童所具有的启发性、吸引性、创造性、开放性等作用。多年来"晶晶"设计团队走遍千山万水，找寻最能融入教育的多元文化元素，无论是地中海式无边的辽阔与静谧，还是浪漫风情浓郁的法式田园，抑或是古朴端庄的英伦贵族风，经过"晶晶"设计师们的精细改良后，都被搬进教室，将环境所能表达出的艺术语言潜力充分开发出来，让环境与教育同在、与孩子共舞；通过环境的打造，带孩子走进世界的各个角落，身临其境地感受多元文化。

在硬件环境的设计上，马克荣一贯主张"以儿童为本"的环境设计理念，同时融入了"晶晶"品牌价值和艺术气息。就如何将幼儿园空间最大化的合理利用，并让孩子们在环境内得到精神上的愉悦享受的研究中，她带动团队遵循不同孩子的性格特征，在教室内设计阁楼或错层，让孩子通过环境的自然分割，获得独处、空间转换等探寻体验。同时，还充分利用楼层的端头的比较宽阔的廊厅，设计开敞式书吧或小剧场，均匀地分布美术、音乐、文学等多种可视、可玩、可探究的信息载体，将各类学习资源通过艺术而匠心的环境设计融会贯通、互相渗透，让孩子所到之处皆能参与之。

在教育环境的打造上，马克荣要求把空间留给孩子的同时，实现孩子成长与环境的有效互动与对话。除了与课程相配套的教育元素必须在环境中出现外，日常的环境中还将融合传统节日、民间艺术、古典文学、地方文化等元素，培养孩子丰富的情感体验，提升孩子们游戏的兴趣。孩子带着这些兴趣的种子，重新走入生活去探寻、去深悟，从而建构孩子完整而坚固的认知宝塔，开发他们不凡的艺术独创性。

在"晶晶"，不仅要懂教育，还要懂设计。

将艺术融入课程，独创别具一格的舞台。

幼儿教育课程犹如一粒种子，其生根发芽和苗壮成长需要特定的土壤。如著名的瑞吉欧幼儿教育正是源于意大利特殊的政治和经济文化传统一样；在我国，独特的国情决定了我国的学前教育应充分挖掘优秀的文化资源，利用教育在长期历史发展过程中积累的独具特色的优良教育基因，找准与孩子发展需要的契合点，才是幼儿课程发展的积极取向。

历经了2002年至今的20多年艺术教育历程，马克荣收获了来自孩子的丰厚回报，"晶晶"不仅成功完成了世界上年龄最小、规模最大幼儿艺术团（9000余名小演员）的建构；更欣喜地看到了孩子们真实的发展——那些孩子身上所具有的自信、果敢、思维敏捷、收放自如的气质特征，正是艺术魅力深远影响之果。20多年来，晶晶艺术教育不仅形成了一套完善的体系与规范，更发展了一大批专业老师以及致力于艺术教育的园长，还有数万名从"晶晶"走出去、接受艺术教育熏陶的粉丝。因此，以创意艺术作为"晶晶"的特色有较大的可行性。

在拥有完整体系与储备完美舞台经验之后，"晶晶"发起了进一步攀登——以舞蹈表演为基础，开发英语戏剧课程！经过努力的实践，戏剧表演已然是孩子在幼儿园阶段最高级能力的综合体现：当孩子能够和别人合作表演的时候，就证明他能够去掉自我中心、与别人合作；当孩子在进行角色扮演的时候，他就能换位思考、理解别人，成长为一个受人欢迎的人；当孩子们一起运用天马行空的想象来编故事的时候，其良好的逻辑思维正在渐渐形成；当语言发展到一定好的程度，其所思所想、喜怒哀乐就能顺畅地表达和传递；当学习制作布景道具的时候，一个融合故事、音乐、美术于一体的艺术有机培养体系正在展开，孩子在其中将得到综合的发展；当孩子们高兴地参与像游戏一样好玩的戏剧表演的时候，他们的心中就早已埋下了兴趣的种子。

近年来，"晶晶"重视戏剧课程的发展，为了让英语戏剧教育真正达到激发幼儿创作潜能、体验艺术创作喜悦的目的，"晶晶"与台湾戏剧教育大师们成功对接，对戏剧表演的内涵取材、舞台走位、舞美效果、角色情绪，进一步研究并输入课程，呈现出更加专业的戏剧表演。孩子们在戏剧的世界里随兴所至，不受外界的约束，最终能够透过戏剧学英语，通过英语走向世界。

"晶晶"英语戏剧课程，汇集孩子的英语语言经验，以绘本图书故事为主要线索，用创新再造颠覆传统思维，加之 20 多年艺术教育的雄厚积淀，逐步自成一体，形成课程脉络。为了深化这个平台，"晶晶"从舞台入手，逐步生成戏剧剧本以及拍摄动画剧目，将戏剧从舞台延伸到二次元世界，开发整套的英语戏剧学习动漫课程，并将研发成果进行推广，与所有的孩子分享"晶晶"的成功，分享孩子的创作。

将艺术融入文化，释放情怀引领梦想。

越是拥有艺术情怀的人，就越热爱生命、热爱生活、充满激情和力量；

这样的人对国家、对社会和他人也往往拥有更多的人文情怀与关爱；对社会大公益，也可能投入更多的关注与精力。由此可见，一个企业所拥有的艺术文化资本的厚重程度，既能体现企业领袖的独到眼光和魅力，也能成为衡量一个企业软实力高低的标准。

在"晶晶"，马克荣持续努力营造着艺术的人文环境："能者上、庸者下，修德砺能"体现艺术用人之道；"给每个员工一条跑道，让他们自由地奔跑与发展"构建艺术职业通道；"四大意识（形象、责任、安全、危机）、五种精神（艰苦创业、团结协作、高度负责、开拓创新、无私奉献）"是最实质的精神号召；"对孩子传承爱的教育、对社会履行爱的责任"是"晶晶"的担当精神；"十条禁令、十项必答"，艺术地界定了"晶晶"人的行为准则；"员工安全十句箴言"及"幼儿安全8条规则"，用说艺术唱韵的形式，让大家入心、牢记。"晶晶"，就是不断地创造这样一些文化热点，孵化与滋养团队的精神，达到与员工心灵的共振，让这30多年、近千名陪伴晶晶超过10年的忠诚员工，全力以赴，倾注青春，奉献幼儿教育事业。

"晶晶"的人文文化作为一种饱含激情与创造力的精神资源，为发展注入了鲜活跃动的生命力量，使大家不断保持发展的追求与前进的动力。"晶晶"30多年，唯坚守艺术办学，初心不改、方得始终。将来发展，"晶晶"将继续用植根于企业文化的责任与担当，走好独步天下之路！

（三）教育与艺术相遇，打造课程内涵

从开办幼儿园的第一天起，马克荣就矢志做优质学前教育的躬行者，并喊出了"办孩子喜欢的幼儿园，给孩子更好的教育"这一响亮的口号，这句话后来成为晶晶国际教育集团的办园宗旨。马克荣董事长深深将办园宗旨镌刻在心中，躬耕不辍，跬步不休。爱孩子、爱研究、爱教育、爱事业成为她不断成长的动力，而敢改革、勇创新让她在打造优质学前教育的路上走得更远、更稳健。为给孩子好的教育，晶晶国际教育集团的课程与国家教育同向，与社会发展同步，与儿童成长同心，经历了三次升级（如图），实现从

规模发展走向质量发展。

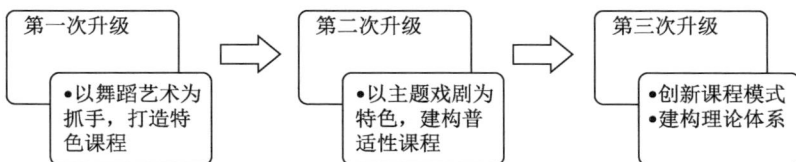

```
┌──────────────┐      ┌──────────────┐      ┌──────────────┐
│ 第一次升级     │      │ 第二次升级     │      │ 第三次升级     │
│              │ ⟹   │              │ ⟹   │              │
│ •以舞蹈艺术为  │      │ •以主题戏剧为  │      │ •创新课程模式  │
│  抓手，打造特  │      │  特色，建构普  │      │ •建构理论体系  │
│  色课程       │      │  适性课程     │      │              │
└──────────────┘      └──────────────┘      └──────────────┘
```

以舞蹈艺术教育，推动特色发展。民办幼儿园要立足与众不同，特色课程是硬核。在"晶晶"发展三十多年的过程中，马克荣用20年的时间研究课程。

"富于创意的教育才是成功的教育，晶晶教育，就是要致力于打开孩子的原创思维，激活生命力，提高创新力，培养他们敢为人先的勇气和异想天开的精神"，这是马克荣对教育的初识。2000年，马克荣深研儿童心理：幼儿期的孩子对艺术的敏感度很高，他们喜欢图形、色彩、儿歌，还会用听觉、触觉、视觉感知世界……这应该就是孩子对世界的真实表达了！因此，在充分调研幼儿教育行业的现状，基于儿童发展需要的基础上，决定选择舞蹈艺术作为课程的突破口。

三上北京诚请艺术专家。"闻道有先后，术业有专攻"，在马克荣的认知里，专业的人做专业的事，这样可以节约资源，提高效度，这也是发展中的"取之有道"。当确定将舞蹈艺术作为幼儿园发展的突破口时，马克荣立刻想到了中国空军蓝天儿童艺术团，这是一支对于中国老百姓而言耳熟能详、却又充满着神秘色彩的艺术团队，每年的春晚都能看到孩子们精彩的演出，孩子们活泼的身影和对舞蹈内涵的表达，深深打动着观众，这种教育很符合马克荣"给孩子更好的教育"的心理预期，经过周密的思考，她找到了原中国空政文工团副团长、蓝天儿童艺术团团长贾乃正大校，邀请贾团长来"晶晶"指导艺术教育。办园体制的不同，贾团长终止了马克荣的梦想。时隔一年，马克荣再次北上，向贾团长谈"晶晶"的艺术规划与设想，谈艺术教育的未来，但还是无功而返。从不放弃的马克荣，坚信艺术教育对儿童的发展是不可估量的，于是又一次来到北京，与贾团长探讨儿童艺术教育,并坦诚自己对教育的追求并不是个人追求,而是造福一代孩子。马克荣的真诚、对专业的追求、对孩子未来的思考深深打动了对方,贾团长走进"晶晶",成立了晶晶儿童艺术团。

形成体系促可持续发展。成立艺术团,首先要解决师资问题,集团每学期从北舞请来专业的艺术培训师,对集团的艺术教师进行封闭式培训,组织艺术教师外出采风,经常开展教研活动,很快,一支专业的舞蹈艺术教师队伍成长起来了,保证了儿童艺术团活动的顺利开展。与此同时,艺术团章程、艺术团的各类规章制度、各类管理制度陆续出台,逐渐形成了完整的艺术教育管理体系,保障艺术教育的实施。在完善的制度保障、管理保障前提下,艺术教育效果很快得到显现,集团连续数年在大型原创艺术展演活动震撼社会。当孩子们在舞台上大胆的表演、自信的神情一次次赢得家长掌声的时候,当一场场火爆的演出、一阵阵赞美的声音扑面而来的时候,马克荣开心地笑了。

舞蹈艺术带给孩子不一样的世界,赋予孩子不一样的品质:他们自信、大方、谦虚、有礼;他们会沟通、会审美、会合作,在家长的心里,这已经是孩子的天花板了,此时的晶晶也因为儿童艺术团声名大噪,艺术教育成为家长对孩子的不二选择。

今天,当教育部《义务教育课程方案和课程标准(2022年版)》将舞蹈课程正式纳入义务教育新课标,明确了艺术课程的设置、标准和教学目标时;当教育部高度重视舞蹈艺术,"舞蹈课程将成为必修课"时,马克荣开心地笑了。在"给孩子更好的教育"思考与实践中,她用心测量儿童的需要,让儿童因为艺术教育而自信地面对这个世界。

以主题戏剧课程,培养完整儿童。人们常说"眼界决定格局,格局影响人生"。古往今来,凡成大事者,必有大格局。不拘泥于现状的束缚,懂得如何立足于高瞻远瞩之上,实现人生发展的更高境界。面对晶晶集团教育的一片繁荣,马克荣冷静思考:目前的艺术教育只是一个特色课程,接受艺术教育的孩子仅限于孩子有兴趣,家长有意愿的层面;且目前的舞蹈艺术对于一个孩子的发展相对比较单一，如何让艺术成为一种基础课程，让晶晶的全体孩子能够享受艺术教育？如何将舞蹈艺术转变成一种综合性的艺术，给孩子一个更完整的童年？马克荣再一次深入解读儿童教育，研究教育政策、分析家长需求，剖析晶晶目前的教育现状。晶晶集团的内涵发展之道逐渐清晰起来：梳理已有经验、吸纳先进理念，再造一套适合全体儿童的普适性艺术课程。

亲自带队寻找课程。

"戏剧是融语言、音乐、美术、舞蹈、表演于一体的综合艺术形式，它能很好地解决儿童全面发展的问题"。马克荣认识到了这一点，2014年春，她带领团队到香港，在"青洋葱"及香港其他戏剧社团，了解儿童戏剧的现状，交流儿童戏剧对孩子的发展作用；听说台湾幼儿园的戏剧活动开展较好，又带着团队赴台湾，深入台湾6家幼儿园及社区抓马戏场，了解儿童对戏剧的真实表现；同时与国际戏剧大师对话，研究儿童戏剧的未来走向，在求得大量第一手资料的同时，不忘分析集团的现状，决定对课程进行一次大刀阔斧的改革。

亲自引领研发课程。

集团成立了课程研发中心，投入200多万元，给予人力、物力、财力上的高配。马克荣董事长亲自挂帅，邀请专家坐镇，对课程进行顶层设计：课程确立以爱的教育为核心，从人与人、人与自然、人与社会三个维度设置内容；课程确立了以主题活动为载体，设置了符合小班、中班、大班年龄特点、贴近儿童生活且感兴趣的18个主题；课程以创意艺术为特色，确立了以戏剧为手段，最后用主题戏剧呈现学习结果，也就是说一个主题就是一个原生剧本，经由探究过程，形成孩子们自己的主题戏剧。马克荣带领团队砥砺研思，一年多后，一套完整的突出艺术特色的《主题融合课程》研发出来了。

亲身躬耕在试验田里。

为引领课程实施，马克荣身先士卒，投身到一线与团队一起研讨课程实施策略。为深入研究,马克荣申报市级课题《幼儿园戏剧课程实践探索》并担任课题主持人。在课程实施研究中,以儿童为中心,追随孩子的脚步,鼓励孩子主动观察、发现、思考、想象、合作、分享,在体验中感受世界的神奇与美妙。结合探究活动的开展,尝试以戏剧为手段,将美术、音乐、舞蹈、角色扮演等多种形式的艺术教育进行整合,支持孩子们在课程中主动学习、大胆探索。通过长期的实践性研究,创造性地把戏剧与主题结合起来,让孩子通过主动建构的方式,获得语言、交流、表达、表现、创造、审美能力的发展。课程既受到家长广泛认可,也受到领导、专家、同行的好评。

创建课程模式,建构理念体系。哲学家尼采说过,生命的本质在于不断自我超越。在教育大变革的时代,马克荣超越了自我,但她没有满足于自我超越的一次飞跃。"研究创新,不断探索""做学前教育的领跑者"是马克荣的行动目标,"打造教育品牌,必须有经得起专业敲打的理论体系,这样才能实现"培养阳光、健康、智慧、自信,具有中国心、世界的现代儿童"这一培养目标。这是一个睿智的教育家的智慧,也是一个教育者的情怀。

习近平总书记指出:"要全面加强和改进学校美育,坚持以美育人、以文化人,提高学生审美和人文素养。"中共中央办公厅、国务院办公厅印发的《关于全面加强和改进新时代学校美育工作的意见》中提出,"学校美育课程以艺术课程为主体,主要包括音乐、美术、书法、舞蹈、戏剧、戏曲、影视等课程。"马克荣抓住国家教育风向,以主题融合课程为突破口,以主题戏剧为核心进行理念重塑,建构完整的课程实施模式。

重塑戏剧课程理念。戏剧是一种综合性的艺术,具有促进儿童全方位、多层次、立体化发展的教育价值。为了使课程更好地推广,马克荣认为要从自己几十年的长期实践中形成一定的课程理念。于是,马克荣在指挥一班人开疆拓土、苦练内功、锤炼业务的同时,她不断学习、吸收国内外先进的教育理念,敏感地抓住幼儿园课程实施现场进行长期研究,并成功获得管理学博士学位。为了使教育更符合中国国情,马克荣与华中师大周洪宇教授共同探讨幼儿园里的"生活·实践"教育，同时与朱家雄教授、儿童戏剧专家陈仁富教授等进行长期合作共研，围绕《幼儿园教育指导纲要》中提出的"知识、情感、技能、态度、能力"五项核心素养，确立"小戏剧·大素养"的幼儿戏剧课程理念，提出以"小经验·大认知、小空间·大体验、小游戏·大探究、小情境·大视野、小剧本·大生活"五大课程实施策略，并围绕儿童的生活，将幼儿园园本课程与戏剧有机结合，出版《主题融合课程》《戏剧游戏盒子》等课程资源。

探索课程实施模式。在《主题整合课程》实施中，马克荣发现现行的艺术教育忽视了儿童自发性的表达与分享。于是马克荣带领团队基于以儿童为中心的视角，以幼儿园课程实施为载体，运用"五策略"，深入探索戏剧与课程的融合模式，即戏剧与生活融合、戏剧与环境融合、戏剧与活动融合、戏剧与家庭融合。在课程实施模式建构中，提炼了 32 个戏剧策略，研发了教师培训体系，生成了 10 大剧场，对课程实施经验进行梳理，出版《当孩子遇见主题剧》《童艺创想》《民间游戏新编》等。功夫不负有心人，星光不负赶路人。由马克荣亲自主抓研发的"戏剧+"主题整合课程分别获得全国基础教育成果评选武汉市东湖区特等奖、武汉市特等奖、湖北省一等奖，现已送教育部接受更高级别的专业审核。幼儿园每学期的课程研讨会，吸引着无数同行参与，并受到广泛的好评。

孩子是脚，教育是鞋，适不适合，只有孩子知道。"给孩子更好的教育"是马克荣对教育的信念，但前提是，给孩子"好教育"之前，马克荣一定会了解孩子的脚有多大。二十多年的潜心研究，马克荣用课程将孩子们摆渡到欢乐与幸福的彼岸。

与时代相遇，彰显教育坚守。深圳改革开放四十余年，"晶晶"在深圳拓荒、发展三十余年。三十余年在时间的长河里只是短暂一瞬，但对一个人、一个集团来说，却经历了风云激荡的历史性变革，走过了很多不平凡的路程。

26 岁马克荣只身独闯深圳时，正逢深圳大力提倡社会力量办园时机，平凡女子马克荣带着一股子"闯"劲在深圳办了第一家幼儿园,凭借着自己对孩子的爱,对专业的追求,对事业的执着,幼儿园很快受到家长的认可。随着深圳特区市场经济体制建立和逐步完善,马克荣表现出了非凡的智慧和勇气,无论有多大的阻力,不管有多大的困难,她总是奋斗不息,持之以恒。在创办初期,因为是新生事物,有人阻拦、有人威胁、有人恐吓,都没有动摇过她办教育的心;工作中身上背着降压包、包里装着各种药片、有时躺在病床上都在坚持工作,为了教育事业,她可以心中无"我"。就这样,从一家幼儿园发展到近60家幼儿园,从几十个幼儿发展到15000名幼儿。培养了成千上万名儿童,为学前教育的发展作出了巨大贡献。"铁心柔情战南北,商海创业志难摧,香肩敢挑万钧担,运筹帷幄胜须眉",这是做客CCTV《超越》栏目主持人这样形容的她。

2018年,中共中央国务院颁布了《关于学前教育深化改革规范发展的若干意见》,文件确立了学前教育公益普惠的基本方向,确立了全国普惠性幼儿园覆盖率达到80%,公办园达到50%,这在民办幼儿园引起了不小的震荡,特别是民办教育举办者,在创办幼儿园的过程中不仅投入了大量资金,还投入了大量的时间和精力,像养育孩子一样,经过多年努力才形成了教育品牌和一定的影响力,所以对民办转公这一举措忧心忡忡,马克荣和大家一样,对于幼儿园转公转普有很多的不舍,但她审时度势,配合国家政策,转公十多所幼儿园。同时从更长远的角度思考:没转公转普的幼儿园如何精准定位?继续发展?思考再三:为了突出自己的品牌特色,一定要打造属于自己的核心竞争力,拥有不可替代性,本着"给孩子更好的教育"的信念,她从内涵入手,通过课程把幼儿园打造得更加有品质。

30多年来,尽管教育行业不断改革、风云变幻,尽管自然生存环境发生变化,带来诸多不稳定因素。但马克荣不负时代、顺势而动、不断前行、融合创新,打造国际教育服务新标杆。

"晶晶"的办园模式及课程受到家长和社会的高度赞誉。《人民日报》(海外版)、CCTV《超越》栏目、学习强国、新华网、《中国市场经济报》《长江日报》《南方都市报》、深圳电视台、《南方教育时报》等二十余家媒体对课程及晶晶的艺术教育给予百余次报道，戏曲《国粹飘香》《梨园小戏娃》《京苑雏燕》连续三年登上中国少儿戏曲小梅花大舞台，受邀参加人民大会堂举行的中国少儿艺术节颁奖晚会表演，获"特别奖"，《狮戏》《赛马》等连续数年参加国家级赛事，获"中国少年儿童艺术大赛金奖""中国少儿舞蹈大赛突出贡献奖"。

武汉经济技术开发区博雅幼儿园园长　程碧卉

"要看见每一个孩子"

【人物简介】程碧卉，湖北省武汉经济技术开发区博雅幼儿园园长，高级教师，区学带、区教育督导，"国培计划"讲师，武汉科技职业学院学前专业特聘教师。曾荣获首届"武汉市名园长""武汉市优秀青年教师"等荣誉称号。曾主持或参与多项国家级、省级、市级、区级课题研究，获得1项计算机专利；先后在《学前教育》《湖北教育》等各级各类期刊上发表论文十余篇。出版著作《教育就在生活中》，参编教材、教参6部。

让幼儿园成为适宜师生发展的沃土

英国思想家约翰·密尔曾说过："每件事都知道一点，有一件事知道的多一些。"在武汉经济技术开发区博雅幼儿园园长程碧卉看来，前者为"博"，后者为"雅"，这是对博雅教育最为精辟的总结。

武汉经济技术开发区博雅幼儿园"园如其名"，"博""雅"二字正是该园发展的真实写照。作为园长，程碧卉对"博雅"赋予了更多自己的理解：在博学广识、追求雅致的过程中，让幼儿园成为适宜每一个孩子成长和每一位教师职业发展的沃土。

从"博雅"出发，寻找"理想的幼儿园"。

"我是一个非常热爱学前教育的人。"简单一句话就道出了程碧卉最真挚、最质朴的想法。

1997年，程碧卉考入湖北省幼儿师范学校。在学校，她认真学习，刻

296

苦训练，掌握了舞蹈、绘画、钢琴、艺术体操等一身硬本领；毕业后，又以武汉市第一名的优异成绩考入市直机关曙光幼儿园，成为一名幼教教师。2002年，程碧卉转入武汉经济技术开发区育才实验幼儿园工作，一干就是11年。2013年9月，博雅幼儿园建园，程碧卉放弃市直机关幼儿园优厚的待遇和成长平台，主动请缨加入新园，并最终担任园长一职。

提起博雅幼儿园的建园历程，程碧卉仍旧记忆犹新。博雅幼儿园是武汉经济技术开发区第一所教育局直属的公益性、普惠性公立幼儿园，它的成立标志着开发区规模办学、合理布局、构建与经济社会发展相适应的学前教育公共服务体系战略思路的进一步完善。园所各项硬件条件完备，老师们充满干劲和激情，但这样就是理想的幼儿园了吗？程碧卉不断地思考着，最终给出了自己的答案：不，对于一所幼儿园而言，价值追求和文化沉淀更为重要。这是一所幼儿园的灵魂，是对今天的期待和对未来的展望。

在程碧卉的心中，"理想的幼儿园"必须具备这样的特质：幼儿园应该属于园所的每一个人，每一个孩子都可以在这里找到成长的空间，每一个老师都可以在这里找到自己的收获和幸福；幼儿园应该是一个有温度的家；幼儿园是一个让孩子们觉得好玩的地方，总有吸引他们的东西让孩子们驻足；在这里生活的孩子是自由的，同时又是自律的；幼儿园里的每一面墙、每一块宣传栏、每一处教学设施和用具都源于自然，都应该成为启迪孩子认识世界、增长见识、健康成长的源泉；幼儿园的教育理念应该是实实在在的，应该属于园所所在的地区，应该属于自身的文化传承……

博雅幼儿园是一所年轻的幼儿园，园所的发展重心要从设施建设转向内涵式发展，要通过园所文化的建设，构建"理想的幼儿园"。行成于思，程碧卉是这样想的，也是这样做的。

"任何一所幼儿园的可持续发展都离不开园所特有的文化印迹，我们从'博雅'出发，寻找适合自己的文化理念。"程碧卉解释道，在汉语中，"博"的意思一般指多、广、大，如广博、渊博、博爱、博识、博物等，意指广泛地学习，学识渊博，知道得多，了解得广，知识丰富等；"雅"字的最初本义指"鸟头锥部的尖锐牙齿"，意在事物中突出的优秀的部分。

"其实，无论是中国古代儒家的'六艺'（礼、乐、射、御、书、数）教育，还是古希腊的'七艺'（文法、修辞、辩证法、算术、几何、天文、音乐），都体现了一种使人广博学习并臻于完善的博雅教育理想。"程碧卉如数家珍、娓娓道来。基于此，博雅幼儿园确立了"博中求雅，雅中见趣"的办园理念，提炼出"博、雅、趣、美"的文化核心，从理念文化、制度文化、课程文化、环境文化、行为文化五个方面建构博雅文化体系。

在程碧卉的办公桌上，摆放着两个可爱的卡通公仔：小象"博仔"和小火凤"雅妮"。小象"博仔"象征博雅幼儿园的孩子、老师眼界开阔、心胸宽广；小火凤"雅妮"象征博雅人"不鸣则已，一鸣惊人"的不懈坚持；同时，火凤是楚文化的图腾，太阳鸟也是开发区的区标象征物，体现出园所传承传统文化、积极进取、追求卓越的精神。"这两个吉祥物是我们精心设计的，是幼儿园所有人的'精神图腾'。"程碧卉说。

从管理出发，打造"一艘平稳行驶的航船"。

时间的镜头拉回到 2013 年，那时博雅幼儿园才刚刚成立，80% 以上的教师都是新手教师和转岗教师，大家来自四面八方，各有各的想法，人心不稳、团队管理、制度建设成为程碧卉面临的巨大挑战。

"其实每个人都希望幼儿园是完美的，希望制度是公平公正的，初心都是好的。"程碧卉回忆说，"这也促使我静下心来，深入思考幼儿园的发展规划和教职工队伍的建设。"

为此，程碧卉带领幼儿园的领导班子开展问卷调查、逐一走访，了解教职工的想法以及对幼儿园的期望；分片开展党员谈心、工作交流谈话，及时掌握教职工的思想动态，也对他们在工作、生活中遇到的问题及时给予帮助。平时，利用工会开展职工生日会、团队拓展等活动提高所有人的集体归属感；同时，通过召开全体教职工大会，对幼儿园的现状及优势开诚布公地进行探讨，并确立了幼儿园的总体发展思路，帮助全体教职工更全面、更深刻地了解幼儿园的发展方向及个人的工作要求。

　　"作为园长，我需要打造一艘平稳行驶的航船，把所有人的心归在一起。"为了这个目标，虽然是教科研出身的程碧卉，却花了整整 6 年的时间学习如何做团队管理和制度建设。用她自己的话说，就像"婴儿一样蹒跚学步，一步一个脚印地成长"。

　　在程碧卉办公室的书柜里，《幼儿园管理》《教育是合作的艺术》《教育就是解放心灵》《最具教育力的 22 种幼儿教育思想》《卓越园长 21 条幼儿管理策略》《学习的斑斓世界》《美国幼儿教育活动大百科》……一排排的书里，夹着数不清的纸条和便利贴以便随时查阅；随手拿起一本翻看，就能看到她在书上做的不同颜色的标记以及写下的阅读心得……

　　程碧卉对自己有一个要求，那就是要不断地去学习。这些翻看了无数次的书、密密麻麻的笔记或许正是她一直在前行的最好证明。那个时候的她，每天接打 200 多个电话，从未在 22 点之前离开过幼儿园，经常熬几个通宵做方案、写计划……

　　在程碧卉的不懈努力下，整个团队开始变得很温暖。幼儿园为老师们组织插花、烘焙、围棋、瑜伽、写生等各种活动，在教师节时为所有人送上鲜花，在每个人生日时送上专属祝福，邀请教师家属参加幼儿园年会等。老师们也逐渐认识到"博雅就是我们的家"并行动了起来：开展自助餐活动时，带班老师从家里带来桌布、餐盘、蜡烛；晨检时，保健医生自费为孩子们准备奖励贴纸或棒棒糖；老师们还会跟程碧卉悄悄地说"我们要做一辈子的同事"……

　　"航船"平稳行驶，接下来做什么，程碧卉心中已有计划。

　　幼儿园的发展，儿童的发展，首要任务是教师的发展。园本教研是教师发展的快速通道。教师需要认识到自己是园本教研的主体，是教学实践的主体，要把园本教研当作自己专业发展的大事。

　　"我们在查班的过程中发现了大量的安全隐患和问题，每周的保教例会都是不断重复和解决带班过程的基础性问题。"程碧卉认识到，需要把这些基础性问题全部归总，引导教师理解幼儿的年龄特点并解决基础的班级管理问题。为此，幼儿园开展了以"十二五"规划区级重点课题"基于幼儿身心发展特点的生活常规养成实践研究"为主题的教研，在研究中尝试对幼儿园一日常规环节过程中存在的问题进行深入分析，帮助幼儿建构正确的行为准则和价值观，帮助教师解决在理念上让幼儿自主自由、但在实践中却对幼儿高度控制的矛盾行为问题。

程碧卉带领的教研团队从观察一日生活的各个环节入手，将幼儿在各个环节中的理想活动状态以及个别差异进行了全面翔实的定位，对教师在每个环节中的行为提出了具体的要求和指导，同时梳理出其他辅助岗位和行政人员在常规环节中如何对班级进行管理和督导的指导策略，形成了园本常规管理体系，初步建构了园本生活课程、一日生活常规环节建议和幼儿生活常规养成参考表。在管理实践的过程中，园所通过幼儿常规养成教育的案例研究，提炼出《博雅幼儿园一日生活常规环节指导策略》。这些指导策略记录着教师专业发展的足迹，是教师教学研究生活中一个个闪光点。

在程碧卉看来，幼儿园也要由教育家办学。这里的教育家不是特指园长，而是幼儿园里的所有人都要成为教育的行家，只不过角色分工不同，园长讲战略，中层讲战术，教职工讲战斗，人人都要有教育家的追求。在这个基础上，幼儿园要着力建设一支具有高尚的人格、浓厚的教育情怀、精湛的专业修养、宽广的视野、强烈的创新精神和一定社会影响力的教师团队。

从孩子出发，设计好玩、好看、好吃的课程。

"管理在前，教研在后，最后落地的是课程。"程碧卉如此规划着博雅幼儿园的航向。

《博雅幼儿园一日生活常规环节指导策略》的落地就是一门生活课程。这一课程围绕"微笑阳光行"（入园环节）、"秘密小花园"（盥洗环节）、"水苗苗长高了"（饮水环节）、"肚肚圆溜溜"（进餐环节）、"健康加油站"（午睡环节）、"游戏进行时"（游戏环节）、"离园三部曲"（离园环节）七大生活环节展开，形成了一个完整的"闭环"，通过教师与幼儿的互动，为幼儿打造了一个良好生活习惯的养成模式，真正使生活环节成为增强幼儿生活能力、促进幼儿生命成长的教育环节。

程碧卉讲了这样一个故事。到饮水环节时，有的幼儿总喜欢耍小聪明，要么是只接一点点水，要么是趁老师不注意，迅速将水倒掉。老师便找来一盆蔫了的小花，对孩子们说："这盆花好像生病了，你们会给它看看病吗？"孩子们仔细地观察着，有的还用手按了按花盆里的土。"老师，你看花盆里的土变干了，小花肯定是缺水了，我们给它浇点水吧。"连续好多天，孩子们都记得给小花浇水，小花又慢慢张开了笑脸，恢复了生机。孩子们看到了都很开心，老师就抓住时机说道："小花之前因为不爱喝水而变蔫了，那我们的小朋友不喝水会怎么样啊？我们是不是也要像小花一样，要记得好好喝水呢？"自此之后，耍小聪明的小朋友就越来越少了。这个过程就是让幼儿自主观察"喝水"与"不喝水"的区别，通过让幼儿亲身体验，进而真正理解喝水的重要性。老师也会抓住这个教育契机，开展"水与生命"的科普教学。

"博中求雅，雅中见趣"的办园理念在这一环节得到了充分的体现。事实上，在博雅幼儿园，还有很多这样的课程：博悦基础课程，关键词为基本、规范、渗透，包括学习、生活、运动、游戏等课程；乐美拓展课程，关键词为主动、多元、发展，包括国武馆、天使行动、科学队长、黄梅有戏、百变泥巴、未来工程师、云生围棋社、生命安全课程、悟空体能课程等；趣乐特色课程，关键词为开放、创意、个性，包括我是湖北伢社会实践、趣玩日自主社会游戏、二十四节气食育课程等。

"幼儿园的课程应该是全面的，应该适合每一个孩子，应该让每一个孩子都能发光。"程碧卉笃定地说，"我们要看见每一个孩子，从孩子出发，为他们打造好玩、好看、好吃的课程。"

为此，幼儿园首先打造了富有地域特色、适宜教育所用、充满自主乐趣的园所环境：博悦楼、雅行楼、趣玩楼、拾趣园、乐美操场、汽车主题室、建构长廊、书香长廊等。在这里，每一面墙壁、每一个角落、一砖一瓦、一草一木都有其教育价值：烘焙室、探险岛等组成的九大功能区，让人变形的哈哈镜墙,能打 CS 的迷宫和玩具屋,藏着大水枪的南瓜房,开满紫藤花的沙水池,能喝咖啡的秘密花园,满园的柿子树、柚子树、樱桃树、枇杷树,拾趣园里孩子们亲手栽种的西瓜、黄瓜、扁豆、番茄、油麦菜,这些都让孩子们在"好玩"中养成了主动探索、主动求知的学习精神。

园所还巧妙地将可利用的墙面进行分区,形成了鲜明的"走廊文化"。趣乐楼一楼的"触摸墙"和"探险世界"让走路成为一种大冒险;一楼到三楼楼梯走道的"书虫吧"展示着各班的家园共读活动,与二楼连廊的"图书漂流区"连成一体;"未来汽车城"功能室与三楼走廊和连廊的建构区形成"小小车都"。校园里到处都有秘密和惊喜,到处都是"好看"的隐形课程。

在"好吃"方面,幼儿园更是做到了极致。幼儿园以二十四节气为切入点,为每一个节气都开设了专门的"食育"课程,让孩子们动手动脑、大饱口福。惊蛰时,老师带着孩子们做韭菜合子、煮龙须面、米酒汤圆;清明时,孩子们又忙着摘艾草做青团、调馅料做春卷,还在校园里找荠菜煮鸡蛋;谷雨时,孩子们做香椿煎蛋、银耳莲子羹,学得不亦乐乎;立夏时,孩子们又忙着彩绘"蛋宝宝"、煮茶叶蛋、做"立夏饭"……

"我们一直坚持开展二十四节气教育。"程碧卉说道,"因为每一个季节在每一个孩子眼中都是不同的,要尊重他们的感受,要从孩子的角度出发,让他们在亲身体验的节气活动中了解传统文化,进而丰富他们的生活经验,培养他们的劳动意识。"

在程碧卉和团队的共同努力下,博雅幼儿园也获得了很多荣誉:全国少儿美术教育示范单位、全国幼儿创意美术大赛指导成果突出单位、湖北省平安校园、湖北省省级示范放心食堂、湖北省 A 级食堂、武汉市市级示范幼儿园、武汉市绿色幼儿园、武汉市学前教育职教集团理事单位、武汉市优秀星级教研组、武汉市秦丽名师工作室基地园……

"能够做一名教师,是我人生中最幸福的事;能够和团队一起并肩作战,让我的人生变得很完整;而对教育的热爱和毫无保留,填满了我的人生。因为热爱，可抵万难。"程碧卉动情地说。

核心理念：与儿童一起生长

多年的探索和实践，让程碧卉形成了自己的理念体系。

做学前教育，一定要理解到底什么是儿童的学习。在教育万能论的影响下，传统教育的模式不自觉地模仿了工业化的方式，统一模式、关注结果、唯效果论，总是强调知识对儿童的影响，忽视了教育对象是独一无二、有生命的人。杜威曾经把教育与农业做对比，叶圣陶也认同教育是农业而不是工业的观点，陆有铨在《教育是合作的艺术》一书中，把教育与农业类似的论点解释得更加深刻：教师教学也像农民种庄稼一样，没有农民的劳动，大自然天然地生长农作物，农民所做的只是浇水、捉虫，让农作物生长得更好而已。怀特海曾经说过：在很大程度上，通过书本学习的知识通常是第二手信息。一切学问都是从生活中来的，是从对自然和社会的观察中归纳出来的。人的一生都在学习，教育一旦舍本逐末，严重的后果是未来难以弥补的。做学前教育必须审视自己与儿童的关系，用心倾听儿童的需要。

（一）看见儿童的内在

成人在面对儿童时经常有一种不自觉的习惯，比如当发现一个孩子在跳舞时很快就能跟上节奏；或是在打篮球的时候同球队伙伴合作特别顺畅，成人就马上给孩子报一个什么班，正式开始练习。当时间久了，孩子失去满足感抱怨时，成人责备：这是你的兴趣爱好，这个爱好非常好，可以坚持下去，陶冶情操，锻炼身体。此时的孩子会有满腹的委屈，却不知为何，似乎成人没有做错任何事。其实这种思想的本质便是，成人没有见到真实的儿童，他们看到的是自己眼中的儿童，成人关注的是儿童的功能。这并不是一句总结或指责，但成人能否看到真正的儿童本身，而不是用外在的物质价值去定义儿童，直接决定了这个孩子能否感受到成人的爱。如果一个孩子始终没有被成人看到他本身的话，经常造成成人为孩子付出一切而孩子始终觉得自己只是一个道具，感到孤单。成人明明睁着眼睛，却没有看见孩子在听到音乐时跟随摆动的快乐，也没有听到孩子因肆意奔跑而欢呼的声音，更没有看到无拘无束的孩子因为快乐而微微发红的笑脸，孩子的快乐和想法如果与成人没有产生共振，可以说成人与儿童根本不在一个空间。看见，是对孩子真正的爱。

（二）尊重儿童的独立

犹太哲学家马丁·布伯说过：关系分两种，我与你，我与它。只有放下所有目的与一个人的本来面貌建立关系时，才能与对方的真实的内在相遇。在马丁·布伯看来，只有尊重孩子是一个独立的人才能发生"我与你"的关系。在现在这个年代，成人一刻不停地焦虑孩子没有按照"正确的方式"去生活、去学习，与自己原先设想的不一样，要赶紧"修理"孩子的习惯和做法，一定要这样才是好孩子，不那样就不是好孩子。事实上，孩子与成人预设的不同才是正常状态。很多人会担心给予孩子过度的尊重和自由会变成溺爱，会没有规矩。比如跟孩子说了无数遍"不可以站在窗台上"很危险，孩子也表示同意，但还是始终违反。但换一种方式直接把生鸡蛋从窗台上扔下去，看着碎了一地的鸡蛋，孩子马上会理解"站在窗台上很危险"的意思，行为也会马上改变。之前给孩子的是冰冷的规则，但这个规则与孩子的真实感受是割裂的，现在能理解是因为成人尊重了孩子的感受，孩子也感受到成人的爱，所以这个规则不需要禁止便自然形成，孩子还能自己发挥余地，如教给其他人。所以说，真正的爱不存在过度，真爱永远不会多，溺爱是成人为了满足自己的想法所做，而在尊重个体的情况下的行为，是出自尊重孩子内在需求，同理孩子的感受，感知孩子的界限，理解孩子的想法，孩子的发展一定超出想象。

（三）回应儿童的感受

孩子在地上挖出一块雪白的小石头，兴奋地给成人看，成人说"这是你找到的宝石吗"或者"这块石头真白",这都是对孩子现在所发生事情的一种回应,正面也好,负面也罢,因为成人和孩子关注的是同一件事情。但如果成人说"你怎么把手弄得这么脏""快去洗手",那么成人的回应就与孩子所感兴趣的内容毫不相关,存在注意精神病学家莱因称之为"无关反应"。再比如,孩子回家很高兴地跟妈妈分享"楼下有一只小黑猫,但尾巴是白的好可爱",妈妈说"别摸,被野猫抓了会得狂犬病",这种可以马上让美好的氛围烟消云散的回应就是"消极逆转反应"。还有更加消极的反应就是毫无反应,就是常说的"冷暴力",对孩子的问题忽略,漠视,顾左右而言他,逃避眼神等。这种无反应不等于拒绝,拒绝不会带来伤害,"这孩子总是这么懒"等评判和控制才会让孩子受伤,只要正确回应孩子,以平等理解尊重的态度对待孩子,其实孩子非常好协商。用孙瑞雪老师的话,就是"最不讲道理的孩子往往有一颗最讲道理的心"。最好的回应就是信任孩子,产生共鸣,确认孩子的感受,认可孩子的存在,这就是积极的回应,不同的回应带来不同的人生,孩子生命里最好的滋养,就是良好的回应关系。

(四)体验生活的真实

世界是真实的,生活、自然、社会本身就是教育,印度心灵导师克里希那穆提曾说过:"整个生命的活动就是学习,没有任何时间是没有学习的。每一种行动都是学习的活动,每一种关系都是学习。"杜威提出:"真正的教育是生活、生长及经验的改造。生活和经验是教育的灵魂,失去生活和经验,就没有生长,教育也就不复存在。"对儿童而言,生活中的每一种行为都是学习的活动,每一种社会关系都是在学习,而不仅仅是累积知识。无数的经验告诉我们,只要孩子感兴趣,学习和教育就会发生,在丰富恰当的环境中,哪怕此刻没有成人的参与,孩子也可以通过自己探索、自己研究、自发讨论进行学习。业界一直呼唤做真教育,真实的自然,真实的生活,真诚的教育者,让孩子自由、自主、自发地做自己。当然,这里所谓的真实绝不是走向另一个极端,成为实况转播,把所有的内容包括社会阴暗面毫无保留地对孩子进行所谓的"社会化""生活化"教育，而是有教育智慧的、用冷静和理性的眼光，培养孩子的生活技能、生存智慧、真善美等一切有生之物和美好事物，儿童的学习就是一个自我建构的过程，好奇、主动、专注、思考，都要通过亲身体验参与其中，儿童的学习就像庄稼生长，讲究水到渠成，必须按照儿童的不同节律自然发展。

（五） 回归教育本真

一个真正的教育者，应该始终对儿童抱有浓厚的兴趣。科学的学前教育其内容都应该为了激发儿童的幸福感，苏联教育家赞可夫说过：了解儿童，了解他们的爱好和才能，了解他们的精神世界，了解他们的欢乐和忧愁，没有比这一点更重要的事情了。在倡导儿童教育回归的当下，应该反思：什么样的教育是高质量的？怎样建设一所好的幼儿园？很长时间，中国学前教育似乎一直在学习西方，现在要回归到为国育人，为党育人这个出发点。儿童教育从来都和自己的文化有关，所以树立高质量学前教育，建设好的园所，一定要从本土文化出发，从儿童的需求出发，不仅仅要关注生命，关注生活，更需要关注生命与生活背后的文化。

回归生活。对儿童来说，生活原先就是教育的构成，儿童要用生活构建学习，而不能用学习代替生活。好的幼儿园课程应该来自生活，来自儿童身边，教育的价值和目标也是从生活中提炼出来的。教育中无小事，在幼儿园阶段，生活课程的重要性是任何其他课程和教育所不能替代的。要理解幼儿的成长发展特点，顺势而为、因材施教，重视生活教育的幼儿园教育中的重要位置，尽量弥补集体教育中的不足，创造适宜环境，帮助儿童成为快乐的、有责任心的、有价值的人，为儿童的终身学习打基础。

回归自然。儿童与自然的和谐程度远远超过成年人，孩子具有天然的好奇心，更愿意探索周边的环境，成年人更多的是利用周围的环境。探索意味着现实情况不断拓宽儿童的认知。自然是生动的、有力量的，在自然中的孩子是鲜活和灵动的。所以好的幼儿园对于儿童来说，应该是能体现自然本来面貌的。土地、各种各样的绿树、池塘、作物，这些能够与孩子生存和发展产生充足互动的环境，是孩子获得幸福感的重要源泉。

回归传统。钱穆先生说过：中华民族，拥有五千年一脉相承、传递不绝之历史演化与文化体系，现存全世界其他民族，无一可与比拟。儿童学习的过程本质上也是个体文化的过程。所以一所好的幼儿园，必定要以本土的中国文化、本地文化为出发点，不仅仅是表面上过几个中国节日，而是通过课程和活动，向孩子传承中国传统精神内核的塑造。虞永平老师也强调，只有本土文化才是课程发展最适宜的土壤。深一步来看，中国文化中的天人合一、春耕秋种、二十节气等文化内容，就是一种顺应自然、顺应天性、和谐相处的境界。

回归生活，回归自然，回归传统，其最终指向都是回归本真的儿童，高质量的学前教育，好的园所最终追求的一定是回归儿童的全面发展。